엘리 허먼의
필라테스 리포머

ELLIE HERMAN'S **PILATES REFORMER**

(THIRD EDITION)

푸른솔

엘리 허먼의 필라테스 리포머

2017년 11월 13일 초판 1쇄 발행
2024년 5월 2일 초판 8쇄 발행

저자_엘리 허먼
역자_조미영

발행자 _박흥주
발행처_도서출판 푸른솔
편집부_715-2493
영업부_704-2571
팩스_3273-4649
디자인_여백 커뮤니케이션
주소_서울시 마포구 삼개로 20(도화동 251-1) 근신빌딩 별관 302호
등록번호_제 1-825

값_38,000원

ISBN 978-89-93596-81-6 (93690)

엘리 허먼의
필라테스 리포머

ELLIE HERMAN'S **PILATES REFORMER**

(THIRD EDITION)

엘리 허먼 지음 **조미영** 옮김

[옮긴이]

조미영

엘리 허먼 EH필라테스 대표
엘리 허먼 한국교육기관 대표
Ellie Herman Pilates Mat Certified Instructor
Ellie Herman Pilates Apparatus Certified Instructor
Ellie Herman Pilates Springboard Certified Instructor
Ellie Herman Pilates Barre Certified Instructor

차례 contents

동작 / EXERCISES

리포머

THE REFORMER

리포머는 아마도 가장 인기 있는 필라테스 기구일 것이다. 레퍼토리가 가장 많고, 가장 다용도로 쓰이며, 다양해서 재미있다. 리포머를 사용하면서 이해해야 할 중요한 사항들은 다음과 같다.

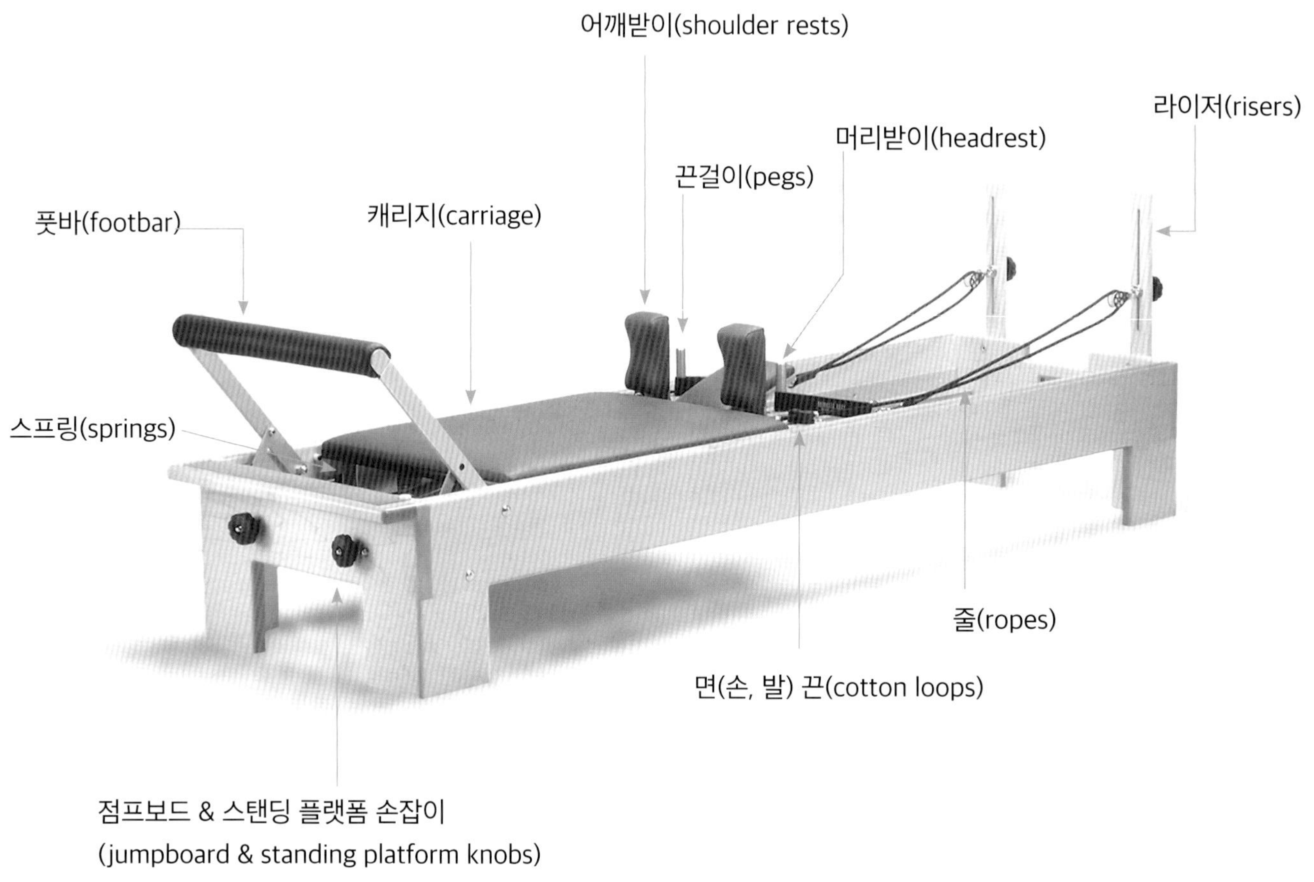

홈(Home)

홈이란 캐리지가 시작자세에 있을 때의 위치를 말한다. 즉 캐리지가 '홈'에 있는 것이다.

스프링 설정(Spring Settings)

이 책에서 스프링 설정은 체중이 56~68kg 사이인 사람을 기준으로 되어 있다. 이보다 체구가 작거나 크다면, 그에 따라 스프링들을 적절히 조정해야 한다. 제어력 동작들의 경우에 무게를 줄이면 강도를 키우게 된다. 두 번째 기어를 쓰는 것은 저항을 줄이는 또 다른 방법이다.

라이저(Risers)

라이저의 기준 위치는 아래로 두는 것이지만 하중을 줄이고 싶으면 언제든지 줄을 올려도 된다(즉 무릎으로 선 자세: 측면 팔 시리즈). 또는 노젓기 동작을 캐리지 위에 앉아서 하지 않고 롱 박스 위에서 하게 될 경우에도 줄을 올려도 된다. 또한 다리 시리즈를 할 때 라이저를 높이면 줄이 다리에 닿지 않아 다리의 가동범위를 넓힐 수 있다.

기준 길이 줄(Standard Length Ropes)

손을 넣는 손 끈을 어깨받이에 걸어 양쪽 줄의 길이를 맞추면서 팽팽하게 당겨지도록 한다. 맞추고 나면 줄을 빼서 리포머 끈걸이에 걸쳐두거나 걸리적거리지 않도록 주변에 놓는다.

긴 줄(Long Ropes)

긴 척추와 다리 시리즈의 경우에 줄을 늘려줘서 'D' 링이 어깨받이 사이 중앙에 오도록 맞춘다. 기준 길이보다 줄을 15~20cm 정도 더 길게 해준다.

짧은 줄(Short Ropes)

롤-다운 동작의 경우에 줄을 짧게 만들어서 발을 넣는 끈의 끝부분이 머리받이에 가 있도록 한다. 슬괵근 동작의 경우에는 더 짧게 만든다.

밸런스트 바디 풋바(Balanced Body Footbars)

사진의 스튜디오 리포머에는 3가지 세팅을 할 수 있는 기본 바(높은 바, 중간 바, 낮은 바)가 있다. 또한 밸런스트 바디는 전문 바(레보 바, 인피니티 바)를 제작하는데, 이는 교습생들의 키에 맞춰 유연성을 제공한다. 레보 바는 제자리에 고정되어 교습생들이 기구 위에 있는 동안 바를 당길 수 있다. 또한 레보 바는 '홈'을 멀리 움직일 수 있게 해주기 때문에 키가 큰 사람들이 다른 사람들과 같은 저항을 가지고 동작을 시작할 수 있게 해준다.

인피니티 바는 레보 바 시스템을 포함하고 있어 시중에서 가장 다용도인 풋바이다. 인피니티 바는 리포머의 전체 길이에 따라 조정되기 때문에 모든 키의 교습생들에게 적용 가능하다. 이는 키가 큰 사람, 작은 사람과 어린이에게 아주 좋다. 또한 인피니티 바는 기본 바보다 더 높은/더 낮은 조정이 가능한데, 이는 일부 동작들에 한해서 재미있는 변형 동작들을 만들어준다(즉 복부 마사지 시리즈는 바를 기본 바보다 살짝 더 낮게 위치시켜 할 수 있다).

엘리 허먼 소개

1988년경 샌프란시스코에서 전문 무용수이자 안무가로 활동하던 때 필라테스를 알게 되었다. 여성 무용단 '플라잉 버트레스'에서 내 일은 당연히 보헤미안 스타일의 내 삶을 유지할 만한 수입을 보장하지 못했다. 자만심에 가득 차 있었던 22세 때 나는 나와 같은 위치의 자존심 강한 여성이라면 해볼 만한 경험, 다름 아닌 프로레슬러가 되었다. 하지만 '루스 레스'란 여성 레슬러의 활동은 짧게 끝났다. 어느 날 팀 매치에서 나는 내동댕이쳐졌고 "딱" 소리가 크게 들렸다. 전방십자인대가 파열되었다. 매트에서 내가 어떻게 이토록 어리석을 수가 있을까를 생각하며 스스로를 원망했다. 나는 춤을 영원히 출 수 없을 거라고 생각했다.

용기를 내어 필라테스 기반의 재활 프로그램을 전문으로 해서 무용 치료를 하는 샌프란시스코 소재 성프란시스 병원을 찾아갔다. 치료 부서는 현대 필라테스에서 저명한 엘리자베스 라크함의 지도하에 운영되고 있었다. 몇 개월의 재활 치료 끝에 나는 무용수로 돌아올 수 있었다. 필라테스는 내가 점핑, 리핑과 트월링을 할 수 있도록 회복시켜 주었을 뿐만 아니라 나의 무용 기술, 제어력, 균형감 및 코어 근력까지 개선시켰다는 것을 깨달았다.

그 후 뉴욕으로 가서 뉴욕대 무용과의 MFA 프로그램(석사 과정)에 등록하였으며, 그 기간 동안 조셉 필라테스의 직속 제자 중 한 사람인 캐시 그란트와 매트 필라테스 수업을 받았다. 캐시는 필라테스 운동의 무한한 가능성을 가르쳐주었고 나는 매일의 발레 수업에서 겪는 고관절 통증을 완화시킬 수 있었다. 비록 그 석사 과정은 중도에 포기했지만, 캐시 그란트는 내가 필라테스 지도자 과정을 밟을 수 있도록 용기를 주었다. 이것이 계기가 되어 마침내 나는 조셉 필라테스의 또 다른 직속 제자인 로마나 키라노브스카와 필라테스 지도자 과정을 이수했다.

1992년 샌프란시스코로 돌아와 제니퍼 스테이시, 캐롤 에어펠 등과 함께 신체 운동에 관한 필라테스 공부를 계속했다. 그 다음해 샌프란시스코의 미션 지역에서 생활공간이자 작업공간인 나만의 스튜디

오를 오픈했다. 그 스튜디오는 몇 해가 지나자 교습생이 아주 많아져서, 우리는 필라테스 기반의 피트니스, 재활운동, 지도자 과정과 보완 치료요법을 소화할 수 있는 2개의 마루 스튜디오를 갖춘 큰 빌딩으로 옮겨가게 되었다. 필라테스가 대중성을 띠면서 내 사업은 더 커졌고 2001년 캘리포니아 오클랜드에 두 번째 스튜디오를 오픈했다.

공부를 더 많이 하고 싶었던 나는 2000년 샌프란시스코 소재 전통 중의학 대학에서 침술 및 중국 약초의학 석사 학위를 취득했다. 그즈음 나는 가족 및 동부 해안이 그리워 브루클린으로 이사하였고 2005년 10월 파크 슬로프에 세 번째 스튜디오를 오픈했다.

나는 필라테스의 혁신에 대해 끊임없이 관심을 가진 결과 '필라테스 스프링보드'라고 불리는 새로운 기구를 디자인했다. 스프링보드는 월 유닛/캐딜락과 같은 기능을 가진 변형체로 공간이 절약되고 가격도 부담스럽지 않으며, 현재 기구 전문 업체 밸런스트 바디에서 제작되고 있다.

비록 필라테스는 많은 신체 질병을 고치고 재활을 돕는 놀라운 운동이긴 하지만, 서 있는 자세나 걸음걸이에 항상 도움을 줄 수 있는 것은 아니었다. 활동적인 사람은 하루에 5,000보 이상 걷기 때문에, 걸음걸이가 자세 습관을 얼마나 강화하는지에 대한 생각에 사로잡히게 되었다. 명석한 낸시 마이어(멀리서도 걸음걸이가 이상함을 바로 알아차릴 수 있는 엘리 허먼 스튜디오의 前 부회장)의 도움으로 나는 필라테스와 걷기를 결합하여 'Walk-ilates'라고 불리는 운동을 개발했다. 우리는 MBT 슈즈를 사용하였는데, 이 신발들은 바닥과 평평하게 닿지 않도록 굴려서 딛도록 해주고 'Walk-ilates' 프로그램의 치료적 측면을 향상시켜 준다.

내 스튜디오 및 필라테스와 관련된 최신 뉴스들을 접하려면 웹사이트 www.elliehermanpilates.com의 블로그를 확인해보길 바란다. 나는 워크숍과 지도자 양성 프로그램도 진행한다.

조셉 필라테스에 대하여

조셉 후버투스 필라테스(Joseph Hubertus Pilates)는 1880년 독일에서 태어났다. 젊은 시절에는 천식과 병약함으로 고생했다. 그는 일생을 통해 자신의 병약함을 극복하였고 스키, 다이빙, 체조, 권투, 요가 등의 분야에서 기량이 뛰어난 운동선수가 되었다.

조셉 필라테스는 어떻게 하면 건강하고 행복한 인간이 되는가에 대해 대단히 중요한 개념들을 소유한 예지력 있는 사람이었다. 그는 먼저 복부 근력과 전반적인 신체 제어력을 기르도록 고안되고 매트 위에서 할 수 있는 일련의 운동들을 개발했다. 나중에는 확대된 운동들의 결과를 향상시키는 다양한 기구를 발명했다. 출처가 불분명하지만 조셉 필라테스는 1차 세계대전 당시 영국 포로수용소에서 근무한 간호사였으며, 병원 침상 위에 스프링을 설치하는 기발한 아이디어를 제안했고 그 방법은 부상당한 환자들의 재활 치료를 돕고 누운 채 운동을 할 수 있게 했다. 이 침상 같은 장치가 나중에 필라테스 기구의 주요 부분 중 하나인 캐딜락으로 발전되었다.

조셉 필라테스는 1923년 미국으로 이민을 갔으며, 뉴욕 맨해튼 8번가에 필라테스 스튜디오를 오픈했고 조지 발란신, 마사 그레이엄 등 전문 무용가들의 훈련과 재활을 돕기 시작했다.

저서 《Return to Life》에서 조셉 필라테스는 전반적인 건강의 증진을 위한 총체적인 체제를 펼쳤으며, 저서에는 자신이 전체 시리즈를 직접 수행하는 모습을 사진으로 담은 매트 동작들이 포함되어 있다. 그는 원래 자신의 방법을 '조절학(Contrology)'이라 불렀고 그 방법을 다른 이들에게 가르친 후에야 '필라테스'라고 불리게 되었다. 저서에서 그는 "(조절학은) 신체를 골고루 발달시키고, 잘못된 자세를 교정하고, 육체의 생명력을 회복시키고, 마음에 활기를 불어넣고, 정신을 고양시킨다"고 말했다.

평생 동안 그는 20개가 넘는 장치들을 발명하였으며, 그 중 일부는 나무와 철제 파이프 구조물에 도

르래, 줄, 수평 바, 상자와 스프링을 다양하게 조합해 사용하였기 때문에 중세의 고문 장치처럼 보이기도 한다. 전체 필라테스 레퍼토리는 필라테스 매트, 리포머, 캐딜락, 원다 체어, 척추 교정기, 사다리 배럴과 타워를 포함해 500개 이상의 동작들로 구성되어 있다.

필라테스 후계자들

맨해튼에 있던 애초의 필라테스 스튜디오에서 1세대 필라테스 지도자들이 배출되었다. 로마나 키라노브스카, 캐시 그란트, 론 프랫쳐, 이브 젠트리, 캐롤라 트리어, 메리 보웬과 브루스 킹이 그들이다. 이 후계자들 중 일부는 흩어져 미국의 다른 지역에 스튜디오를 열었고 다른 일부는 뉴욕에 남았다. 로마나는 조셉 필라테스가 사망한 후에도 그의 스튜디오에 남았다. 캐시 그란트는 2010년 5월에 세상을 떠났는데, 나는 그녀를 NYU 무용과 위의 작은 스튜디오에서 생전에 만날 수 있는 영광을 가졌었다. 지난 50년간 필라테스 방법은 더 많은 지도자 세대를 거쳐왔고 그 방법은 많이 변형되어 왔다. 많은 필라테스 지도자들이 이제 그들만의 통찰력으로 원래의 필라테스를 개선해나가고 있기도 하며, 일부는 '순수한' 필라테스 개념을 고수하고 있다. 내 의견으로는 필라테스가 혁신가였고 일생 동안 자신의 레퍼토리를 발달시키고 변화시켰으며 새 장치들을 발명하였으므로, 우리도 그래야 한다고 생각한다.

정확히 필라테스란 무엇인가?

전반적으로 필라테스 동작들은 골격계를 지지하고 조셉 필라테스가 칭했듯이 신체의 '파워하우스(powerhouse)' 역할을 하는 복부, 등, 둔부 및 심부 자세 근육들을 강하게 발달시킨다. 필라테스 방법은 중심부를 강화하고, 척추를 늘여주고, 신체 인식을 증가시키고, 근긴장(muscle tone)을 길러주고, 유연성을 갖게 한다. 또한 필라테스 방법은 등, 무릎, 엉덩이 및 어깨 부상과 반복사용 스트레스 증후군(repetitive stress injury)에도 뛰어난 재활 치료법이다. 필라테스는 신체를 전반적으로 바로잡으며, 신체 불균형과 만성 허약을 교정하여 부상의 재발을 예방하고 신체의 균형을 회복시켜 준다.

필라테스의 8가지 원칙

조셉 필라테스의 저서《Return to Life》에는 필라테스 방법의 기초를 이루는 8개 중요 원칙들이 제시되어 있다. 이 개념들은 필라테스 방법에서 중추적인 역할을 한다.

조절 Control

필라테스 동작을 할 때 기본적인 원칙은 신체의 모든 움직임을 조절해야 한다는 것이다. 동작 자체뿐만 아니라 동작과 동작 사이의 전환, 기구에 올라가고 내려오는 방법, 그리고 동작을 수행하는 동안 세부 주의사항까지 이 원칙은 전부 적용된다. 매트 동작을 할 때 조절은 각 동작의 시작에서 끝까지 중요하게 작용한다. 신체가 조절된 방식으로 제동을 걸면 근육들을 신장하면서 작용하도록 훈련시킨다. 이를 신장성 근육 수축(eccentric muscle contraction)이라고 하며, 이는 길고 유연한 근육을 만든다. 또한 동작의 조절에 집중하면 신체는 보조근(협력근, synergist)을 활용할 수밖에 없으며, 이 근육은 대개 주동근(main muscle)보다 작다. 많은 근육이 협력하여 한 동작을 하면, 즉 근육들이 상승적으로 작용하면 신체가 전체적으로 더욱 균형과 조화를 이루게 된다. 아울러 모든 동작을 큰 근육으로만 할 필요가 없어지기 때문에 큰 근육이 지나치게 커지지 않는다. 따라서 우리는 길고 날씬한 몸을 가질 수 있다. 신체가 조절해 움직이는 법을 배우고 나면 당신은 스키에서부터 달리기, 탱고 춤, 또는 줄사다리 암벽 등반에 이르기까지 온갖 종류의 움직임을 하는데 있어 더욱 자신감을 가질 것이다.

호흡 Breath

대부분의 사람들은 자신의 폐활량을 충분히 활용하지 못한다. 얕은 호흡은 주로 앉아서 지내는 생활과 스트레스가 많은 삶의 불행한 결과이다. 필라테스 지도자로서 사람들이 흔히 새로운 또는 어려운 동작을 수행할 때 호흡을 멈추는 모습을 보는 것은 고통스러운 일이다. 나는 종종 교습생들에게 숨을 내쉬라고 말해야 하는데, 그렇지 않으면 그들은 숨을 내쉬지 않기 때문이다. 호흡을 멈추면 근육들을 긴장시켜 결국 자세가 더욱 부적절해지고 근육들을 긴장시키는 습관이 강화될 수 있다. 이 때문에 일관된 호흡은 물 흐르듯 한 움직임과 적절한 근육 균형을 이루는 데 필수이다. 요가의 경우와 마찬가지로 호흡은 필라테스 방법의 필수적인 부분이고 기타 운동 형태들과 구별되는 차이점이다.

모든 필라테스 동작에는 특정한 호흡 패턴이 있다. 동작을 하면서 호흡한다는 것이 항상 쉽지만은 않지만, 정확하게 수행하면 뛰어난 효과가 나타날 수 있다. 호흡에 집중하면 신체의 스트레칭 능력을 극대화하는 데 도움이 될 수 있으며, 이러한 긴장의 이완을 통해 최적의 신체 조절 능력을 얻게 된다. 또한 깊은 들숨과 완전한 날숨은 폐를 운동시키고 폐활량을 증가시켜 깊은 이완이라는 유쾌한 부수 효과까지 동반한다.

흐르는 움직임 Flowing Movement

필라테스 운동의 사진들을 살펴보면 많은 동작이 요가 자세와 비슷하다는 점을 알 수 있다. 그러나 요가와는 달리 필라테스에서는 한 자세에 멈춰 있지 않고 대신 한 단계에서 다음 단계로 물 흐르듯이 넘어간다. 필라테스 동작을 할 때에는 각각의 단계를 물 흐르듯이 자유로운 움직임으로 진행하고 정확한 조절로 마무리해야 한다. 물 흐르듯 한 움직임은 신경계, 근육과 관절을 통합하고 신체가 부드럽게 그리고 골고루 움직이도록 훈련시킨다.

정확성 Precision

정확성은 조절과 유사하지만 공간 인식이라는 요소가 추가된다. 어느 동작을 시작할 때에는 그 동작이 시작되고 끝나는 지점을 정확히 알아야 한다. 모든 필라테스 동작에는 신체가 항상 어디에 있어야 하는지에 대한 정확한 정의가 있다. 즉 다리의 각도, 팔꿈치의 위치, 머리와 목의 자세, 심지어 손가락이 어떻게 움직여야 하는지와 같은 사소한 것들이 필라테스에서는 중요하다.

중심화 Centering

하루 종일 필라테스를 가르치고 나면 때때로 내 머릿속에서 "배꼽을 척추 쪽으로 당겨라…"는 말이 녹음된 테이프에서 계속 들리는 듯한 느낌이 들 때가 있다. 왜냐하면 나는 교습생들에게 복부를 집어넣으라는 말을 종일 반복하기 때문이다. 모든 동작들은 심부 복근을 활용하여 적절한 중심화를 확실히 갖춘 상태에서 이루어져야 한다. 대부분의 필라테스 동작들은 직접 또는 간접적으로 복부 근력을 발달시키는 데 집중한다. 가령 팔 근육의 강화에 초점을 두는 동작을 수행할 때에도 복부 집어넣기(Abdominal Scoop, 19페이지 참고)를 유지하고, 어깨를 등쪽으로 당겨 내린 상태를 유지하며, 아마도 둔부조차 조여야 한다. 이 조치는 중심화와 코어 근육의 근력을 증진시킨다. 어느 동작도 중심부 안정화를 저해하면서 수행해서는 안 된다. 다시 말해 척추가 견고한 플랭크 자세가 되어야 하는데 흐느적거리는 국수처럼 움직인다면 다음 단계의 동작으로 진행할 수 없다.

안정성 Stability

필라테스 동작들은 몸통 안정성, 어깨 안정성, 발목 안정성 등 안정성의 개념을 사용하는데, 이는 척추 및 관절 건강에 핵심이다. 부상 후에 해당 부위는 일반적으로 불안정해진다. 부상을 입었을 때 맨 먼저 해야 할 일은 부상 부위를 안정화하여 부상의 재발을 예방하고 치유 과정이 시작될 수 있도록 하는 것이다. 따라서 필라테스는 부상 후에 할 수 있는 가장 안전한 형태의 운동 중 하나이다. 또한 필라테스는 부상을 예방하게 되는데, 몸통과 관절에 안정성이 생기면 애초부터 부상을 당할 가능성이 훨씬 덜하기 때문이다.

가동범위 Range of Motion

가동범위란 관절 움직임의 범위를 표현하기 위해 의학 전문가들이 사용하는 용어이다. 예를 들어 어깨관절의 가동범위는 팔을 앞뒤로 얼마나 높이 들어 올릴 수 있는지 등에 달려 있다. 가동범위는 근육 그리고 인대 및 근막(결합조직)과 같은 기타 조직의 길이 또는 긴장에 의해 영향을 받을 수 있다. 기본적으로 가동범위는 유연성을 표현하는 또 다른 방법일 뿐이다. 관절 또는 척추의 유연성이 부족할 경우에 필라테스 동작은 가동범위를 증가시킬 수 있다. 반면에 가동범위가 과도해서 관절과 척추에 불안정을 초래하는 경우에는 필라테스 동작을 통해 그러한 부위들을 안정화하는 방법을 배울 수 있다. 이렇게 해서 필라테스는 신체에 균형을 되찾아준다. 안정성이 부족한 경우에 가동범위를 제한하는 방법을 이해하는 것이 중요한데, 이러한 이해가 향후 부상의 예방을 도와줄 것이기 때문이다.

대립 Opposition

올라가려고 내려간다. 내려가려고 올라간다. 필라테스를 가르칠 때 나는 종종 대립 개념을 시각화하여 동작의 완성도를 높인다. 예를 들어 똑바로 앉은 자세에서 시작하는 롤-다운 동작을 할 때에는 항상 "척추를 굴려 내려가면서 머리 꼭대기의 뒤쪽에서 당신을 들어 올리는 황금빛 줄이 있다고 상상하라…"고 말한다. 이는 교습생이 롤-다운 동작을 하기 전에 척추를 정말로 길게 들어 올려야 한다는 점을 상기시켜 준다. 기본적으로 내려가려고 올라가는 것이다. 이는 척추를 길게 늘여주어 척추 굴곡에서 오는 압박을 줄여준다. 이는 척추의 건강을 유지하고 부상을 방지하는 데 필수이다. 대립은 교습생들의 동작 형태를 개선하는 데 다양한 방법으로 사용될 수 있다.

엘리의 9번째 원칙: 신체 인식

Ellie's Ninth Principle: Body Awareness

우리는 대부분 몸을 인식하며 살아가는 방법을 배운 적이 없다. 우리는 적절히 앉거나, 서거나, 혹은 걷는 방법을 정말 모르며, 몸이 고장 나면 고치는 방법도 당연히 모른다. 필라테스는 이 모든 것을 가르쳐줄 수 있다. 이 때문에 나는 필라테스를 '상급 동작'이라고 부른다. 우리의 척추, 관절과 근육을 보살피는 방법에 대해 기본 원칙들을 가르쳐주기 때문이다. 또한 필라테스는 우리가 다치지 않는 방법과 우리의 신체를 최대한 활용해 장수를 이끌어내는 방법도 가르쳐준다.

많은 교습생이 "…어깨를 이완시키고, 목의 뒤쪽을 길게 늘여주고, 복부를 집어넣어라"라고 얘기하는 내 목소리가 자신의 머릿속에서 계속 들린다고 말할 정도이다.

당신이 인식조차 못하는 잘못된 습관 때문에 통증으로 고생하는 경우에, 유능한 필라테스 강사와 몇 차례 좋은 수업을 가지면 새로운 신체 인식이 얼마나 빨리 신체에 긍정적인 변화를 일으킬 수 있는지를 알고 깜짝 놀랄 것이다.

엘리 허먼의 필라테스 기본 동작

모든 단어를 글자로 나눌 수 있듯이 모든 필라테스 동작도 분리된 부분들로 나눌 수 있다. 필라테스 기본 동작은 학습 과정을 촉진하고 가장 복잡한 필라테스 동작도 쉽게 풀어주는 나만의 방식이다. 거의 모든 상급 동작에는 다양한 동작들에서 반복해서 사용되는 기본 동작들이 포함되어 있다.

복부 집어넣기 Abdominal Scoop

"배꼽을 척추 쪽으로 당겨라…" 나는 아마도 이 말을 내 생애에 100만 번도 넘게 했을 것이다. 이는 필라테스 방법에서 처음, 중간 및 마지막 지시어이다. 복부 집어넣기는 언제 어디서나 할 수 있으며, 솔직히 가능한 한 많이 해야 한다. 해부학적으로 복부 '집어넣기'는 가장 깊숙이 있는 복근을 활용하며, 이들 근육은 내장을 잡아주는 기능을 하고 수축하면 복벽의 직경을 감소시킨다. 복부 집어넣기는 운동복의 고무줄을 팽팽하게 당겼을 때와 흡사한 효과를 낸다. 복근은 4개 층으로 이루어져 있고 가장 깊이 있는 것이 복횡근이다. 두 번째 및 세 번째 층이 내복사근과 외복사근이다. 복부에서 가장 표층에 있는 것이 복직근이다. 복직근은 가장 많이 일하려는 근육이라 놔두면 모든 일을 혼자하게 된다. 복부 집어넣기, 즉 '배꼽을 척추 쪽으로'라는 이미지는 더 깊이 있는 3개 층을 활용하기 위함이며, 이는 복벽을 압박하고 등의 지지를 돕는 작용을 한다. 모든 동작에서 가능한 한 최대의 효과를 보려면 복부 집어넣기를 사용해야 한다. 복부 부풀리기(pooching)는 집어넣기의 반대이므로 부풀리기는 절대 해서는 안 된다.

균형점 Balance Point

내 용어로 균형점이란 하나의 자세이자 필라테스 매트 운동의 기본 동작이다. 자세로서 균형점은 매트에서 구르는 동작을 시작하고 끝내는 지점이며, 티저 동작의 꼭대기에 이르는 지점이기도 하다. 균형점은 무릎을 구부린 채 윗몸을 일으키고 허벅지 뒤쪽을 잡은 자세로 연습할 수 있다. 꼬리뼈 뒤에서 몸을 살짝 뒤로 굴리고, 복부를 당겨 넣으며, 발을 바닥에서 들어 올린다. 균형을 유지하고 몸이 뒤쪽으로 굴러가지 않도록 하기 위해서는 심부 복근을 활용해 당겨 넣고 허리를 약간 구부려야 한다. 이는 쉽게 균형을 잡기 위해서는 심부 복근을 활용해야 한다는 점을 알려준다.

브리지 Bridge

브리지는 매트와 볼에서 사용되는 초급 동작이며 또한 다른 동작과 연결하여 응용이 용이한 필라테스의 기본 자세이다. 운동학 용어로 브리지는 고관절의 신전이다. 일반 용어로는 둔근과 슬괵근을 사용해 엉덩이를 바닥에서 들어 올리는 것을 의미한다. 나는 브리지 자세는 등 근육이 아니라 엉덩이 신근(hip extensors: 고관절 신근 - 둔근과 슬괵근)으로부터 이루어져야 한다는 점을 강조하고 싶다. 그러므로 브리지를 할 때에는 척추를 중립(또는 아주 약간 굴곡) 상태로 유지해야 하고 척추가 과하게 신전(아치형)되지 않도록 한다. 이는 요가가 아니다!

올바른 브리지 자세: 등이 중립이다.

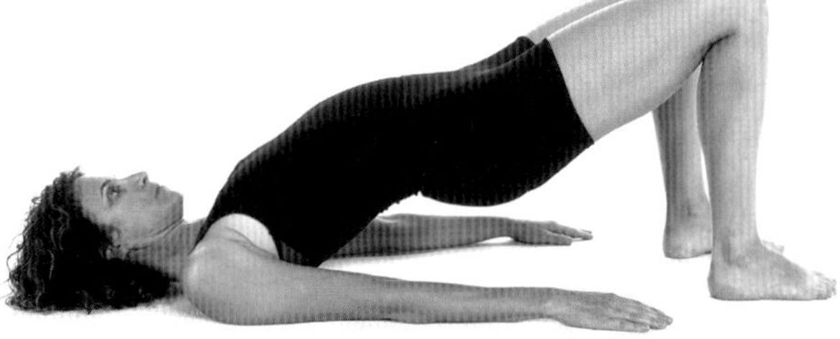

잘못된 브리지 자세: 등이 과신전되어 있다.

C 곡선 C-Curve

현대무용의 어머니인 마사 그레이엄(Martha Graham)은 척추 굴곡(또는 그녀가 '수축'이라고 한 것)을 도입하여 무용에 혁명을 일으켰다. 그것은 원초적이고 신비로우며 지극히 인간적인 움직임이었다. 조셉 필라

테스는 자신의 8번가 스튜디오에서 그레이엄과 함께 작업하였는데, 아마도 그녀로부터 몇 가지 비법을 배웠으리라는 생각이 든다. (어쩌면 그녀가 그로부터 배웠을 수도 있다.) C 곡선은 등을 둥글게 하는 것, 즉 척추의 굴곡이다. 여기서 'C'는 복부를 집어넣은 후 등의 형태를 표현하는 것이다. 이러한 형태는 항상 깊은 복부 집어넣기로 시작되어야 하고 척추가 아름다운 스트레칭을 이루도록 해야 한다. 많은 필라테스 동작이 C 곡선을 사용한다.

문틀 팔 Door Frame Arms

팔을 앞으로 곧게 뻗고 어깨너비로 벌려 문틀 모양으로 만든다. 팔이 머리 위로 있든지, 바닥에 바로 누운 자세에서 양옆으로 있든지, 혹은 플랭크 자세에서 몸을 지지하고 있든지, 많은 필라테스 동작에서 이 문틀 팔 형태가 사용된다.

문틀 팔: 3방향

힙-업 Hip Up

동작은 이름 그대로이다. 바로 누운 자세에서 다리를 올리고 무릎을 구부리며 문틀 팔 형태로 뻗은 팔을 양옆으로 내린다. 얕은 복부 집어넣기를 사용해 몸통을 뒤로 움직여 엉덩이를 들어 올린다. 힙-업은 하부 복근을 단련시키며, 하부 복근이 약하거나, 등이 긴장되어 있거나, 둔부가 큰 사람들인 경우에 매우 어려운 동작일 수 있다.

공중부양 Levitation

힙-업과 고관절 신전을 결합하면 공중부양이 된다. 원한다면 이렇게 시도해본다. 즉 바닥에 바로 누운 자세에서 복부 집어넣기로 엉덩이를 들어 올리고 힙-업의 꼭대기에서 둔부를 조인다. 엉덩이가 눈에 띄게 더 높이 올라가면서 공중부양 하는 것을 느낄 텐데, 마치 필라테스 여신의 손이 내려와 마법처럼 가뿐히 엉덩이를 바닥에서 들어 올리듯이 말이다.

필라테스 복부 자세 Pilates Abdominal Positioning

필라테스 복부 자세는 바로 누운 자세에서 하는 많은 필라테스 매트 동작을 수행할 때 상체의 자세를 설명하는 나만의 방식이다. 바로 누운 자세에서 견갑골의 아래쪽 끝이 바닥에 살짝 닿거나 약간 떨어질 정도의 높이로만 머리를 바닥에서 들어 올린다. 흉골의 맨 아래가 바닥에 고정되어 있고 그 고정점을 중심으로 목의 뒤쪽과 등 상부를 스트레칭 시킨다고 상상한다. 턱 밑으로 감귤 크기 정도의 공간을 유지해 목의 뒤쪽을 과도하게 스트레칭 시키지 않도록 한다. 복부 동작들을 수행할 때 이 자세를 유지하는 것이 필수이다. 머리를 뒤로 젖히면 목에서 피로를 느끼기 시작할 것이고 복부를 충분히 활용하지 못하게 된다. 이 자세를 유지하기 위해서는 상부 복근이 작용해야 하며, 바로 그 부위에서 화끈거리는 자극이 느껴질 것이다.

필라테스 'V' 필라테스 첫 번째 자세

무용 1번 자세는 다리를 모아 엉덩이에서 바깥쪽으로 턴 아웃(turn-out) 시키고, 무릎은 서로 반대쪽으로 향하게 하며, 발은 'V' 형태로 만든 채 서 있는 자세를 의미한다. 필라테스 'V' 자세는 절대 억지로 턴 아웃을 시켜서는 안 된다는 점 외에는 무용 1번 자세와 아주 흡사하다. 필라테스 'V'에서는 발을 한 조각의 파이처럼 작은 'V' 형태로 만들어야 한다. 필라테스에서 우리는 이 첫 번째 자세를 많은 동작에 사용하는데, 고관절의 외회전은 대둔근과 허벅지 안쪽 근육을 활용하게 되는데 이는 골반과 척추의 안정화에 도움이 되기 때문이다. (주요 동작 용어 섹션에서 평행 대 턴 아웃을 참고한다.)

세라피 Serape

세라피는 뒤쪽에서부터 앞쪽까지 몸을 감싸는 숄이다. 이는 내 스튜디오에서 사용하는 이미지인데, 티저 자세에서처럼 견갑골은 연결되어 있어 팔을 앞쪽으로 들어 올리면 견갑골이 등을 따라 아래로 당겨진다는 것을 설명하기 위함이다. 전거근과 복사근의 섬유들은 맞물려 있어 몸의 뒤쪽과 앞쪽을 연결한다. 팔을 들어 올리면서 "올라가려고 내려간다"고 생각하면 되는데, 마치 팔이 등 상부에서 나오는 것처럼 말이다.

로즈버드 Rosebud

올바른 목 자세: 척추와 적절하게 연결

잘못된 목 자세: 과한 굴곡

잘못된 목 자세: 과한 신전

장미 한 다발을 사서 보면 꺾어진 꽃봉오리가 하나 정도는 있다. 그 애처로운 장미는 줄기에 떨어질 것 같이 매달려 있다. 올바른 자세를 꺾이지 않은 건강한 장미에 비유한다면 머리는 꽃봉오리, 척추는 줄기인데, 척추를 움직일 때에는 언제나 머리가 꺾임 없이 연속적으로 척추의 곡선을 따라가야 할 것이다. 머리를 '잘못된' 순서로 움직이면(가령 엎드려 누워 백조 자세를 취하거나 등을 신전시킬 때) 머리가 꺾인 꽃봉오리처럼 보일 수 있다. 즉 목이 척추의 나머지 부분보다 더 큰 각도로 구부러진다. 필라테스에서는 꺾인 꽃봉오리 같은 자세를 원하지 않으며, 오직 긴 줄기에 똑바로 핀 건강한 꽃봉오리 같은 자세가 필요하다.

감귤 조이기 Squeeze a Tangerine

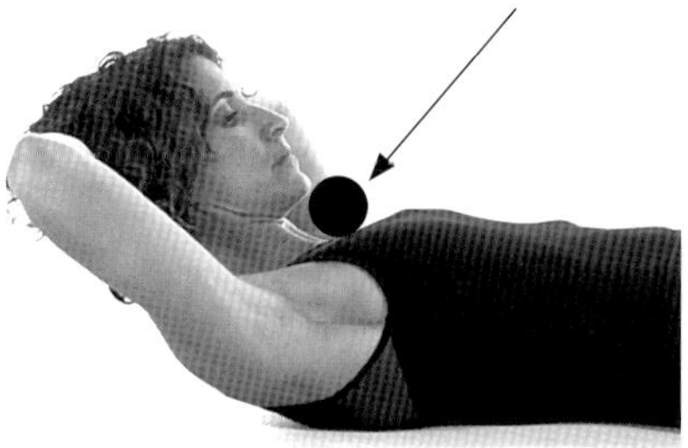

이는 머리를 바닥에서 들어 올려 굴곡시킬 때 머리 움직임의 순서를 설명하는 이미지이다. 이때 머리를 바닥에서 들어 올리기 전에 먼저 머리를 약간 끄덕이듯 구부리고 턱을 가슴 쪽으로 당겨야 한다(그러나 '감귤을 쥐어짜면' 안 되고 턱 아래에 작은 공간을 유지한다). 근육을 사용하는 순서를 보면, 먼저 심부 목 굴근이 활성화되어 머리를 약간 아래로 끄덕여주고 그런 다음 복근이 머리를 매트에서 들어 올린다. 감귤은 필라테스 복부 자세를 취할 때 턱과 가슴 사이의 올바른 거리를 이미지화하는 데 완벽한 공간 크기이다.

테이블 탑 다리 Table Top Legs

테이블 탑 다리는 바로 누워 있을 때 다리의 자세를 설명한다. 이때 무릎과 발은 바닥에서 떼어 올리고, 허벅지 안쪽은 붙여주고, 무릎은 90도로 구부리고, 허벅지는 바닥과 90도 각도를 이루게 한다.

척추 쌓아 들어올리기 Stacking the Spine

척추 쌓아 들어올리기는 필라테스 방법에서 몇 가지 동작들을 마무리하는 자세이다. 척추 쌓아 들어올리기는 척추 분절(articulation)과 아울러 수직으로 일어나는 방법을 가르쳐준다. 이는 굴곡 자세로부터 똑바로 세우면서 앉거나 일어서는 방법이다. 척추 쌓아 들어올리기는 꼬리뼈에서부터 머리까지 움직이는 순서를 알려준다. 대부분은 C 곡선 자세에서 시작한 다음 척추의 맨 아래에서부터 척추를 한 번에 한 마디씩 쌓아 올리되, 머리는 마지막 직전까지 무겁게 처진 상태로 유지한다. 척추는 마지막에 자연스런 척추 곡선을 갖춘 채 완전히 수직이어야 한다. (이 동작을 벽에 대고 연습하면 척추의 수직 정렬을 더 잘 느낄 수 있다.)

척추 쌓아 들어올리기 1

척추 쌓아 들어올리기 2

척추 쌓아 들어올리기 3

흉부 선반 Thoracic Shelf

이는 몸을 등 상부까지 굴려야 하는 모든 척추 전도(inversion) 동작을 할 때 균형을 잡아야 하는 위치를 설명한다. 다시 말해 목이 아니라 견갑골에서 균형을 잡아야 한다. 이 동작은 흉추가 긴장된 사람들인 경우에는 어렵다.

올바른 목 자세: '흉부 선반'의 견갑골 사이에서 균형을 잡는다.

잘못된 목 자세: 목쪽으로 굴러서는 안 된다.

주요 동작 용어

분절 Articulation

이는 관절 가동범위를 이르는 또 다른 말이다. 우리는 이 말을 주로 몸을 매트로 구부려 내리면서 통째로 내리는 것이 아니라 척추를 한 번에 한 마디씩 움직이는 것을 언급할 때 사용한다.

전상장골극 Anterior Superior Iliac Spine, ASIS

전상장골극은 골반 전면에 돌출되어 있는 뼈를 말하며, 이 뼈는 서 있을 때 손으로 만져지고 바로 누우면(누운 자세에서) 훨씬 더 눈에 띈다. 이는 골반의 정렬을 확인하는 아주 좋은 기준 뼈가 된다.

연속적인 호흡 Continuous Breathing

특정 몸동작에 맞춰 호흡을 조정하는 것이 아니라 어느 동작이든 일정한 리듬으로 들이쉬고 내쉬는 호흡을 말한다.

신전 Extension

척추, 고관절, 무릎과 발목의 신전

전문적으로 신전은 신체의 일부를 정상적인 해부학적 자세로부터 뒤쪽으로 움직이는 동작이지만, "무릎을 펴라"에서와 같이 '펴기'란 의미로도 사용된다. 또한 "매트에서 팔과 다리를 길게 뻗어라"에서와 같이 '신장' 또는 '스트레칭'을 의미할 수 있다. 척추 신전은 척추가 뒤로 아치를 이루고 복부가 펴지면서 머리나 꼬리뼈가 뒤쪽으로 또는 서로를 향해 움직이는 것을 의미하며, 백조 동작은 이러한 원칙을 가장 잘 보여주는 적합한 동작의 예이다.

굴곡 Flexion

척추, 고관절, 무릎과 발목의 굴곡

굴곡은 신전의 반대이다. 즉 굴곡은 신체의 일부를 정상적인 해부학적 자세로부터 앞쪽으로 움직이는 동작이다. 또한 굴곡은 "무릎을 구부려라"에서와 같이 '구부리기'를 의미하기도 한다. 척추 굴곡은 몸 앞으로 머리를 골반 쪽으로 또는 골반을 머리 쪽으로 (더 가까이) 가져오는 동작이며, C 곡선 또는 복부 곡선 동작이 좋은 예이다.

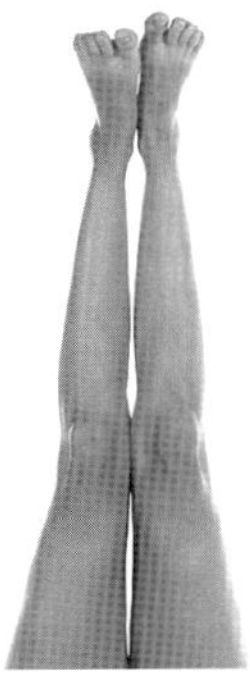

평행 다리

턴 아웃 다리: 필라테스 첫 번째 자세

평행 대 턴 아웃 Parallel vs. Turn-out

현대무용 수업을 받아본 사람이라면 아마도 평행 다리 또는 턴 아웃 다리란 용어를 들어보았을 것이다. 간단히 말해 평행은 대부분의 사람들이 서 있을 때 자연스럽게 서 있을 때처럼 무릎을 앞쪽으로 향하게 해서 다리가 중립 자세인 것을 의미한다.

턴 아웃 또는 고관절의 외회전은 무릎 및 발이 서로 반대쪽으로 향하고 다리뼈가 고관절 소켓에서 측면으로 회전되어 있다는 것을 의미한다. 모든 발레 동작은 턴 아웃 자세로 이루어지지만, 현대무용은 다리를 평행으로 해서 하는 동작들이 흔하다. 필라테스에서도 많은 동작을 턴 아웃 자세로 수행한다(필라테스 기본 동작에서 필라테스 'V'를 참고한다). 그러면 왜 턴 아웃을 할까? 턴 아웃은 둔근과 허벅지 안쪽 근육을 모두 활용해 일부 동작들에서 골반의 안정화를 도울 수 있기 때문이다.

엎드려 누운 자세 Prone

이 용어는 복부를 대고 눕는 자세를 의미한다.

파워하우스 Powerhouse

파워하우스

파워하우스는 조셉 필라테스 자신이 고안한 용어로, 오늘날 대부분의 뉴욕 지도자들 사이에서 사용되고 있다. 복근, 둔근과 허벅지 안쪽 근육은 함께 작용할 때 파워하우스를 구성한다. 바로 이곳에서 많은 필라테스 동작이 시작될 수 있다. 또한 이곳은 많은 동작에서 표적이 되는 부위이기도 하다. 이러한 근육들은 신체를 안정화하는 주요 근육이고 척추 부상의 방지에 매우 중요하다.

를르베 / 발꿈치 들어올리기 Relevé / High Heel Feet

발꿈치를 들어 올려 발의 무게가 발볼과 발가락에 실리도록 발을 위치시킨다. 이때 발목은 발바닥 쪽으로 굴곡되지만(족저굴곡, plantar flexion) 발가락은 발등 쪽으로 굴곡된다(족배굴곡, dorsiflexion).

바로 누운 자세 Supine

이 용어는 등을 대고 눕는 자세를 의미한다.

몸통 안정성 Torso Stability

몸통 안정성은 주로 복근의 근력에 의해 성취되고 필라테스에서 가장 중요한 개념의 하나이다. 대부분의 필라테스 동작들에서는 팔이나 다리를 움직이면서 몸통을 안정되게 유지해야 한다. 다시 말하자면, 척추 주위로 가해지는 동작을 할 때 복부 근육을 사용해서 척추를 고정시켜 몸통이 움직이지 않게 유지해야 한다. 따라서 이러한 안정성 동작(동작을 지속하는 동안 몸통을 한곳에 고정시킨다면 그것은 안정성 동작이라고 할 수 있다)의 하나를 수행할 때에는 그저 마음속으로 "움직여서는 안 된다"고 생각한다. 이는 안정성의 핵심이다.

약한 몸통 안정성 자세:
잘못된 척추 자세

강한 몸통 안정성 자세:
올바른 척추 자세. 복근이 등을 바닥에 평평하게 유지한다.

척추 중립과 코어

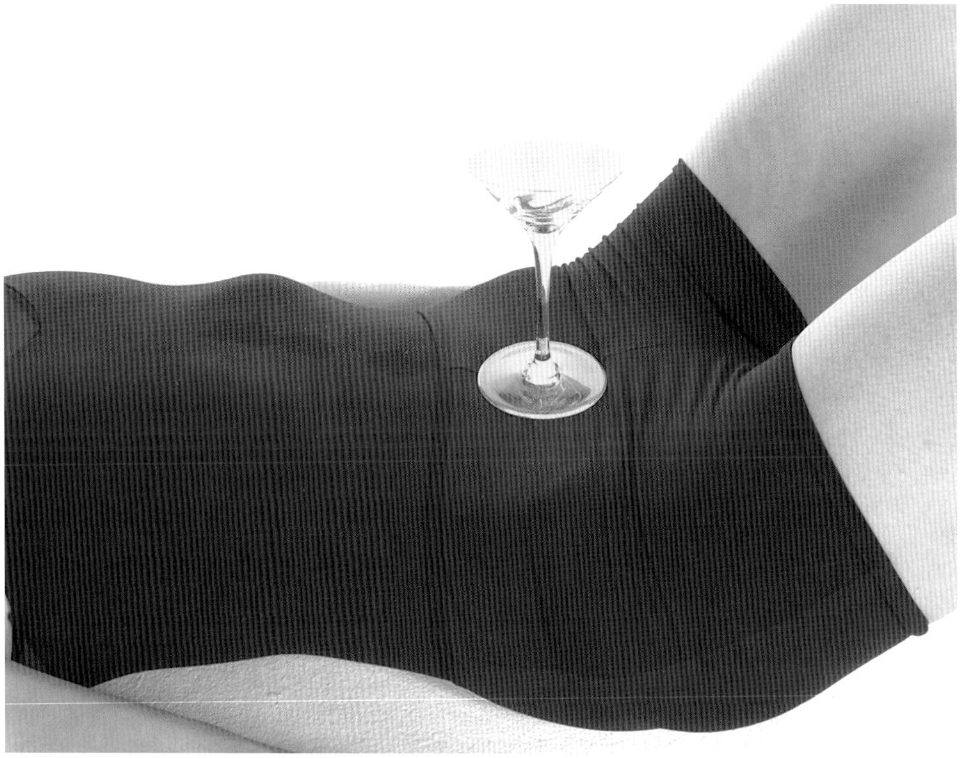

척추 중립은 필라테스 기본 동작에서 가장 미묘하면서도 강력한 원리의 하나이다.
척추가 중립 자세일 때에는 3가지 척추 곡선(경추, 흉추 및 요추 곡선)이 이루어져 달리기, 점프, 또는 걷기를 할 때 충격을 흡수하는 기능을 한다.
그리고 궁극적으로 척추 중립 자세로 생활하면 근육과 뼈에 가해지는 스트레스를 최소화하게 된다.
척추 중립은 완벽한 자세의 아름다움이며, 실제로도 더 좋게 느껴진다.
우리는 이러한 자연스런 곡선을 유지하고 강화하길 원하며, 이 때문에 우리는 필라테스에서 안정성 동작들을 수행할 때 흔히 척추 중립 자세에서 한다.

척추 중립 찾기 - 생각보다 쉽지는 않다

나는 지도자 교육을 시작하면 모든 교습생에게 척추 중립 자세를 찾는 방법을 설명하고 시범을 보이는 데에만 2~3시간을 보낸다. 이는 간단한 작업이 아니며, 해부학 지식, 타고난 감각, 지도자로서의 직관 등을 요한다. 애석하게도 여기에 정해진 것은 없다!

척추 중립을 찾기 위한 첫 단계는 골반 중립을 찾는 것이다. 이는 객관적인 척도로 찾을 수 있는데, 바닥에 누웠을 때 전상장골극(ASIS)과 치골이 삼각형을 형성하면서 바닥과 평행면을 이루는 상태로 쉽게 정의된다. 이들 뼈 기준점은 누구나 바로 누워 손가락으로 만지면 느낄 수 있다. 중립 자세일 때 이들 뼈가 형성하는 삼각형은 가득 찬 칵테일 잔을 올려놓아도 그대로 받쳐줄 수 있을 정도로 평평한 면을 이루어야 한다. 골반이 중립 자세이면 칵테일은 완벽하게 균형을 이룰 것이다. 반면 골반이 앞쪽으로 기울어지거나(골반 전방경사: 허리를 바닥에서 너무 많이 들어 휘어진 상태) 뒤쪽으로 기울어지면(골반 후방 경사: 허리를 바닥으로 납작하게 붙인 상태), 칵테일은 그 중 한 방향으로 쏟아질 것이다. 바로 누워 골반이 중립 자세일 때에는 아래의 바닥에 닿지 않는 부위가 2곳 있어야 하는데, 바로 목과 허리(각각 경추와 요추)이다.

골반 중립 대 척추 중립

바로 누웠을 때 척추는 서 있을 때와 같은 방식으로 움직이지 않으므로, 그에 따라 조정이 필요하다.

일부 사람들은 바로 누운 자세에서 골반이 중립 자세가 되면 요추 또는 흉추가 너무 많이 신전될 수도 있어, 이러한 자세에서 불편함을 느낄 것이다. 왜일까? 그것은 비록 골반은 중립이지만 척추는 중립이 아니기 때문이다. 즉 요추 또는 흉추 만곡이 과도하고 등의 신근이 수축되어 있다. 이는 편안하지 않다.

척추 만곡, 골격 구조물과 근육조직은 사람마다 다르므로 척추 중립은 골반 중립처럼 객관적으로 파악할 수 없다. 이러한 요인들로 인해 누웠을 때 척추의 자세가 달라진다. 심지어 엉덩이의 크기도 바로 누웠을 때 척추 정렬의 형태를 변화시키게 된다. 하지만 필라테스 지도자로서 당신의 목표는 교습생이 바로 누운 자세에서 어느 정도 만곡을 유지하면서 등 근육을 이완된 상태로 유지할 수 있도록 척추와 골반의 최적 자세를 찾아주는 것이다.

교습생에게 척추 중립 찾아주기

교습생이 척추 중립을 찾도록 도와주기 위해 지도자는 손을 교습생의 요추 아래로 넣어 지나치게 공간이 크지 않은지 파악한다. 이때 손이 허리 아래로 줄곧(아래쪽에서) 반대편까지 밀려나갈 수 있을 정도이면 안 된다. 요추 아래에는 작은 공간만 있어야 한다(큰 공간은 안 된다). 또한 손이 흉추(흉곽) 아래로 밀려나가서는 안 된다. 흉곽이 들려 있다면 교습생에게 상부 복근을 사용해 흉곽을 매트로 편안하게 내려주라고 지시한다. 흉추는 매트에 완전히 붙어 있어야 한다.

또한 필라테스 지도자들은 척주 신근이 수축되어 있는지도 파악해야 하는데, 이들 근육은 이완된 상태를 유지해야 한다. 이를 파악하기 위해 교습생에게 자세가 편안한지 물어본다. 그들은 알고 있을 것이다!

필요하다면 척추를 좀 더 중립으로 만들기 위해 교습생에게 골반을 후방으로 기울여 요추 곡선을 평평하게 해보라고 말한다. 일부 사람들의 경우에 바로 누운 자세에서 척추가 중립이고 편안한 느낌이 들기 위해서는 골반을 약간 후방으로 기울일 필요가 있다. 바로 누운 자세에서 하는 동작들을 수행할 때에는 교습생이 편안함을 느끼는 것이 중요하므로, 필요하다면 골반을 약간 아래로 당긴다. 해당 교습생에게는 이것이 누웠을 때의 중립 자세이다.

척추 중립 받쳐주기

매트에 닿지 않는 척추 부위 아래에 접은 수건이나 끈적이는 매트를 넣어주면 척추 중립 자세를 받쳐줄 수 있다. 이는 골반 전방 경사 또는 척추전만증(lordosis)이 있는 사람들에게 특히 좋다(이들에게 접은 수건이나 끈적이는 매트를 요추 아래에 넣어주면 요추가 매트에 닿는 것을 느낄 것이다). 반대로 골반 후방 경사가 있어 요추 만곡이 좀 더 필요한 사람에게도 요추 아래를 받쳐주면 된다. 또한 경추 곡선이 과도하거나 거북목(forward head)이 있는 사람들은 척추후만증(kyphosis)이 있는 사람들과 마찬가지로(이 두 가지 문제는 종종 함께 온다) 목을 길게 늘여줄 수 있도록 머리를 받쳐줄 필요가 있다.

바로 누운 자세에서 하는 필라테스 안정화 동작들은 절대 척추를 받쳐주지 않은 상태(신전이 과도한 상태)에서 수행해서는 안 되므로, 교습생마다 개별적으로 조정해주어 자신의 척추 중립 자세를 이해하도록 한다. 교습생에게 척추 아래에 개별적인 도구를 받쳐주면 복근이 사용되는 것을 느끼게 도와줄 수 있으며, 교습생은 복부가 원활하게 사용되고 있음을 느낄 수 있다.

척추 중립 대 편평한 등

뉴욕 필라테스 스튜디오 출신의 많은 지도자는 사람들에게 필라테스 동작들을 수행할 때 허리를 아래로 당기라고 하거나 허리의 곡선을 편평하게 하라고 가르친다. 나의 방법에서는 척추 중립을 안전하고 효과적일 때 사용하며, 등을 바닥에 붙이는 편평한 등 자세는 적용 가능할 때 사용한다.

내 경험에 비추어보면, '닫힌 자세(closed chain)' 동작을 할 때에만 중립 자세를 사용하는 것이 좋다. 닫힌 자세란 다리가 바닥에 놓여 있거나(상복부 컬) 필라테스 기구를 사용할 때처럼 다리가 바 또는 스트랩으로 지지받는(발 운동, 다리 시리즈) 경우이다. 필라테스 매트 동작들은 대부분 다리가 공중에 있는 '열린 자세(open chain)'라서 척추가 불안정해지기 쉽다. 열린 자세 동작에서는 편평한 등 자세를 사용하는 것이 더 안전한데, 교습생이 중립 자세에서 안정해질 정도로 강하지 못할 경우가 있다(이 경우에 교습생은 열린 자세 동작을 하지 않고 먼저 중립 자세에서 안정성을 찾는 데 주력할 수도 있다). 편평한 등 자세로 하는 코어-텟(Core-Tet, 34페이지)은 약간 변형되는데, 이 자세에서는 다열근이 스트레칭 될 것이기 때문이다. 골반 후방경사 및/혹은 매우 강한 복근을 가진 교습생들은 열린 자세 동작들에서 골반을 좀 더 중립 자세로 두는 시도를 해볼 수도 있다. 하지만 기구를 사용할 때에는 많은 동작이 닫힌 자세이므로, 자연스런 곡선을 갖춘 척추 중립 자세로 교습생들을 안전하고 효과적으로 가르칠 수 있는 좋은 기회가 된다.

네 가지 중립 자세

바로 누운 중립 자세 Supine Neutral

바로 누운 중립 자세는 이전 페이지에 설명되어 있다.

엎드려 누운 중립 자세 Prone Neutral

엎드려 누운 중립 자세는 척추 중립을 찾는 훌륭한 방법이며, 실제로 척추 신전 자세를 취하지 않고도 경추 및 흉추 신근을 강화하는 좋은 방법이 될 수 있다. 허리가 긴장되어 있어 흉추를 신전시키면 요추가 불안정해지는 사람들과 척추를 신전시키는 것이 고통스러우며 하지 말아야 할 척추 협착증(stenosis) 환자들에게 특히 좋다.

얼굴을 아래로 향해 매트에 엎드려 누운 자세에서 다리를 나란히 모은다. 모든 곡선을 찾아보려 한다. 즉 치골(두덩뼈)과 관골(볼기뼈)은 매트 위에 있으며, 요추는 약간의 신전, 흉추는 약간의 굴곡, 경추는 약간의 신전 상태에 있다. 그런 다음 머리를 살짝 들어 올려 매트를 내려다보고, 목의 중립 곡선을 유지하며, 머리가 나머지 척추와 일렬을 이루도록 유지한다. 각 방향으로 길게 늘여준다고 생각한다. 즉 척추를 감싸는 근육들이 척추를 양 방향으로 길게 당긴다는 상상을 하는데, 머리의 정수리 뒤쪽을 통하는 한 방향과 꼬리뼈를 통하는 반대 방향으로 당기는 것을 생각한다. 이 자세를 몇 초간 유지하는 것만으로도 하나의 운동이 되지만, 엎드려 누운 중립 자세는 모든 백조 자세(척추 신전)에, 그리고 매트나 기구에서 엎드려 누운 자세로 하는 어떠한 동작(리포머의 롱 박스 시리즈, 줄 당기기, 'T' 자세, 삼두근 운동 등)에도 좋은 준비 자세이다.

옆으로 누운 중립 자세 Side-lying Neutral

옆으로 누운 자세에서 동작을 수행할 때에는 척추가 중립 자세가 되도록 한다. 즉 머리, 어깨와 엉덩이가 일직선을 이루고 허리를 매트에서 들어 올려 엉덩이가 평행한 상태를 유지한다. 필라테스 아크(Arc) 위에 옆으로 누우면 아래쪽 허리가 들려 힘들이지 않고 자연스럽게 옆으로 누운 중립 자세가 된다.

네발 척추 중립 자세 Quadraped Neutral

바닥에 손과 무릎을 대고 척추 중립 자세로 시작한다. 지시된 대로 동작을 수행하는데, 뼈 구조를 변경시키지 않은 채(척추 중립 자세에서 벗어나지 않은 채) 심부 복근과 골반저근을 사용한다. 이 자세는 아직 복근이 생소한 사람들에게 아주 좋은데, 바로 누운 자세에서 복부를 척추 쪽으로 당겨 넣는 것이 처음에는 별다른 느낌을 주지 못할 수도 있기 때문이다. 이런 사람들이 중력에 대항해 자신의 복근을 당겨주면 심부 근육을 활용하는 일이 수월해질 수도 있어, 이런 변형 동작이 필요한 것이다.

코어의 이해

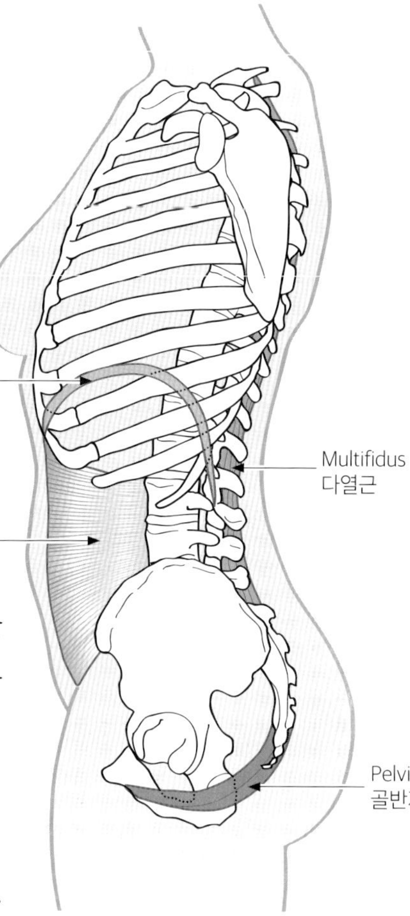

코어-텟 Core-Tet

척추 중립 자세에서는 척추를 받치는 4개 근육이 있다. 즉 복횡근, 다열근, 골반저근과 횡격막이다. 나의 멘토 도리스 파스텔루어-홀은 이를 쿼르텟(quartet, 사중주단)이라고 표현했지만, 나는 그 표현을 '코어-텟'으로 바꾸었다.

다열근: 새로운 파워하우스

스포츠 의학 연구의 세계에서 다열근은 현재 엄청난 인기몰이를 하는 중이다.
종전까지는 그 크기가 꽤 작아 비교적 중요하지 않은 근육으로 간주되었는데, 최근 연구에서 다열근은 독특한 구조 때문에 실제로 등에서 가장 강력한 근육이라는 사실이 밝혀졌다. 다열근은 짧은 섬유들이 일종의 막대들 내에 배열되어 있고 이들은 체내의 그 어느 것보다 견고하므로, 요추를 안정화하는 근육으로 중요한 기능을 한다.
아주 얇은 다열근은 척추 깊숙이 있고, 3개의 관절 분절에 걸쳐 있으며, 각 분절 높이에서 관절을 안정화하는 역할을 한다. 다열근은 척추기립근, 복횡근 및 내/외복사근 깊숙이 놓여 있다.
요추는 체중의 대부분을 지탱하고 척추를 따라 가장 많은 힘과 스트레스를 받는다. 이러한 상황에서 다열근은 몸을 수직으로 유지하고 디스크에 가해지는 압력을 덜어준다.
요즘 재활 분야에서 상식은 척추 부상(척추 질환을 치료하는 수술 포함)이 다열근에 지장을 주어 척추 안정성을 감소시키고 요통을 증가시킬 수도 있다는 것이다.

복횡근

복횡근은 가장 깊숙이 위치한 복근으로 내장을 잡아주고 복벽을 압박하는 기능을 한다. 복횡근의 섬유는 횡으로 주행해, 졸라매는 끈처럼 복부를 붙들고 줄곧 등을 돌아 요추 근막에 부착된다. 이렇게 복횡근은 횡으로 주행하기 때문에 척추의 굴곡에 거의 또는 전혀 영향을 미치지 못한다. 이 근육은 작용근(mover)이 아니라 주로 안정근(stabilizer)이다. 이 때문에 복횡근은 코어 안정성에 매우 중요하고 우리는 척추가 중립 자세일 때 코어를 찾게 된다. 척추가 굴곡 자세일 때에는 나머지 3개 복근이 동작에 기여하며, 일상 활동 중 척추가 늘 취해야 하는 자세에서는 우리가 더 이상 안정성을 실행하지는 않는다. 그렇다고 '편평한 등' 동작을 수행하는 것이 잘못된 것은 아닌데, 이 동작은 표층의 복근을 활성화하고 아울러 다열근을 스트레칭 시키기 때문이다.

골반저

골반저는 생식기와 항문을 받쳐주고 탄탄하게 하며, 기타 장기들이 억누르고 탈출하는 것을 막아준다. 또한 코어의 바닥을 밑에서 들어 올려 지지한다. 일부 사람들은 골반저가 복횡근 및 다열근과 맞물린다고 한다. 골반저를 동원하려면 앞에 있는 치골의 양 측면을 뒤에 있는 꼬리뼈의 양 측면으로 더 가까이 당겨, 중앙에서 들어 올려지는 '해먹'처럼 만들면 된다. 정상적으로 임신한 여성들은 출산을 준비하기 위해 그리고 산후에도 케겔 운동(Kegel exercise)을 하라는 권장을 받는데, 이는 골반저의 탄력을 강화하고 회복하기 위함이다. 남성의 경우에는 고환을 당겨 올린다고 생각하면 된다. 골반저가 동원될 때에는 복횡근과 다열근이 더 깊이 사용되는 것을 느끼게 된다.

횡격막

횡격막은 호흡의 주요 근육이지만, 코어의 '꼭대기' 역할을 하기도 한다. 숨을 들이쉴 때 횡격막은 수축하고 아래쪽으로 처져 공기가 흉강에 유입될 수 있도록 한다. 나는 주로 사람들이 숨을 내쉴 때 코어-텟을 사용하도록 유도한다. 횡격막이 신장성으로 수축하고 들리면서, 횡격막과 함께 골반저를 당겨 올린다고 생각하면 된다. 마치 횡격막과 골반저가 중앙에서 줄로 이어진 2개의 낙하산인 듯이 말이다. 횡격막이 떠오르면서 골반저를 당겨 올리며, 이는 결국 복부를 당겨 넣고 요추를 몸의 중심부로 더 가까이 들어 올리도록 돕는다.

자신의 코어-텟 찾기

자신의 코어-텟 찾기에서 첫 번째 단계는 3개 주요 곡선(요추, 흉추 및 경추 곡선)을 갖춘 척추 중립 자세를 찾는 것이다. 골반 및 척추가 중립 자세에 있을 때 요추는 볼록한 곡선 모양에 약간 신전된 상태이고, 흉추는 오목한 곡선 모양에 약간 굴곡된 상태이며, 경추는 볼록한 곡선 모양에 약간 신전된 상태이다.

자신의 코어-텟은 척추 중립을 찾는 모든 자세에서 발견할 수 있는데, 필라테스에서는 가장 흔히 바로 누운 중립 자세, 엎드려 누운 중립 자세, 네발 척추 중립 자세와 옆으로 누운 중립 자세에서 코어를 찾으려 한다. 일단 이러한 자세들에서 자신의 코어-텟 찾기를 터득했다면, 앉고, 서고, 걸을 때 자신의 코어를 동원할 수 있게 된다(이것이 궁극적인 목표이다).

중립 자세에서 코어를 동원할 때에는 허리를 감싸고 뒤에 후크가 있어 척추에서 함께 묶이는 거들처럼 복부를 척추 쪽으로 당겨주면서 복벽을 안쪽으로 당긴다고 생각하면 된다. 한편 요추는 중립일 때 약간 신전된 자세이어야 하며, 그래야 척추뼈들 사이를 주행하고 척추를 따라 올라가는 다열근 역시 동원되고 '들린다.' 이 근육은 마치 빵이 소시지를 감싸듯이 척추를 '감싸고' 있다. 척추를 지지가 필요한 가늘고 높은 유연한 타워에 비유한다면, 복횡근과 다열근은 각각의 방향에 있는 당김 줄과 같아 타워를 다른 방향으로 당기는 힘에 저항해 타워를 지지하고 안정화한다.

자신의 코어-텟을 찾게 되면 요추의 앞뒤에서 샌드위치 같은 지지를 느낄 것이고 아울러 골반의 맨 아래에서 위로 흉골까지 들리는 느낌이 들 것이다.

복근의 4개 층

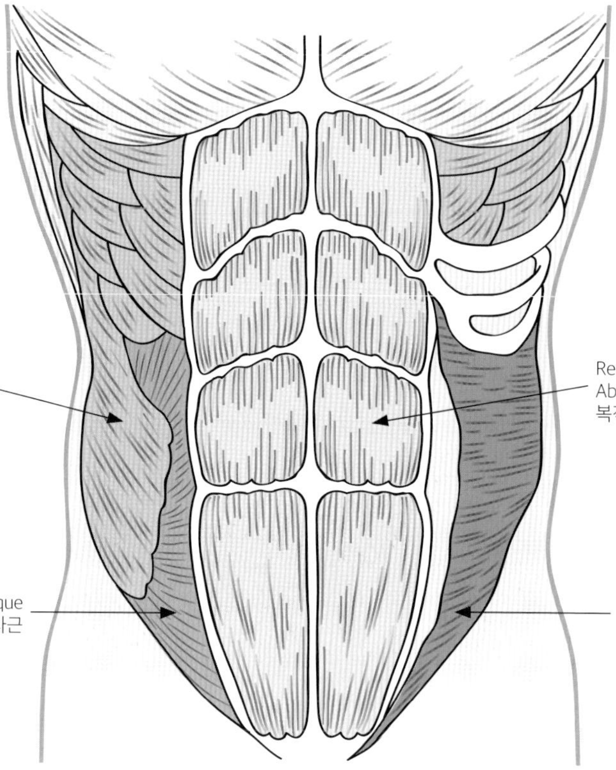

복부에는 4개 층의 복근이 있다. 가장 깊은 층은 복횡근으로, 섬유가 횡으로 주행해 줄곧 허리를 돌아 등의 근막에 부착된다. 복횡근은 수축하면 운동복을 졸라매는 줄처럼 작용해 허리의 둘레를 감소시키고 복부를 압박한다. 이 근육은 내장을 잡아주는 기능을 하고 척추를 거들처럼 받쳐주는 역할을 한다.

그 다음 2개 층은 내복사근과 외복사근으로, 수축하면 역시 복부를 압박하고 상승적으로 작용하여 척추의 측면 굴곡, 회전 및 비틀림을 일으킨다.

마지막으로, 다른 복부 근육들 못지않게 중요한 복직근이다. 복부 근육들 중 '일 중독자'로 주요 기능은 몸통의 굴곡이다. 복직근을 사용해 복부를 바깥으로 내밀면 몸통을 뒤로 젖히는 자세를 수행할 수 있다. 또는 복부를 당기면서 몸통을 감아올리는 자세를 유지하면 복직근에 추가로 '심부 3개 근육'(복횡근, 내복사근과 외복사근)을 활용하여 필라테스 상복부 컬 자세를 수행할 수 있다.

몸통 컬 중에 복부를 집어넣은 상태를 유지하면 '심부 3개 근육'이 작용하며, 이는 척추를 받쳐주고 부상을 예방하는 데 도움이 된다. 이것이 바로 필라테스 방식이다.

복직근은 필라테스 세계의 중요 부분에서 과소평가를 받고 있지만, 나는 과소평가된 이 작은 식스 팩의 일부 장점에 찬사를 보내고 싶다. 복직근이 없다면 우리는 완전한 몸통 컬 자세를 취할 수 없고 '백번 호흡하기(Hundred)'와 같은 동작들에서 머리를 들 수도 없을 것이다. 아울러 치골에서 흉골까지 주행하는 복직근은 가장 일직선으로 당기기 때문에 골반 전방 경사와 척추전만증을 교정해준다. 따라서 복직근을 절대 사용하지 말라는 것이 아니라, 단지 적절하게 사용함으로써 나머지 3개 복근을 끌어들여 척추 굴곡 및 안정화 동작들에서 복직근을 상승적으로 보조하도록 해야 한다는 것이다. 중립 자세, 엎드려 누운 중립 자세, 네발 척추 중립 자세와 옆으로 누운 중립 자세에서 코어를 찾으려 한다. 일단 이러한 자세들에서 자신의 코어-텟 찾기를 터득했다면, 앉고, 서고, 걸을 때 자신의 코어를 사용할 수 있게 된다(이것이 궁극적인 목표이다).

신장 | 근력과 길이

신장 역시 척추가 굴곡이나 신전 자세로 움직이면 안 되는 구조적 문제가 있는 사람들에게 안전하게 척추를 단련시켜 주는 방법이다. 신장이 효과적인 구체적 질환들은 아래를 참고한다.

신전에서 중립

신전에서 중립으로 움직이는 것은 실제로 척추를 굴곡 자세로 가져가지 않으면서도 복근을 단련시킬 수 있는 훌륭한 방법이다. 골다공증, 척추후만증 및 일부 디스크 기능장애가 있는 사람들에게 아주 좋다.

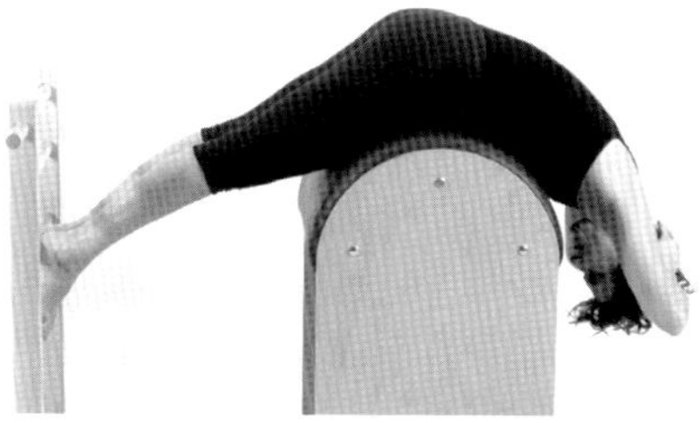

굴곡에서 중립

굴곡에서 중립으로 움직이는 것은 실제로 척추를 신전 자세로 가져가지 않으면서도 척추 신근을 단련시킬 수 있는 훌륭한 방법이다. 척추 협착증, 척추전방전위증 및 평평한 흉추 곡선을 가진 사람들에게 아주 좋다.

측면 굴곡에서 중립

옆으로 누운 자세에서 중립으로 움직이는 것은 단련시켜야 할 측면에서 실제로 척추를 측면 굴곡으로 가져가지 않고서도 척추 측면 굴근(복사근과 요방형근)을 단련시킬 수 있는 훌륭한 방법이다. 척추측만증 및/혹은 엉덩이 들림(hip hike)이 있는 사람들에게 아주 좋지만, 단축된 측면에 더 집중하도록 한다.

척추 굴곡 | 알아야 할 사항

척추 굴곡은 필라테스 방법에서 가장 흔히 사용되는 동작의 하나이고 척추가 부상을 입을 수도 있는 동작이다.

기능

- 바로 누운 자세에서 복근을 강화한다.
- 등의 신근을 스트레칭 시킨다.
- 골반 전방 경사와 척추전만증이 있는 사람들에게 아주 좋다 (특히 요추 굴곡 동작).

일반적 장애

어느 동작과 마찬가지로 대립 근육군에 긴장이 있으면 작용근의 가동범위가 제한된다. 척추 굴곡의 경우에 주작용근은 복근이고 대립 근육군은 등의 신근이다. 따라서 등의 신근이 긴장되어 있으면 척추의 어느 부위에서든 그 부분을 굴곡시키기가 어려울 것이다.

예를 들어 상복부 컬 동작을 취하기가 곤란하다면 일반적으로 목과 등 상부에 긴장이 있다는 것을 나타낸다. 롤-다운 또는 구르는 동작에서 허리를 매트 쪽으로 구부리기가 곤란하다면 아마도 등 하부가 긴장되어 있을 것이다.

일반적 금기사항

척추 굴곡은 척추의 전방 구조물, 즉 추간판과 척추체에 압력과 하중을 가하기 때문에, 전방 구조물에 약화 또는 기능장애가 있으면 척추를 굴곡시킬 때 부상을 입기가 쉬울 것이다. 굴곡에 실리는 하중이 커질수록 손상이 심해진다. 필라테스 동작과 그에 따른 하중을 살펴보려면 다음 페이지의 하중이 실리는 척추 굴곡 자세를 참고한다.

디스크 기능장애 Disc Dysfunction

추간판은 척추체들 사이사이에 있어 매일 등에 하중을 가하는 엄청난 양의 압박에 대해 충격을 흡수하고 완충하는 기능을 한다. 대부분의 디스크 부상은 일상생활에서 굴곡 시 척추에 가해지는 하중에 기인하며, 궁극적으로 하나 또는 그 이상의 디스크를 약화시키거나, 탈출시키거나, 혹은 '미끄러져나가게' 한다. 다음은 가장 흔한 디스크 기능장애이다.

퇴행(Degeneration): 퇴행은 노화에 따라 우리 모두에게 일어나며, 이로 인해 추간판 수핵 내의 수분 함량이 줄어 디스크가 평평해진다. 퇴행이 과도하면 디스크의 완충 작용이 약해지고 염증과 디스크를 압축하는 척추뼈의 미세한 움직임이 만성 통증을 유발할 수 있다.
탈출(Herniation): 디스크 탈출은 추간판에서 연골성 외층이 파열되어 내부 수핵이 척추를 따라가는 신경근 근처의 공간으로 빠져나가기 때문에 발생하며, 그러면 신경근이 눌려 통증이 동반된다.
부분탈구(Subluxation): 디스크가 정상 위치에서 '미끄러져나가' 전방으로 움직여 신경근을 누르는 상태가 부분탈구로, 통증이 매우 심하다.

이 모든 디스크 기능장애의 경우에 하중이 실리는 척추 굴곡은 금기일 가능성이 높고 증상을 크게 악화시킬 것이다. 일부 디스크 질환들은 척추 신전에 의해 악화되지만, 대다수는 척추 신전에 의해 완화될 수 있다.

골다공증 Osteoporosis

골다공증은 골량과 골밀도가 감소해 골절 위험 및/혹은 발생이 증가하는 것으로 정의된다. 50세 이상의 여성은 검진을 받아 골다공증 또는 골감소증(osteopenia, 증상이 덜 심한 경우)이 있는지 확인해야 한다. 이들 질환이 있는 경우에 굴곡 동작은 일반적으로 금기인데, 약화되어 있어 부러지기 쉬운 척추체에 하중을 가하기 때문이다. 대신 이 경우에는 척추를 중립 또는 신전 자세로 두는 동작을 하도록 한다.

하중이 실리는 척추 굴곡 자세

척추 신전 | 알아야 할 사항

등을 신전시키는 동작은 보통 엎드려 누운 자세에서 수행하며, 척추 신근을 적극적으로 사용한다. 많은 매트 필라테스 동작에서 척추 신전은 머리와 목에서 시작하고 척추를 통해 등 상부와 마지막으로 허리까지 순차적으로 진행한다.

기능

- 엎드려 누운 자세에서 척추 및 목 신근을 강화한다.
- 신체 전면, 즉 복근과 흉부를 스트레칭 시킨다.
- 골반 후방 경사가 있는 사람들에게 아주 좋다. 이들은 일반적으로 요추 신근이 신장되어 있고 복근이 긴장되어 있다. 이러한 사람들의 경우에 엉덩이 신근으로 등을 완전히 신전시키는 자세로 시작하는 것이 필수는 아닌데, 이들은 이미 상대적으로 골반이 '당겨진' 자세로 살고 있기 때문이다.
- 척추후만증이 있는 사람들에게 아주 좋다(특히 등 상부 신전 동작).

주의사항

척추전만증과 골반 전방 경사가 있는 사람들은 요추 신근과 엉덩이 굴근(hip flexors: 고관절 굴근)이 단축 및 긴장되어 있으면서 복근과 엉덩이 신근(둔근과 슬괵근)은 약화 및 신장되어 있을 것이기 때문에, 이들을 훈련시킬 때에는 주의해야 한다. 이들은 어린 백조 자세만 해야 하며, 머리, 목과 등 상부만 들어 올리고 허리를 안정되게 유지하며 복부 집어넣기와 엉덩이 신근(둔근과 슬괵근)을 사용하여 골반을 안정화해야 한다. 이러한 동작은 이들에게 허리 동작이 아니라 둔부와 슬괵근 운동처럼 느껴질 것이다.

일반적 금기사항

척추 신전은 척추의 후방 구조물, 즉 척추관과 후관절에 압력과 하중을 가하기 때문에, 후방 구조물에 약화 또는 기능장애가 있으면 척추를 신전시킬 때 부상을 입기 쉬울 것이다. 신전에 실리는 하중이 커질수록 손상이 심해진다.

• **협착증**

척추 협착증(spinal stenosis)이란 요추의 척추관이 좁아지는 것으로, 노화의 정상적인 일부로 발생하는 관절염 과정이다. 이러한 질환이 있는 사람들은 경증에서 중증까지의 신경 충돌(nerve impingement)을 경험할 것이다.

• **후관절 질환**

후관절(facet joint)은 거의 끊임없이 척추와 함께 움직이고 노화에 따라 단순히 마모 및/혹은 퇴행이 일어난다. 후관절이 마모되면 관절 밑의 뼈에서 반응이 일어나 골극(bone spur)이 형성되고 관절이 비대해질 수 있다(골관절염). 이러한 질환은 '후관절 질환' 또는 '후관절 증후군'이라고 말하기도 하며, 척추를 움직일 때 꽤 고통스러울 수 있다. 척추 협착증, 후관절 질환 등 두 경우에서 척추 신전은 증상을 악화시킬 것이고 척추 굴곡 및/혹은 중립은 증상을 완화시킬 수도 있다.

• **골다공증과 협착증**

척추 굴곡은 골다공증이 있는 사람들에게 금기이고 척추 신전은 협착증이 있는 사람들에게 금기이다. 그러면 골다공증과 협착증이 둘 다 있는 사람들은 어떻게 해야 할까? 이러한 경우에는 첫째도 둘째도 셋째도 중립이다.

디스크 기능장애

척추 신전은 척추 디스크 기능장애(디스크 탈출, 돌출 또는 부분탈구)가 있는 사람들이 해도 되는 동작이다. 왜냐하면 이 동작은 전방으로 척추체들 사이의 공간을 열어주며, 디스크가 적절한 공간으로 되돌아갈 수 있도록 해서 충돌을 받으면 통증을 유발하는 척추 신경근으로부터 멀어지게 하기 때문이다.

엉덩이 신근의 역할

등 신전과 엉덩이 신전은 함께 이루어지는데, 척추의 맨 아래(천골)가 공유되고 이 부위가 고관절 및 골반과 이어져 있기 때문이다. 엉덩이 신전 없이는 등을 완전히 신전시키는 동작(높은 백조 자세를 생각하라)을 온전히 해낼 수 없다.

척추 신전은 허리의 과신전을 막고 완전한 척추 신전을 이루기 위해 엉덩이 신근과 복근에 의해 시작되어야 한다. 이는 매번 복부를 집어넣고 둔근과 슬괵근으로 골반을 당겨 시작한다는 것을 의미한다. 엉덩이 신근(둔근과 슬괵근)이 약한 사람들은 엎드려 누운 자세에서 완전한 등 신전을 이룰 수 없을 것이다. 왜냐하면 골반이 매트에서 안정화할 수 없고 척추가 매트에서 충분히 들릴 수 없기 때문이다. 이러한 문제는 흔히 "엉덩이 굴근의 긴장에 의해 유발된다."

복근의 역할

척추 신전을 시도하면서 복근을 척추 쪽으로 집어넣으면 신전을 척추 전체에 분배하는 데 도움이 될 것이다. 복근을 사용하지 않으면 대부분의 등 신전은 L2~L3에서 일어나게 된다.

따라서 엎드려 누운 자세에서 등을 완전히 신전시키는 동작을 할 때에는 복근과 엉덩이 신근을 둘 다 사용해 움직임을 시작하는 것이 필수이다. 나는 항상 "복부를 척추 쪽으로 집어넣고, 둔근을 조이면서 골반을 당긴 다음, 몸을 일으켜 등을 신전시키라"고 말한다.

동작 보조하기

나는 복근, 둔근과 슬괵근이 약한 사람들에게 엎드려 누운 자세에서 등을 신전시키는 동작을 가르칠 때에는 요추의 압박을 방지하기 위해 그들을 보조해주도록 권장한다. 종아리를 살며시 눌러주어(또는 캐딜락을 이용한다면 다리를 줄로 묶어도 된다) 그들이 골반을 안정화하고 둔근과 슬괵근을 활성화할 수 있도록 한다. 이렇게 하면 그들은 몸을 끝까지 일으켜 완전한 백조 자세를 취할 수 있을 것이다. 시도해보라. 그들은 마치 다시 일어나는 불사조처럼 보일 것이다.

한 시간의 세션을 계획하는 방법

본 레퍼토리를 당신의 팔레트라고 생각한다. 필라테스 화가인 당신은 자신 또는 교습생이 필요로 하는 것에 대한 지식을 바탕으로 이 팔레트에서 고르고 선택해야 한다. 교습생을 위해 세션을 계획할 때에는 다음과 같은 사항들을 유념해야 한다.

1. 준비운동

발 운동과 바로 누운 자세 시리즈는 훌륭한 준비운동이다. 나는 리포머를 가르칠 때 이러한 동작들을 항상 활용한다.

2. 신체의 모든 부위를 단련시킨다

척추: 척추 운동은 안정화(stabilization) 동작과 분절(articulation) 동작으로 나눌 수 있다. 이 2가지 강화 동작을 모두 하는 것이 중요하지만, 당신의 교습생이 어느 쪽을 더 필요로 하는지를 파악하는 것도 못지않게 중요하다. 예를 들어 몸이 매우 경직 및 긴장되어 있어 척추를 어느 방향으로도 거의 움직이지 못하는 교습생을 가르친다면, 안정화 동작보다 분절 동작이 더 바람직할 것이다. 반면 움직임이 과도하고 몸통을 고정시키지 못하는 흐느적거리는 교습생인 경우에는 안정화 동작이 더 적합할 것이다.

*** 재활 시 유의사항:** 척추 부상, 특히 디스크 기능장애가 있는 교습생을 훈련시킬 때에는 안정화 동작이 바람직한 코어 강화 기법이다. 척추 굴곡, 신전 및/혹은 회전은 일부 척추 부상들을 악화시킬 수도 있다.

척추 안정화

동작: *발 운동, 바로 누운 자세 팔 운동, 백번 호흡하기, 코디네이션, 다리 시리즈, 무릎으로 선 자세 시리즈, 플랭크*

척추 분절
동작: 인어, 롤-다운 시리즈, 티저, 짧은 척추 스트레칭, 긴 척추 스트레칭

하체
동작: 발 운동, 점핑, 스플릿, 슬괵근 동작, 복부 마사지 시리즈, 스쿠터, 다리 시리즈

상체
동작: 팔 운동(바로 누운 자세, 엎드려 누운 자세, 무릎으로 선 자세, 측면으로 누운 자세), 플랭크 시리즈, 뱀, 트위스트, 별

전신
동작: 건 스트레칭, 플랭크 시리즈, 트위스트, 뱀, 별

3. 척추를 모든 방향으로 움직인다

굴곡: 일반적으로 우리는 굴곡 동작들로 운동을 시작하는데, 그러한 동작들이 복근을 활성화하고 척추에 준비운동이 되기 때문이다.
동작: 백번 호흡하기, 오버헤드, 짧은 및 긴 척추 스트레칭, 롤-다운, 티저, 지구 한 바퀴 동작

신전: 굴곡 동작 시리즈를 한 후에는 척추의 균형을 위해 척추 신전 동작들을 하도록 한다.
동작: 줄 당기기, 흔드는 백조, 배영, 다운 스트레칭

측면 굴곡: 측면 굴곡은 복사근과 요방형근의 스트레칭 및/혹은 강화를 위한 동작으로, 척추측만증과 같은 측면 불균형에 도움이 될 수 있다.
동작: 인어, 측면 윗몸 일으키기, 위쪽 & 바렐 밖으로, 트위스트 또는 척추 회전 동작. 트위스트 동작은 척추에 좋지만, 디스크 기능장애가 있는 경우에는 하지 않는다.
동작: 트위스트, 막대기를 이용한 트위스트, 복부 마사지: 부케, 인어: 원 그리기

4. 세션이 물 흐르듯이 하게 한다

동작 순서를 흐름에 적합하게 구성해 각각의 동작마다 스프링을 바꿀 필요가 없도록 하고 교습생이 매번 일어나 기구에서 나오지 않도록 한다.

5. 가능하다면 하나 이상의 기구를 이용한다

매트 필라테스는 복근에 중점을 두는 프로그램이다. 필라테스 기능성 의자인 원다 체어를 사용하면 일부 매우 효과적인 상체 및 다리 컨디셔닝 동작들이 가능하다. 스프링보드는 안정성, 근력과 협응을 향상시키고 스탠딩, 런지 및 스쿼트 변형 동작을 가능하게 한다. 캐딜락은 재활 치료에 그리고 특정 문제 부위에 집중하는 데 아주 좋다.

매뉴얼 사용 방법

본 매뉴얼에는 내가 생각하기에 상당히 완벽한 종류의 리포머 필라테스 동작들이 실려 있다. 일부는 고전적인 필라테스 동작들인 반면, 다른 일부는 그간 나 자신이나 다른 지도자들이 고안한 동작들이다.

단계

우리는 필라테스 동작들의 단계를 다음과 같이 분류했다.

- 초급(Beginning)
- 중급(Intermediate)
- 상급(Advanced)
- 최상급(Super Advanced)

시리즈

필라테스 방법에서는 리포머 및 매트 필라테스를 시리즈로 가르치는데, 이는 각 단계에 특정한 순서 및 흐름이 있다는 의미이다. (캐딜락, 원다 체어 및 바렐을 사용하는 동작들은 보통 시리즈로 가르치지 않는다. 이러한 동작들은 분리되어 있으며, 지도자 또는 교습생이 갖고 있는 특정 문제를 해결하기 위해 운동에 추가할 수 있다.)

한 시간 과정으로 교습생을 가르칠 때에는 최선의 판단을 내려 해당 교습생에게 필수적인 동작들을 결정해야 한다. 아마도 한 시간 이내에 주어진 단계의 모든 동작을 소화할 수 없을 것이다. (심지어 초급 시리즈도 꽤 길 수 있다!) 시리즈는 기구로 하는 동작들을 체계적으로 구성해 틀과 순서를 제공한다.

초급 시리즈: 매뉴얼의 처음부터 시작해서 순서대로 진행해 초급 동작들을 모두 수행한다.

중급 시리즈: 매뉴얼의 처음부터 시작해서 필수적인 초급 동작들을 하고 중급 동작들을 모두 순서대로 수행한다. 초급형과 아울러 중급형이 있는 동작인 경우에는 보다 상급의 동작으로 대체하고 보다 쉬운 동작을 생략한다. (예를 들어 흉부 확장은 초급 시리즈에서는 롱 박스에 앉은 자세로 하지만 중급 시리즈에서는 무릎으로 선 자세로 한다.)

상급 및 최상급 시리즈: 매뉴얼의 처음부터 시작해서 초급 및 중급 동작들을 모두 하고 선정된 상급 및 최상급 동작들을 순서대로 수행한다. 중급형과 상급형이 둘 다 있는 동작인 경우에는 보다 상급의 동작을 하고 보다 쉬운 동작을 생략한다. (예를 들어 반대 방향 티저는 롱 박스 티저로 대체해도 된다.)

허리 보호: 초급

동작 단계들은 당신의 몸을 위해 자연스런 진행을 통해 필라테스 방법을 배우도록 하기 위해 마련됐다. 무엇보다도 단계들은 당신을 다치게 하려는 것이 아니라 도와주려는 것이다. 중급 및 상급 동작들은 제대로 수행하려면 상당한 코어 근력을 요한다. 적절한 단계를 넘어 밀어붙이려 하면 지도자 또는 교습생이 부상을 당할 수 있다.

기타 도움이 되는 사항

각각의 동작에서 **요령 및 주의사항**을 숙지하여 정확한 자세를 이해하도록 한다. 지도자에게는 부상을 입지 않는 것이 가장 중요한 주문과도 같다. 따라서 **금기사항**을 숙지하여 자신 또는 다른 누군가가 다치지 않도록 한다.

특별 수정 동작은 각각의 동작에서 있는 경우에만 요약되어 있다. 이러한 동작은 자신의 속도에 맞춰 진행하도록 돕기 위해 마련됐다. 지도자나 교습생이 언제든지 허리나 목에서 과도한 긴장을 느끼거나 혹은 동작이 너무 어려울 경우에는 해당 동작을 계속 진행하지 않도록 한다. 대신 특별 수정 동작을 살펴본다.

허리 보호: 중급

일반 변형 동작

새로운 동작을 배울 때에는 일부 통증들을 일으키는 경우가 흔하다. 다음은 사람들이 근력과 안정성을 얻는 과정에서 직면하는 몇 가지 흔한 문제이다. 아직 이러한 문제가 없는 사람도 이 부분을 반드시 읽어보도록 한다. 요지는 근육과 조직의 과사용 또는 과도한 긴장 가능성을 방지하는 것이다.

허리를 보호하기 위해 동작을 변형하는 방법

일반적으로, 요통을 앓고 있는 경우에 문제를 악화시키지 않도록 하기 위해 몇 가지 사항을 알아야 한다. 매트에 바로 누운 자세에서 몸 앞쪽으로 다리를 내밀어 지지해야 하는 '열린 자세 동작'의 경우에 자세 변형을 할 필요가 있다. 다음과 같은 변형 동작을 시도해본다.

허리 보호: 상급

- 다리를 공중에 올리는 대신 매트에 내려놓는다. 이렇게 하면 동작에서 요근이 배제되고 등의 과도한 긴장도 없어지며, 동작이 '닫힌 자세'가 된다.
- 다리를 곧게 펴는 동작일 경우에는 무릎을 구부린다.
- 다리를 충분히 높게 유지해 매트에서 복부를 집어넣고 척추를 중립으로 둔 상태를 반드시 유지할 수 있도록 한다
- 등에서 과도한 긴장을 느끼면 동작을 멈춘다.

팔로 짚고 엎드린 자세에서 손목 압박을 피하는 방법

- 손목 신전을 줄이기 위해 손은 가능한 한 앞쪽으로 멀리 뻗어 풋바에 놓는다. 손목을 가능한 한 가장 중립적인 자세로 유지한다. 손의 뒤꿈치를 바에 놓고 손가락은 아래로 바닥 쪽을 향하게 한다.
- 어깨가 올바로 정렬된 상태를 유지한다. 견갑골을 귀에서 멀리 밀어 내린다.
- 풋바를 밀어내고 흉골을 바닥 반대쪽으로 들어 올려 플랭크 자세에서 어깨의 '반 중력(anti gravity)' 근육으로 작용하는 전거근을 활성화한다.
- 체중이 손목으로 실리게 해서는 안 된다. 대신 중력을 밀어낸다.
- 팔꿈치를 과신전시켜서는 안 된다. 팔꿈치 안쪽 주름이 서로 마주보는 상태를 유지한다.

올바른 손목 보호 자세
손목과 어깨로부터 들어 올리고 팔꿈치를 부드럽게 한다.

잘못된 손목 보호 자세
손목, 팔꿈치와 어깨 쪽으로 몸통이 낮춰지지 않도록 한다.

목에 부담을 주지 않고 구르는 방법

올바른 목 자세
'흉부 선반'의 견갑골 사이에서 균형을 잡는다.

잘못된 목 자세
목쪽으로 굴러서는 안 된다.

리포머 동작에는 등 상부 쪽으로 굴러야 하는 동작이 몇 가지 있다(짧은 척추 스트레칭, 오버헤드 등).

- 목쪽으로 굴러서는 안 된다. 대신 견갑골 사이에서 멈춰 균형을 잡는다.
- 뒤로 구를 때에는 제어해야 한다. 너무 빨리 뒤로 굴러 가속도를 제어할 수 없어서는 안 된다.
- 복부를 집어넣으면 너무 멀리 뒤로 구르는 것을 막는 데 도움이 된다.

동작 | EXERCISES

발 운동 시리즈

발 운동은 리포머에서 수행되는 첫 동작 시리즈이다. 다리의 큰 근육들을 사용하여 몸에 '준비운동'을 시켜 주며, 아울러 척추 중립의 개념을 익히는 데 매우 유용하다.

당신은 어떠한 변형 동작들을 해야 하는가?

개개인의 필요에 따라 운동 프로그램에 변형 동작들을 추가할 수 있다. 예를 들어 다리를 펼 때 무릎을 붙이지 못하는 내반슬(bowlegs)이 있는 사람은 턴 아웃 발 운동을 추가하면 유용할 것이다(발꿈치 첫 번째 자세, 발꿈치 두 번째 자세). 발목이 불안정한 사람에게는 발가락 평행 동작과 콤보 동작이 유용할 것이다. 턴 인 동작은 필라테스와 댄스에서 많은 부분을 차지하고 있는 턴 아웃 자세와 균형을 맞추기 위해 최근에 레퍼토리에 추가되었다. 장기적인 건강을 위해서는 고관절이 모든 가동범위로 사용되어야 한다. 한쪽 다리 변형 동작들은 무릎, 고관절 및 발목 재활에 또는 단순히 불균형의 교정에 아주 좋다.

풋바 세팅 : 높게 대 낮게

- 교습생의 키가 작거나 골반 전방 경사가 있는 경우에는 높은 바를 사용한다. 높은 바가 기본적인 위치이다.
- 교습생의 키가 매우 크고, 엉덩이가 긴장되어 있고/또는 높은 바로 척추 중립 자세가 되지 않을 경우에는 풋바를 낮게 설정한다. 바를 낮게 설정하면 다리를 펼 때 다리의 뒤쪽 근육을 좀 더 단련시키고 복근을 강화시킨다.
- 키가 매우 크고/또는 유연성이 부족한 교습생인 경우에 캐리지와 홈 간격을 멀리 두고 움직여 교습생의 무릎 및 고관절 굴곡이 너무 심해지지 않도록 한다.

소도구

평행 자세를 취할 때 작고 물렁물렁한 공을 무릎 사이에 넣어주면 허벅지 안쪽을 활용할 수 있다. 외반슬(knock knees, 대퇴골의 외측 회전을 동반하면서 과신전된 무릎 형태)이 있는 교습생들은 발목 사이에 조금 큰 공을 넣어주면 장내전근을 활용하고 다리를 닿지 않으면서 펼 수 있는 공간을 확보하는 데 유용하다. 내반슬(bow legs, 대퇴골의 내측 회전을 동반하면서 과신전된 무릎 형태)이 있는 교습생들은 허벅지 하부를 쎄라밴드로 묶어주면 적절한 무릎 정렬에 유용하다. 대퇴골이 내회전된 사람의 무릎 사이에는 공을 넣어주지 않는데, 이는 자세를 더 악화시킬 것이기 때문이다.

첫 번째 기어 대 두 번째 기어

첫 번째 기어는 스프링을 '예비하중(pre-load)'으로 당기며, 그러면 다리 근육을 좀 더 강화하는 동작이 되어 컨디셔닝이 필요한 건강한 교습생들에게 아주 좋다. 두 번째 기어는 '예비하중'이 없으며, 특히 캐리지를 홈 위치로 되돌릴 때 코어 근육과 슬괵근을 좀 더 강화한다. 두 번째 기어는 하지 부상이 있는 교습생들에게 선호되는 세팅인데, 움직임을 시작할 때 관절들(고관절, 무릎, 발목)이 그리 스트레스를 받지 않을 것이기 때문이다. 나는 단순히 저항이 더 강하기 때문에 첫 번째 기어를 사용하는 편이다. 그리고 나는 다리를 제대로 강화하길 좋아하기 때문이기도 하다.

머리받이 세팅: 위로 대 아래로

발 운동을 위한 전형적인 세팅은 머리받이를 위로 두는 것인데, 머리를 약간 위로 두면 복근의 사용과 흉곽의 안정성을 촉진하기 때문이다. 머리받이를 위로 두었을 때 교습생의 목에 긴장이 생긴다면 내려주도록 한다. 교습생의 선호를 파악하고 어느 위치가 적절한지를 판단한다.

전형적인 4가지 발 운동 자세

첫 번째 자세, 나뭇가지 위의 원숭이, 발꿈치 평행, 종아리 들어올리기

발 운동 변형 동작

발꿈치 첫 번째 자세/두 번째 자세, 발가락 평행, 턴 인, 콤보, 한쪽 다리(발꿈치/발가락), 잠자는 사람, 발레 콤보

스프링 세팅

모든 사람을 대상으로 가벼운 스프링으로 시작하여 코어 근육과 슬괵근을 활용한 다음 저항을 증가시켜 교습생의 하지 근력을 향상시킨다. 부상을 당한 교습생들과 대퇴사두근이 과다 발달된 사람들은 더 가벼운 저항으로 발 운동을 하면 유용하다(2-3 스프링). 체구가 크고 근력이 강한 교습생들은 더 무거운 저항을 사용할 수 있다(3-4 스프링).

모든 발 운동을 위한 정렬 신호

- 골반을 중립 자세로 유지한다(움직임을 시작하기 위해 골반을 당기기가 아주 쉽다).
- 흉곽을 불쑥 올려 몸통을 불안정하게 하지 않도록 한다.
- 양쪽 다리를 고르게 단련시킨다(한쪽 무릎이 먼저 펴지는지 살펴본다).
- 다리를 펼 때 무릎이 과신전되지 않게 한다. 허벅지 안쪽을 당겨 조여준다.
- 생각한다: 무릎 대신 엉덩이에서부터 신전시킨다. 그러면 슬괵근이 사용되고 대퇴사두근의 작용은 줄어들 것이다.
- 목, 턱과 어깨를 이완시킨 상태를 유지한다.

초급, 발 운동 시리즈

기구 셋업
스프링: 2 빨강 & 1 파랑, 또는 3 빨강
(교습생에 따라 조절 가능)

바: 높게 또는 낮게	줄: N/A
라이저: N/A	머리받이: 위로 또는 아래로

기능과 대상 근육
- 준비운동 동작
- 골반 안정화, 골반과 대퇴골의 분리 인식
- 대퇴사두근, 슬괵근, 고관절 내전근 및 외회전근 강화
- 턴 아웃 발 운동은 대퇴골 내측 회전과 무릎 과신전이 있는 (내반슬) 교습생들에게 좋은 동작이다.

요령 및 주의사항
- 발목이나 고관절을 과하게 회전시키지 않고 무릎은 캐리지보다 더 넓게 벌어지지 않도록 한다.
- 하부 둔근이 캐리지를 밀어낼 때 작용하고 캐리지를 제어하며 홈으로 가져오게 하는 것을 느낀다.
- 다리를 펴줄 때 허벅지 안쪽을 붙이면서 조여짐을 느낀다.
- 다리를 펴줄 때 발꿈치를 낮추지 않는다.
- 슬괵근을 사용하기 위해서는 캐리지를 밀어낼 때 좌골을 서로 당기고 캐리지를 홈으로 가져올 때 허벅지 뒤쪽으로부터 안으로 당긴다.
- **생각한다**: 대퇴사두근 50%, 슬괵근 50%.

변형 동작 및 연계 동작
- 외반슬이 있는 교습생의 경우에 무릎이 완전히 신전되기 전에 발꿈치/발목 사이에 물렁거리는 공을 넣어주면 다리를 곧게 펴는 자세에 도움이 된다.
- 대퇴사두근이 지나치게 발달된 사람은 가벼운 스프링을 사용하여 슬괵근과 복근을 동원한다.
- **변형 동작**: 발꿈치 첫 번째 자세: 먼저 발꿈치를 바에 댄다. 발꿈치 끝은 서로 붙이고 발가락은 서로 떨어지게 하며 필라테스 'V' 자세로 고관절을 턴 아웃 시켜 준다. 슬괵근을 사용하기 위해 발꿈치에서 좌골로 이어지는 연결에 집중한다.
- **변형 동작**: 발꿈치 두 번째 자세: 발꿈치를 바의 끝에 두고 고관절을 자연스럽게 턴 아웃 시킨다. 발레 2번째 자세처럼 무릎 간격이 많이 벌어지지 않도록 허벅지 안쪽 근육을 계속 사용한다.
  무릎을 펴줄 때에는 요추가 과신전되기 쉬우므로 하복부에 집중하여 천골 상단을 안정화한다.

상상하기 _ 묵직한 이불이 몸통을 덮고 있어 흉곽이 이완되고 무거운 상태를 유지한다.

엘리 _ "고관절을 접어 캐리지를 홈으로 가져온다. 골반을 아래로 당기지 않도록 한다."

(* 엘리 : 'Ellie Says'를 줄여서 '엘리'로 표현하기로 한다.)

첫 번째 자세 First Position

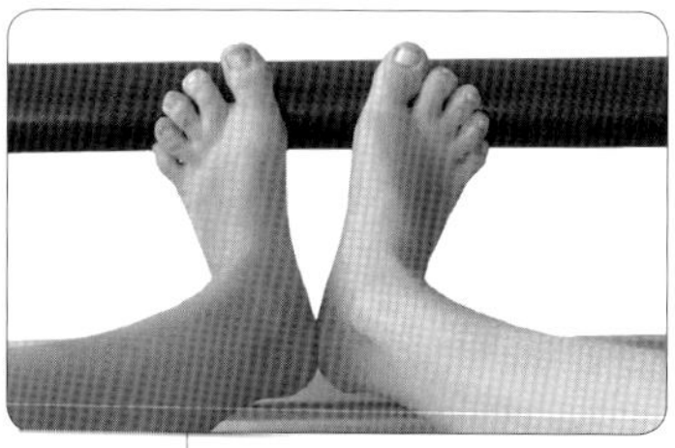

1. 시작자세 - 각 자세마다 10회 반복
바로 누운 자세에서 머리는 머리받이 위에 두고, 발가락은 풋바 위에 위치시키고, 발은 필라테스 'V'로 두고, 발꿈치는 붙이고, 발가락은 서로 떨어지게 한다.

시작자세에서 숨을 들이쉰다.

2. 숨을 내쉰다
복부를 사용하면서 무릎을 곧게 펴주고 캐리지를 밖으로 밀어낼 때 허벅지 안쪽을 서로 당겨준다. 이때 척추 중립과 골반 중립을 유지한다.

3. 숨을 들이쉰다
동작을 반복하는 사이사이에 완전히 홈으로 돌아오지 않으면서 시작자세 위치로 캐리지를 다시 제어하며 가져온다. 캐리지와 홈이 부딪치지 않도록 간격을 조절한다.

변형 동작 :

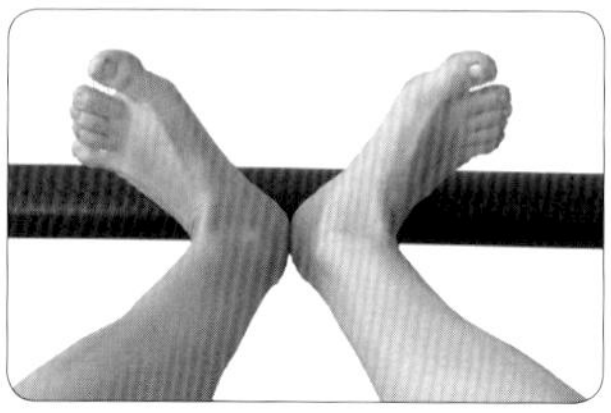

발꿈치 첫 번째 자세

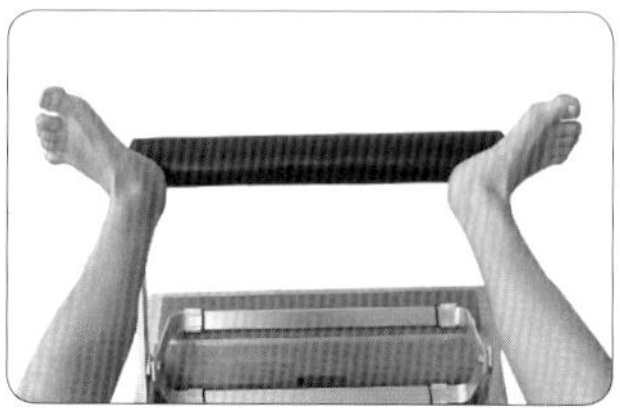

발꿈치 두 번째 자세

나뭇가지 위의 원숭이 Monkey on a Branch

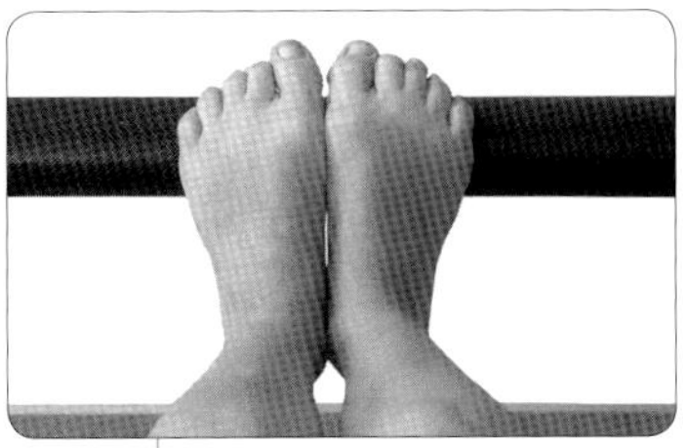

1. 시작자세 - 10회 반복

바로 누운 자세에서 머리는 머리받이 위에 두고 발볼의 바로 아래(족궁, 즉 발바닥 아치의 가장 윗부분)가 풋바에 위치하게 둔다. 발가락은 길게 뻗어주는 느낌으로 바를 감싸고 발목, 무릎과 허벅지 안쪽을 서로 조이도록 한다. 발이 풋바를 제대로 감싸도록 한다.

시작자세에서 숨을 들이쉰다.

2. 숨을 내쉰다

복부의 힘으로 캐리지를 밖으로 밀어내면서 무릎을 지긋이 펴준다. 대퇴사두근(내측광근)이 사용되는 것을 느낀다 척추 중립과 골반 중립을 유지한다.

3. 숨을 들이쉰다

무릎을 구부리고 펴는 동작을 반복할 때 완전히 홈으로 돌아오지 않으면서 시작자세 위치로 캐리지를 다시 제어하며 가져온다. 캐리지와 홈이 부딪치지 않도록 간격을 조절한다.

초급, 발 운동 시리즈

기구 셋업

스프링: 2 빨강 & 1 파랑, 또는 3 빨강
(교습생에 따라 조절 가능)

바: 높게 또는 낮게 줄: N/A
라이저: N/A 머리받이: 위로 또는 아래로

기능과 대상 근육

- 준비운동 동작
- 골반 안정화, 골반과 대퇴골의 분리 인식
- 대퇴사두근, 슬괵근 및 발의 내재근 강화
- 약한 족궁, 약한 발목, 평발 및 뻣뻣한 발을 가진 교습생들에게 좋다.

요령 및 주의사항

- 슬괵근이 캐리지를 홈으로 당기는 것에 중점을 둔다. 생각한다 : 발꿈치와 슬괵근 연결.
- 발꿈치를 구부리면서 발가락을 세워 C 곡선을 만든다고 상상한다. 그러나 발이 신장되고 이완된 상태를 유지한다. 발에 경련이 일어나지 않게 한다.
- 허벅지 안쪽을 사용하기 위해 내측 발목을 당겨 모은다.

변형 동작 및 연계 동작

- 대퇴사두근이 지나치게 발달된 사람은 가벼운 스프링을 사용하여 슬괵근과 복근을 이용한다.
- 허벅지 안쪽 연결을 보강하기 위해 무릎 사이에 작고 물렁거리는 공이나 유사 소도구를 넣어준다.
- 외반슬이 있는 교습생의 경우에 무릎이 완전히 신전되기 전에 닿는데, 발꿈치/발목 사이에 물렁거리는 공을 넣어주면 다리를 곧게 펴는 자세에 도움이 된다.
- 다리를 펼 때 무릎을 붙이지 못하는 내반슬이 있는 교습생인 경우에 허벅지 하부/무릎을 쎄라밴드로 묶어주면 적절한 정렬에 도움을 준다
- 슬괵근을 정말로 사용하려면 캐리지를 리듬 타듯 안으로 움직여 거의 홈에 이르고 몇 인치만 밖으로 움직임으로써 '안으로' 움직이는 동작을 강조한다.

상상하기 _ 횃대에 앉아 있는 한 마리 새이다.

엘리 _ "굉장한 발 마사지!"

초급, 발 운동 시리즈

기구 셋업
스프링: 2 빨강 & 1 파랑, 또는 3 빨강
(교습생에 따라 조절 가능)
바: 높게 또는 낮게 줄: N/A
라이저: N/A 머리받이: 위로 또는 아래로

기능과 대상 근육
- 준비운동 동작
- 대퇴사두근, 슬괵근 및 족배굴근 강화
- 골반 안정화, 대퇴골이 골반으로부터 분리됨을 인식
- 하이힐을 자주 신는 교습생들에게 좋은 동작이다.

요령 및 주의사항
- 슬괵근의 사용에 가장 좋은 발 운동 동작이다.
  생각하라: 발꿈치-슬괵근 연결.
- 슬괵근의 작용을 느낄 수 있게 도와주려면 교습생의 발꿈치 밑에 손을 넣는다. 교습생이 캐리지를 밀어내면서 지도자의 손으로 눌러 내리게 하면, 교습생은 스스로 슬괵근의 작용을 더 잘 느낄 수 있다.
- 발은 굴곡시키고 발가락은 몸 쪽을 향하게 하며 발꿈치는 바깥쪽으로 밀어준다.
- 엄지발가락 중족골을 앞으로 뻗고 새끼발가락을 몸 쪽으로 당겨 허벅지 안쪽과 비골근을 사용하고 발목 회외를 교정한다.

변형 동작 및 연계 동작
- 대퇴사두근이 지나치게 발달된 사람은 가벼운 스프링을 사용하여 슬괵근과 복근을 이용한다.
- 허벅지 안쪽 연결을 보강하기 위해 무릎 사이에 작고 물렁거리는 공이나 유사 소도구를 넣어준다.
- 외반슬이 있는 교습생의 경우에 무릎이 완전히 신전되기 전에 닿는데, 발꿈치/발목 사이에 물렁거리는 공을 넣어주면 다리를 곧게 펴는 자세에 도움이 된다.
- 다리를 펼 때 무릎을 붙이지 못하는 내반슬이 있는 교습생인 경우에 허벅지 하부/무릎을 쎄라밴드로 묶어주면 적절한 무릎 정렬에 도움을 준다.
- 더 자연스러운 평행 자세로는 발꿈치와 좌골을 일렬로 두고 동작을 시작할 수도 있다. 교습생이 정렬을 느낄 수 있도록 무릎 또는 발목 사이에 공을 넣어주는 것도 좋다.

상상하기 _ 바닥 위에 서 있다.

엘리 _ "모든 발 운동 중 가장 안정적이며, 교습생의 다리 정렬 문제들을 볼 수 있는 가장 좋은 방법이기도 하다."

발꿈치 평행 Heels in Parallel

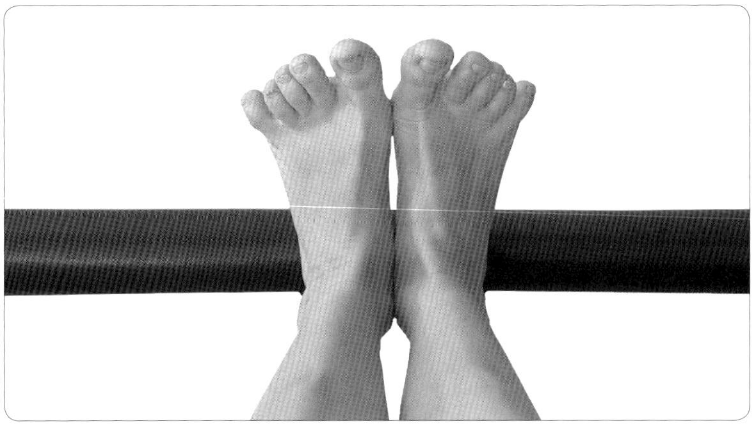

1. 시작자세 - 10회 반복
바로 누운 자세에서 머리는 머리받이 위에 두고 발은 굴곡시켜 발꿈치를 풋바 위에 댄다. 발목, 무릎과 허벅지 안쪽은 최대한 붙이려고 한다.

시작자세에서 숨을 들이쉰다.

2. 숨을 내쉰다
복부의 힘으로 캐리지를 밖으로 밀어내면서 무릎을 지긋이 펴준다.
대퇴사두근(내측광근)이 사용되는 것을 느낀다. 척추 중립과 골반 중립을 유지한다.

3. 숨을 들이쉰다
무릎을 구부리고 펴는 동작을 반복할 때 완전히 홈으로 돌아오지 않으면서 시작자세 위치로 캐리지를 다시 제어하며 가져온다. 캐리지와 홈이 부딪치지 않도록 간격을 조절한다.

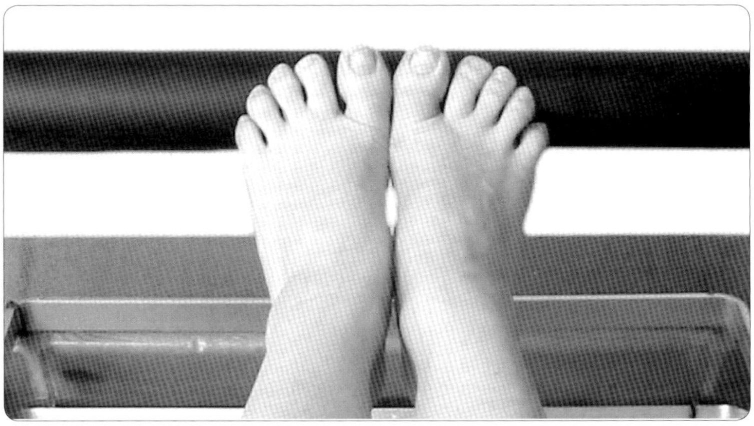

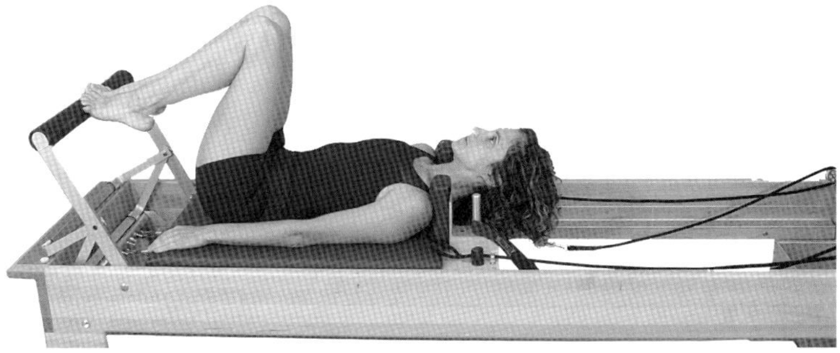

1. 시작자세 - 10회 반복

바로 누운 자세에서 머리는 머리받이 위에 두고 발가락은 풋바 위에 둔 상태에서 발꿈치를 들어 올린다(무용의 를르베와 유사함). 발목, 무릎과 허벅지 안쪽은 최대한 붙이도록 한다.

시작자세에서 숨을 들이쉰다.

2. 숨을 내쉰다

복부의 힘으로 캐리지를 밖으로 밀어내면서 무릎을 지긋이 펴준다.
대퇴사두근(내측광근)이 사용되는 것을 느낀다. 척추 중립과 골반 중립을 유지한다.

3. 숨을 들이쉰다

무릎을 구부리고 펴는 동작을 반복할 때 홈으로 완전히 돌아오지 않으면서 시작자세 위치로 캐리지를 다시 제어하며 가져온다. 캐리지와 홈이 부딪치지 않도록 간격을 조절한다.

초급, 발 운동 시리즈

기구 셋업

스프링: 2 빨강 & 1 파랑, 또는 3 빨강
(교습생에 따라 조절 가능)

바: 높게 또는 낮게	줄: N/A
라이저: N/A	머리받이: 위로 또는 아래로

기능과 대상 근육

- 준비운동 동작
- 대퇴사두근, 슬괵근, 발목 및 발 강화
- 골반 안정화, 골반과 대퇴골의 분리 인식

요령 및 주의사항

- 밖으로 밀어내면서 발꿈치가 처져서는 안 된다. 발꿈치 사이가 떨어지지 않게 한다.
- 이 자세를 '바비 인형 발'이라고 부르는 사람들이 있다.
- 무릎을 펼 때 고관절이 내회전되지 않고록 한다.
- 엄지발가락 중족골과 대퇴사두근(내측광근)사이의 연결을 느낀다.

변형 동작 및 연계 동작

- 대퇴사두근이 지나치게 발달된 사람은 가벼운 스프링을 이용하여 슬괵근과 복근을 이용한다.
- 허벅지 안쪽 및 대퇴사두근(내측광근) 연결을 보강하기 위해 무릎 사이에 작고 물렁거리는 공이나 유사 소도구를 넣어준다.
- 허벅지 안쪽을 사용하기 위해 내측 발목을 당겨 모은다.
- 외반슬이 있는 교습생의 경우에 무릎이 완전히 펴지기 전에 닿는데, 발꿈치/발목 사이에 공이나 물렁거리는 도구를 넣어주면 다리를 곧게 펴는 자세에 도움이 된다.
- 다리를 펼 때 무릎을 붙이지 못하는 내반슬이 있는 교습생인 경우에 무릎 사이에 약간 큰 공이나 물렁거리는 도구를 넣어 허벅지 안쪽 연결과 적절한 정렬을 유지한다.
- 더 자연스러운 평행 자세로는 발꿈치와 좌골을 일렬로 두고 동작을 시작할 수도 있다. 교습생이 정렬을 느낄 수 있도록 무릎 또는 발목 사이에 공을 넣어 주는 것도 좋다.

상상하기 _ 바비 인형이다.

엘리 _ "대퇴사두근(내측광근) 및 발목 강화에 탁월하다."

기구 셋업
스프링: 2 빨강 & 1 파랑, 또는 3 빨강
(교습생에 따라 조절 가능)
바: 높게 또는 낮게　　줄: N/A
라이저: N/A　　머리받이: 위로 또는 아래로

기능과 대상 근육
- 준비운동 동작
- 대퇴사두근 강화, 슬괵근 및 고관절 내회전근 단련
- 골반 안정화, 골반과 대퇴골의 분리 인식
- 외반슬(대퇴골 외측 회전과 무릎 과신전)이 있는 사람들에게 좋은 동작이다.

요령 및 주의사항
- 다리를 펼 때 양 무릎이 닿지 않을 정도로 다리 간격을 충분히 둔다.
- 무릎이나 발목이 아니라 고관절에서부터 회전이 이루어지도록 한다.
- 동작 수행 시 올바른 발목/발 정렬을 위해 발을 굴곡시킨 상태를 유지한다. 발을 낫 모양 자세로 만들지 않는다.
- 외회전 동작이 지나치게 많은 발레와 현대무용을 하는 사람들에게 이 자세는 몸의 안정과 균형을 잡는 데 도움을 준다.
- 엉덩이가 빈약하거나 골반이 좁은 사람들은 발의 간격을 너무 넓게 하지 않는다. 과한 내회전을 강제로 하지 않는다.

변형 동작 및 연계 동작
- **변형 동작**(안쪽 허벅지 펄스 동작): 무릎을 붙인 상태를 유지하면서 무릎이 떨어지지 않는 범위 내에서 캐리지를 안과 밖으로 리듬 타듯 움직여준다. '안으로' 움직이는 동작을 강조하고 항상 양 무릎이 조여진 상태를 유지한다. 대퇴사두근(내측광근)의 일부로 무릎 바로 위에 있는 근육에서 화끈거리는 작열감이 느껴질 것이다. 대퇴사두근 중 내측광근의 강화는 무릎 재활의 핵심이다.

상상하기 _ 발레와는 정반대의 동작을 하는 사람이다.

엘리 _ "다리를 고관절의 모든 가동범위 안에서 활용하는 것은 고관절의 건강에 매우 좋다. 또한 내회전은 정상적인 보행 동작의 일부이다."

내회전　Internal Rotation

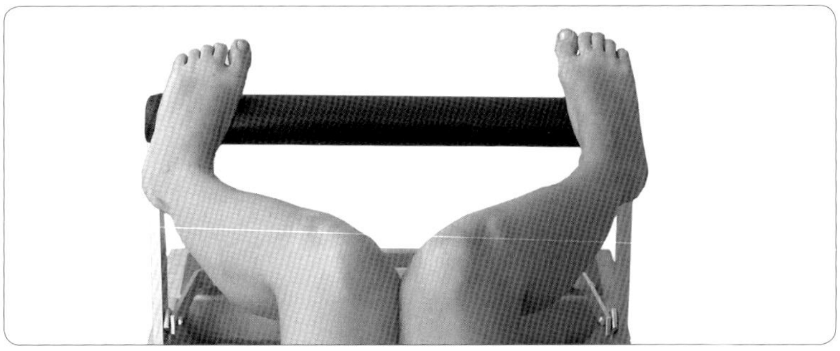

1. 시작자세 - 10회 반복
바로 누운 자세에서 머리는 머리받이 위에 두고 발은 골반너비보다 좀 더 넓게 벌려 발바닥 족궁(발아치)을 풋바 위에 놓는다. 대퇴골은 안쪽으로 돌려 고관절이 내회전 되도록 하고 무릎은 붙여준다.

시작자세에서 숨을 들이쉰다.

2. 숨을 내쉰다
복부의 힘으로 캐리지를 밖으로 밀어내면서 다리를 펴준다. 다리를 펼 때 무릎은 자연스럽게 벌어질 것이다. 척추와 골반은 중립 자세를 유지한다.

3. 숨을 들이쉰다
무릎을 구부리고 펴는 동작을 반복할 때 완전히 홈으로 돌아오지 않으면서 시작자세 위치로 캐리지를 다시 제어하며 가져온다. 캐리지와 홈이 부딪치지 않도록 간격을 조절한다.

변형 동작 : 대퇴사두근(내측광근) 펄스동작

1. 시작자세 - 10회 반복

바로 누운 자세에서 머리는 머리받이 위에 두고 발가락은 풋바 위에 둔 상태에서 발꿈치를 들어 올린다(무용의 를르베와 유사함). 발목, 무릎과 허벅지 안쪽은 최대한 붙이도록 한다.

시작자세에서 숨을 들이쉰다.

2. 숨을 내쉰다

복부 근육을 사용하여 골반과 척추를 안정화하고 다리가 펴질 때까지 캐리지를 밖으로 밀어낸다. 들어 올린 발꿈치는 높게 유지한다.

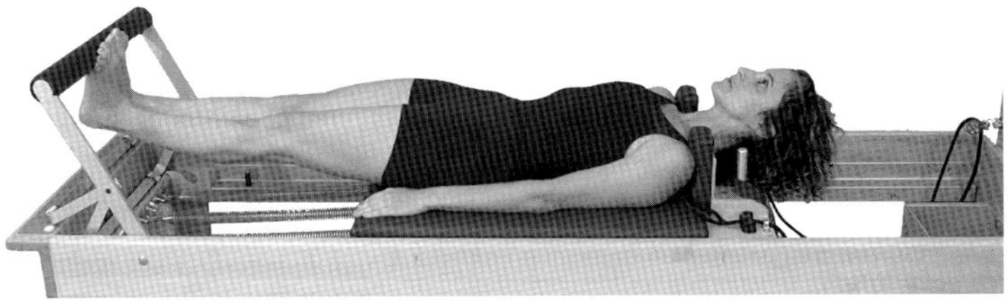

3. 숨을 들이쉰다

속으로 숫자 셋을 세고 이에 맞춰 발꿈치를 천천히 내린다. 내릴 때 5개의 중족골에 체중을 고루 분배하고 다리의 평행 자세가 무너지지 않도록 한다.

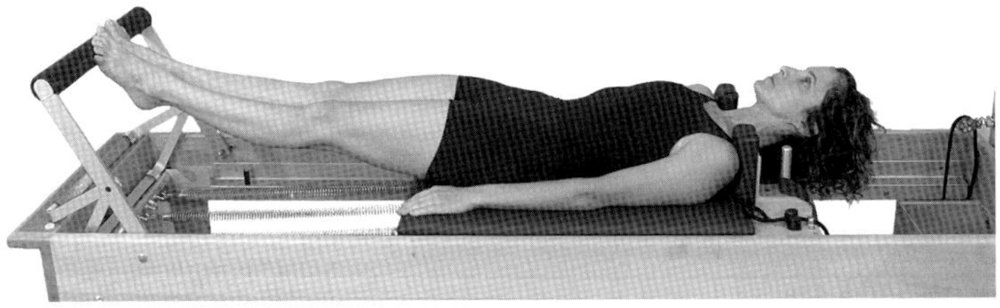

4. 숨을 내쉰다

속으로 숫자 셋을 세고 이에 맞춰 발꿈치를 천천히 들어 올린다.

종아리 들어올리기를 10회 반복하고 시작자세로 돌아온다.

초급, 발 운동 시리즈

기구 셋업

스프링: 2 빨강 & 1 파랑, 또는 3 빨강

바: 높게 또는 낮게	줄: N/A
라이저: N/A	머리받이: 위로 또는 아래로

기능과 대상 근육

- 족저굴근 강화 및 스트레칭
- 발목 안정화 - 발목 재활에 매우 효과적이다.

요령 및 주의사항

- 발꿈치를 내릴 때 고관절이 턴 인 되지 않게 한다. 다리는 평행 자세이지만 하부 둔근과 고관절 외측 회전근이 작용해야 한다.
- 발꿈치를 올리는 동안 골반을 아래로 당기지 않는다. 대퇴사두근을 이완시킨 상태로 유지하고 종아리만 단련시킨다.
- 발가락 사이사이에 체중을 균등하게 분배한 상태를 유지함으로써 발목의 족저굴곡을 안정되게 유지한다.
- 동작은 부드럽게 천천히 지속하여야 한다. 발목이 돌아가거나 발꿈치를 갑자기 내리지 않는다.
- 발가락과 연결된 5개의 중족골에 체중을 균등하게 유지한다.

상상하기 _ 발꿈치를 천천히 진흙 속으로 빠지게 하고 있다.

엘리 _ "이 동작은 리포머 동작의 아름다움을 보여주는 좋은 예이다. 전체 가동범위를 통해 발목을 움직여주고, 바로 누운 자세에서 족저굴근의 강화 및 스트레칭을 하며, 완벽한 정렬을 유지할 수 있다."

초급, 발 운동 시리즈

기구 셋업

스프링: 2 빨강 & 1 파랑, 또는 3 빨강

바: 높게 또는 낮게　　줄: N/A

라이저: N/A　　머리받이: 위로 또는 아래로

기능과 대상 근육

- 족저굴근 강화 및 스트레칭
- 대퇴사두근 및 슬괵근 단련
- 발목 안정화 - 발목 재활에 매우 효과적이다.

요령 및 주의사항

- 발꿈치를 내릴 때 고관절이 턴 인 되지 않게 한다. 다리는 평행 자세이지만 하부 둔근과 고관절 외측 회전근이 작용해야 한다.
- 발꿈치를 올리는 동안 골반을 아래로 당기지 않는다. 대퇴사두근을 이완시킨 상태를 유지하고 종아리만 단련시킨다.
- 발가락 사이사이에 체중을 균등하게 분배한 상태를 유지함으로써 발목의 족저굴곡을 안정되게 유지한다.
- 발목 움직임을 빠르게 수행하되 발꿈치를 '위로' 움직이는 동작을 강조한다.
  발목이 갑자기 꺾이거나 돌아가지 않도록 주의한다.
  동작은 물 흐르듯 자연스럽게 이어져야 한다.

상상하기 _ 발꿈치가 불에 떨어지고 있다. 불에 닿자마자 발꿈치를 빠르게 들어 올려줘야 한다.

엘리 _ "이 동작에는 리듬이 있다. 당신의 발목 움직임에 두드리듯 한 리듬을 추가한다."

콤보　Combo

1. 시작자세 - 10회 반복

바로 누운 자세에서 머리는 머리받이 위에 두고, 발가락은 풋바 위에 올려두며, 발꿈치는 높게 위치시키고(무용의 를르베와 비슷함), 발목, 무릎과 허벅지 안쪽은 붙인다.

시작자세에서 숨을 들이쉰다.

2. 숨을 내쉰다

복근을 사용하여 골반과 척추를 안정화하고 다리가 펴질 때까지 캐리지를 밀어낸다. 발꿈치는 높게 유지한다.

3-5. 숨을 들이쉰다/내쉰다/들이쉰다

천천히 발꿈치를 풋바 아래쪽으로 내린다. 발꿈치를 들어 올리고 '위로' 움직이는 동작을 강조한다. 무릎을 구부리고 캐리지를 거의 홈으로 돌아오게 한 다음 순서를 반복한다.

한쪽 다리(발꿈치/발가락) Single Leg on Heel/Toe

1. 시작자세 - 10회 반복

바로 누운 자세에서 머리는 머리받이 위에 두고, 다리는 평행으로 하며, 한쪽 발의 발꿈치는 풋바 위에 올려놓는다. 반대쪽 다리는 테이블 탑 자세로 들거나 천장을 향해 펴주고 팔은 양옆에 내려놓는다.

시작자세에서 숨을 들이쉰다.

2. 숨을 내쉰다

복근의 힘으로 캐리지를 밖으로 밀어내면서 다리를 펴준다. 대퇴사두근(내측광근)이 작용하는 것을 느낀다. 척추 중립과 골반 중립을 유지한다.

3. 숨을 들이쉰다

무릎을 구부리고 펴는 동작을 반복할 때 완전히 홈으로 돌아오지 않으면서 시작자세 위치로 캐리지를 다시 제어하며 가져온다. 캐리지와 홈이 부딪치지 않도록 간격을 조절한다.

변형 동작: 발가락을 풋바 위에 둔 자세

초급, 발 운동 시리즈

기구 셋업

스프링: 2 빨강

바: 높게 또는 낮게 　 줄: N/A

라이저: N/A 　 머리받이: 위로 또는 아래로

기능과 대상 근육

- 대퇴사두근 및 슬괵근 강화(재활에 효과적)
- 내복사근 및 다열근 단련

요령 및 주의사항

- 골반이 흔들리거나 회전되지 않게 한다. 움직이는 다리의 내복사근으로 골반을 안정화한다.

변형 동작 및 연계 동작

- **변형 동작:** 하부 복근의 단련을 증진시키려면 홈으로 돌아올 때 다른 쪽 다리를 풋바 아래에 둔다.
- **변형 동작:** 교습생의 협응력을 향상시키려면 한쪽 다리를 풋바 위로 곧게 뻗어주고 캐리지를 밀어낼 때 위로 올린 다리를 테이블 탑 자세로 구부린다. 캐리지가 홈 쪽으로 움직일 때 동작을 반대로 바꾼다. 즉 폈던 다리는 구부려주고 구부렸던 다리는 곧게 펴서 풋바 위로 뻗는다.
- **변형 동작:** 발목 안정성을 강화하기 위해 발가락을 풋바 위에 둔다 (높은 를르베).

상상하기 _ 골반을 안정적으로 유지하며 한쪽 다리로 서 있다.

엘리 _ "이 동작들은 무릎 재활의 핵심이다."

초급, 발 운동 시리즈

기구 셋업
스프링: 2 빨강

바: 높게 또는 낮게	줄: N/A
라이저: N/A	머리받이: 위로

기능과 대상 근육
- 옆으로 누운 중립 자세 익히기
- 상부 슬괵근 및 하부 둔근 강화
- 턴 아웃 자세에서 중둔근, 대퇴사두근, 복근 및 회전근 단련

요령 및 주의사항
- 머리 바로 아래에서 척추가 골반과 일직선을 이루게 한다.
- 허리가 들리고 엉덩이가 포개진 상태로 옆으로 누운 중립 자세를 유지한다.
- 목에 문제 또는 긴장이 있는 교습생은 머리받이 위에 베개를 사용한다.
- 골반을 당기지 않는다. 즉 엉덩이를 돌출시키지 않는다.
- 한쪽 발을 굴곡시키고 발꿈치로 밀어 하부 둔근과 슬괵근을 활성화한다.

상상하기 _ 상부 슬괵근으로부터 밖으로 밀어내고 있다.

엘리 _ "필요하지 않을 때 이 동작을 시키면 교습생들은 잠들고 말 것이다!"

잠자는 사람

1. 시작자세 - 10회 반복
옆으로 누운 자세에서 머리는 머리받이 위에 두고 위쪽 다리의 발꿈치는 풋바의 앞쪽 코너에 둔다. 아래쪽 다리는 구부리고 캐리지 위에 놓는다.

시작자세에서 숨을 들이쉰다.

2. 숨을 내쉰다
다리를 펴주면서 슬괵근과 하부 둔근을 활용한다. 골반은 평행으로 유지한다. 위쪽 다리는 바닥과 평행하게 유지한다.

변형 동작: 힙 하이크

변형 동작: 턴 아웃 1

변형 동작: 턴 아웃 2

초급, 발 운동 시리즈

변형 동작: 힙 하이크(Hip Hike)

아래쪽으로 풋바를 내려 사용하고 몸통과 다리를 일직선으로 정렬한다. 위쪽 다리를 곧게 펴주면서 캐리지를 밖으로 밀어낸다. 위쪽 엉덩이가 들리게 한다. 그런 다음 중둔근을 사용해 엉덩이를 흉곽으로부터 밀어낸다. 이렇게 길게 늘여준 자세를 잠시 유지한다. 10회 반복한다. 이 변형 동작은 한쪽 중둔근이 약해 걸을 때 그쪽 '엉덩이가 들리는(hip hiking)' 사람들에게 아주 좋다. 또한 척추측만증이 있는 사람들에게도 아주 좋다.

변형 동작: 턴 아웃

위쪽 다리를 턴 아웃 시키고(다리와 함께 골반이 뒤로 돌아가지 않게 한다) 턴 아웃을 유지하면서 다리를 펴준다.

변형 동작: 펄스 동작(사진 없음)

숨을 들이쉬고 홈으로부터 캐리지를 3~5인치 밀어낸다. 또는 1~2인치 범위 내에서 캐리지를 리듬 타듯 움직이면서 다리 뒤쪽의 활용에 집중한다.

중급, 발 운동 시리즈

기구 셋업
스프링: 2 빨강

바: 높게 또는 낮게 　　　　　 줄: N/A

라이저: N/A 　　　　　　　　 머리받이: N/A

기능과 대상 근육
- 골반 안정화 익히기
- 협응력 향상
- 슬괵근 스트레칭
- 대퇴사두근 및 족저굴근 강화

요령 및 주의사항
- 다리가 큰 가동범위로 움직이는 동안 골반을 안정화하는 복근에 집중한다.
- 이 동작을 수행하기 전에 슬괵근 스트레칭을 한다.
- 특히 위에 있는 다리가 크게 움직일 때 아래에 있는 다리를 평행 자세로 유지하도록 한다. 체중을 엄지발가락 중족골에 유지하면서 허벅지 안쪽과 대퇴사두근(내측광근)을 활용한다. 턴 아웃 시키지 않는다!
- **동작 수행의 장애**: 긴장된 슬괵근, 불안정한 골반

변형 동작 및 연계 동작
- **변형 동작**: 양쪽 다리를 턴 아웃 시킨 상태로 단계 3에서 위에 있는 다리를 펴줄 때 다리를 옆으로 신전시킬 수 있는데(발레 2번 자세), 이는 좌우 골반 안정성을 강화한다. 단계 8에서 발레의 파세 자세로 다리를 구부릴 때까지 계속 다리를 발레 2번 자세로 둔다.
- **연계 동작**: 한쪽 다리 발 운동

상상하기 _ 발레리나이다.
공간에서 다리가 만드는 정확한 라인들을 느껴본다.

엘리 _ "이것은 8부분으로 구성된 구절이다: '시작자세, 파세, 데벨로뻬, 바트망, 플렉스, 포인트, 파세, 시작자세.' 이렇게 신호하도록 한다."
교습생에게 프랑스어를 가르친다.

발레 콤보

1. 시작자세 -한쪽 다리씩 2~4회 반복

바로 누운 자세에서 머리를 머리받이 위에 둔다. 한쪽 다리의 발가락은 풋바 위에 두고 반대쪽 다리는 풋바 위로 뻗는다.

시작자세에서 숨을 들이쉰다.

2. 숨을 내쉰다

복부를 척추 쪽으로 당기고 캐리지를 밖으로 밀어내면서 아래에 있는 다리를 펴준다. 동시에 위에 있는 다리는 구부려 뻗은 발가락을 무릎 쪽으로 가져온다. 이것이 파세이다.

3. 숨을 들이쉰다

발가락을 뻗은 상태로 위에 있는 다리를 펴준다. 다리를 신전시킬 때 골반을 당기지 않는다. 이것이 데벨로뻬이다.

4. 숨을 내쉰다

위에 있는 다리를 풋바 쪽으로 내리면서 무릎을 곧게 유지한다. 부드럽게 발가락으로 풋바를 터치한다.

5. 숨을 들이쉰다

마치 풋바가 터치하기에는 너무 뜨겁다는 듯 위에 있는 다리를 빠르게 들어 올린다. 다리를 내리고 들어 올리는 것이 바트망이다.

6. 숨을 내쉰다

양발을 굴곡시켜 아래에 있는 다리의 발꿈치가 풋바 아래로 가게 한다. 위에 있는 다리는 내려가지 않게 하며, 오히려 발꿈치를 더 뻗어줘 슬괵근을 강하게 스트레칭 시킨다.

7-9. 숨을 들이쉰다/내쉰다/들이쉰다

양발을 길게 뻗고 아래에 있는 다리의 발꿈치를 들어 올린다. 위에 있는 다리의 무릎을 구부려 발가락을 아래에 있는 다리의 무릎 쪽으로 가져온다(파세). 아래에 있는 다리를 구부려 캐리지를 홈으로 가져오면서 다른 쪽 다리를 바 위로 길게 뻗어 시작자세로 돌아온다.

바로 누운 자세 시리즈

바로 누운 자세 시리즈는 전형적인 시리즈 이름은 아니지만 발 운동 시리즈와 롱 박스 시리즈 사이에 하기 좋은 동작들이다. 바로 누운 자세 시리즈는 초급 팔 동작과 중급 척추 스트레칭 및 복근 동작을 결합한다. 이 시리즈는 흐르는 듯한 동작들의 세트이고 척추와 몸에 준비운동을 시켜 다음 동작들을 위한 좋은 워밍업이 되기 때문에, 나는 이 시리즈를 리포머 운동에 항상 포함시키도록 추천한다.

바로 누운 자세: 팔

치킨 윙

광배근 당기기

천사

삼두근

바로 누운 자세: 복근

백번 호흡하기

코디네이션

바로 누운 자세: 척추

개구리 신전

공중부양 베리테

짧은 척추 스트레칭

오버헤드/잭나이프

1. 시작자세 - 5회 반복

바로 누운 자세에서 양쪽 손을 끈 안으로 넣어 리포머 바로 위로 줄을 잡는다(뒤에서 당기는 느낌을 강화하려면 손 끈을 팔꿈치에 둘러도 된다). 팔꿈치는 구부려 어깨와 평행하게 한다. 팔은 벌려 바닥과 평행하게 한다(캐리지가 홈 반대쪽으로 당겨지고 있어 당신은 이미 스프링 저항을 느끼고 있을 것이다). 다리는 테이블 탑 자세 또는 흉부 쪽으로 향한 자세로 둔다.

시작자세에서 숨을 들이쉰다.

2. 숨을 내쉰다

팔꿈치를 상상 속의 '뒷주머니' 쪽으로 당겨 내리되, 팔은 바닥과 평행하고 팔꿈치는 구부린 상태를 유지한다.

3. 숨을 들이쉰다

시작자세로 돌아오면서 캐리지를 제어하고 팔꿈치가 어깨와 평행이 될 때 멈춘다.

초급, 바로 누운 자세 시리즈

기구 셋업

스프링: 1 빨강

바: 아래로 줄: 기준 길이

라이저: 아래로 머리받이: 아래로

기능과 대상 근육

- 올바른 어깨 정렬 익히기
- 광배근 동원, 대흉근 및 흉부 스트레칭

요령 및 주의사항

- 손은 리포머의 반대 방향으로 향하게 하고 팔꿈치는 캐리지 아래로 내려가지 않게 한다.
- 흉추가 신전된 자세가 되지 않게 한다(흉곽을 안정시키기 위해 복근을 활용한다).
  ※ 예외: 교습생의 흉근이 매우 긴장되어 있으면 처음에는 어느 정도의 흉추 신전을 허용한다.
- 손등은 리포머의 바깥쪽 모서리를 따라가게 한다(손목은 길게 유지한다).
- 팔꿈치는 굽혀서 'W' 자세/팔 모양을 유지한다.
- **금기사항**: 과 활동성 어깨

변형 동작 및 연계 동작

- **수정 동작**: 부상이 있는 교습생들의 경우에 매트 또는 폼 롤러 위에서 시작한다.
- 교습생의 코어가 약하다면 발목을 교차시키고 대퇴골을 흉부에 더 가까이 가져간다.
- 복근의 작용을 증가시키려면 테이블 탑 자세(사진)를 사용한다(하지만 요추를 과신전시키지 않는다). 대퇴골이 몸통에서 멀어질수록 복근의 작용이 증가한다.

상상하기 _ 흉곽은 늑골들이 튀어나오지 않도록 고안됐다. 혹은 팔이 견갑골에서 시작되고 거기서부터 동작을 시작한다고 상상한다.

엘리 _ "수석교사 제니퍼 스테이시가 이 동작을 오래 전에 개발했다."

초급, 바로 누운 자세 시리즈

기구 셋업

스프링: 1 빨강, 1 빨강과 1 파랑, 2 빨강

바: 아래로　　줄: 기준 길이

라이저: 아래로　　머리받이: 아래로 또는 위로

기능과 대상 근육

- 문틀 팔 자세 익히기
- 골반 및 흉곽 안정화, 광배근 강화
- 오버헤드 자세를 위한 연계 동작

요령 및 주의사항

- 어깨관절이 매트에서 들릴 정도로 어깨를 너무 내회전시켜 대흉근이 과도하게 작용하지 않도록 한다.
- 팔을 움직이면서 견갑골이 등을 따라 아래로 밀리는 것을 느낀다.
- 팔꿈치와 손목은 곧게 편 상태를 유지한다.
- 흉근이 과도하게 작용하고 있다면 교습생에게 팔을 벌리고 팔꿈치를 살짝 구부리게 한다.
- 척추 후만 곡선이 평평한 사람은 라이저를 위로 위치시켜 동작을 수행하면 견갑골 사이의 척추가 매트에 닿는 것을 느낄 수 있다.

변형 동작 및 연계 동작

- 교습생의 근력이 강해짐에 따라 스프링 세팅을 키워준다.
- 교습생의 코어가 약하다면 발목을 교차시키고 대퇴골을 흉부에 더 가까이 가져간다.
- 복근의 작용을 증가시키려면 테이블 탑 자세(사진)를 사용한다(하지만 요추를 과신전시키지 않는다). 대퇴골이 몸통에서 멀어질수록 복근의 작용이 증가한다.

상상하기 _ 팔이 아래로 당겨지면서 목이 몸통 반대쪽으로 자라고 있다.

엘리 _ "견갑골은 팔의 발이고 당신은 견갑골로 서 있다."

광배근 당기기　Lat Pulls

1. 시작자세 - 5회 반복

바로 누운 자세에서 손을 끈에 넣고, 손가락은 천장 방향으로, 팔은 바닥과 직각이 되게 뻗어준다. 등은 펴고 견갑골은 매트와 닿게 한다. 다리는 테이블 탑 자세 또는 흉부 쪽으로 향한 자세로 둔다. 시작자세에서부터 이미 스프링 저항을 받고 있다.

시작자세에서 숨을 들이쉰다.

2. 숨을 내쉰다

복근을 사용하면서 손바닥이 매트에 닿을 때까지 팔을 캐리지 쪽으로 당겨 내린다.

3. 숨을 들이쉰다

팔을 다시 시작자세로 올린다(홈이 아님).

1. 시작자세 - 5회 반복

바로 누운 자세에서 손을 끈에 넣고 손바닥은 천장을 향하게 한다. 팔은 바닥과 평행하게 양쪽으로 길게 뻗어 'T' 자세를 만든다. 다리는 테이블 탑 자세 또는 흉부 쪽으로 향한 자세로 둔다. 시작자세에서부터 이미 스프링 저항을 받고 있다.

시작자세에서 숨을 들이쉰다.

2. 숨을 내쉰다

팔을 몸의 양옆으로 당긴다.

3. 숨을 들이쉰다

캐리지를 제어하며 시작자세로 돌아온다.

초급, 바로 누운 자세 시리즈

기구 셋업

스프링: 1 빨강

바: 아래로	줄: 기준 길이
라이저: 아래로	머리받이: 아래로 또는 위로

기능과 대상 근육

- 소원근, 극하근 및 후삼각근 강화
- 팔이 움직이는 동안 복근으로 몸통 안정화
- 대흉근을 과사용하지 않으면서 광배근 강화
- 세라피(전거근 및 외복사근과 복횡근의 연결)의 감각을 느껴보기 시작한다.

요령 및 주의사항

- 팔이 움직일 때 쇄골을 넓게 열린 상태를 유지한다.
- 새끼손가락은 몸통과 닿게 한다. 손바닥이 위로 향한 상태를 유지한다.
- 손이 아니라 견갑골로부터 동작을 시작한다.

변형 동작 및 연계 동작

- 교습생의 코어가 약하다면 발목을 교차시키고 대퇴골을 흉부에 더 가까이 가져간다.
- 복근의 작용을 증가시키려면 테이블 탑 자세(사진)를 사용한다(하지만 요추를 과신전시키지 않는다). 대퇴골이 몸통에서 멀어질수록 복근의 작용이 증가한다.
- **수정 동작**: 등으로부터 시작되는 팔 움직임을 찾기 위해: 팔이 몸통에 가까워지면서 견갑골에서 시작되는 작은 원을 4회 만든 다음 반대 방향으로 원을 4회 더 반복한다.
- **변형 동작**: 복근을 더 단련시키려면 팔이 옆으로 당겨질 때 롤-업의 시작 동작을 추가한다(하복부를 최대한 집어넣고 요추를 매트로 굴곡시켜 필라테스 복부 자세를 좀 더 심화시킨다).
  이는 티저를 위한 준비 자세이다.

상상하기 _ 내린 눈에 천사를 그리고 있다.

엘리 _ "옛날에 필라델피아에서 눈 위에 천사를 그리던 기억이 난다…."

초급, 바로 누운 자세 시리즈

기구 셋업
스프링: 1 또는 2 빨강
바: 아래로　　줄: 기준 길이
라이저: 아래로　　머리받이: 아래로 또는 위로

기능과 대상 근육
- 삼두근 강화
- 어깨 안정화 익히기

요령 및 주의사항
- 어깨를 열어 펴준 상태를 유지한다.

변형 동작 및 연계 동작
- 교습생의 코어가 약하다면 발목을 교차시키고 대퇴골을 흉부에 더 가까이 가져간다.
- 복근의 작용을 증가시키려면 테이블 탑 자세(사진)를 사용한다(하지만 요추를 과신전시키지 않는다). 대퇴골이 몸통에서 멀어질수록 복근의 작용이 증가한다.
- **변형 동작**: 복근을 단련시키기 위해 팔을 당겨 내리면서 상복부 컬을 추가하며, 백번 호흡하기와 코디네이션을 위한 연계 동작으로 활용한다.

상상하기 _ 팔꿈치가 캐리지에 고정되어 있다.

엘리 _ "대롱대롱하는 것을 꼭 잡아준다."

1. 시작자세 - 8~10회 반복
바로 누운 자세에서 손을 끈에 넣고, 팔꿈치는 90도로 굽히고, 손끝은 천장을 향하게 하고, 팔꿈치는 양옆으로 고정하고, 다리는 테이블 탑 자세 또는 흉부 쪽으로 향한 자세로 둔다.

시작자세에서 숨을 들이쉰다.

2. 숨을 내쉰다
복부를 척추 쪽으로 당기면서 팔꿈치를 펴준다. 복부 집어넣기를 유지하면서 다리는 테이블 탑 자세를 유지한다.

3. 숨을 들이쉰다
팔꿈치를 90도로 구부리며 시작자세로 돌아온다.

초급

1. 시작자세 - 10회 호흡씩 10세트 반복

바로 누운 자세에서 손을 끈에 넣고 손끝이 천장을 향하게 한다. 팔꿈치는 90도로 구부린다. 다리는 테이블 탑 자세로 둔다. 어깨는 어깨받이로부터 1인치 정도 떨어져 위치한다.

시작자세에서 숨을 들이쉰다.

2. 숨을 내쉰다

팔을 몸의 양옆으로 펴주고(삼두근 프레스) 필라테스 복부 자세로 올라간다.

3-4. 숨을 들이쉰다/내쉰다

코로 부드럽게 숨을 들이쉬면서 팔 펌핑을 5회 한다. 또한 팔 펌핑을 5회 하는 동안 호흡 소리를 내며 입으로 두드리듯 숨을 내쉬면서 팔 펌핑을 5회 한다. 요추는 매트로 깊게 누르고 허벅지 안쪽은 당겨 모은다.

변형 동작

중급

다리를 90도로 뻗어주고 필라테스 'V'로

상급

다리를 45도로 뻗어주고 필라테스 'V'로

최상급

다리를 낮게 뻗어주고 필라테스 'V'로 둔근을 사용한다!

초급-최상급, 바로 누운 자세 시리즈

기구 셋업

스프링: 1 또는 2 빨강

바: 아래로 줄: 기준 길이

라이저: 아래로 머리받이: 아래로 또는 위로

기능과 대상 근육

- 준비운동 동작
- 복근, 고관절 굴근, 목 심부 굴근 및 광배근 강화
- 연달아 숨을 들이쉬고 두드리듯 내쉬는 호흡 익히기
- 협응력 향상 - 몸통 안정성을 유지하면서 호흡에 맞춰 리듬을 타며 팔을 펌핑 한다.

요령 및 주의사항

- 숨을 내쉴 때마다 복부를 안쪽으로 깊게 수축시키고 몸을 더 높이 올려 필라테스 복부 자세를 유지한다.
- 복직근만 사용하지 않는다. 허리를 보호하기 위해 계속 배꼽을 척추 쪽으로 당긴다.
- 펌핑을 하는 동안 문틀 팔을 유지하며, 손가락은 길게 뻗어주고 광배근의 저항을 받으며 눌러준다.
- 상체를 안정적으로 유지한다. 상체가 팔 펌핑과 함께 흔들리지 않게 한다.
- 대퇴골을 흉부에 더 가까이 가져가면 하복부의 작용이 줄어든다.
- 목을 이완시킨 상태를 유지하려면 한 세트의 호흡을 하는 동안 오른쪽을 보고 다음 세트에는 왼쪽을 본다.
- **동작 수행의 장애**: 약한 복근 및 고관절 굴근, 긴장된 등 상부

변형 동작 및 연계 동작

- **중급**: 무릎은 곧게, 다리는 90도로, 고관절은 살짝 턴 아웃으로 둔다 (이 자세는 고관절 굴곡에 장요근을 선호한다). 슬괵근이 긴장된 사람들은 상급 버전보다 이 버전을 더 어려워할 것이다.
- **상급**: 다리를 곧게 뻗고 턴 아웃 시키며 45도로 내린다.
- **최상급**: 다리를 45도 아래로 내리면 둔근이 골반의 안정화에 더욱 도움이 될 것이다. 다리를 내릴 때 둔근을 조이도록 한다. 이 버전이 상급 버전보다 오히려 더 쉽다고 느낄 수도 있다.
- **변형 동작**: 고관절 굴근을 이완시키기 위해 숨을 내쉴 때마다 다리를 펴 주면서 개구리 신전 동작을 수행할 수 있다.

상상하기 _ 척추로 볼링공을 감싸고 있다. 그래서 복직근을 과사용하면 몸통에서 공이 튕겨 나가게 될 것이다. 흉골이 매트에 고정되어 있고 그 고정부를 중심으로 등 상부를 들어 올린다고 상상한다.

엘리 _ "전통적으로 백번 호흡하기 동작은 혈액 순환을 위한 '준비운동' 동작이다."

초급, 바로 누운 자세 시리즈

기구 셋업

스프링: 2 빨강, 키가 작은 교습생들은 더 약하게

바: 아래로　　　　줄: 기준 길이

라이저: 아래로　　　　머리받이: 위로 또는 아래로

기능과 대상 근육

• 짧은 척추 스트레칭을 위한 연계 동작
• 내전근, 대퇴사두근, 슬괵근 및 고관절 외회전근 강화
• 복근을 강화하여 다리가 움직이는 상태에서 척추 중립을 유지한다.

요령 및 주의사항

• 다리를 일정한 각도로 유지한다. 위아래로 흔들지 않는다.
• 무릎을 펼 때 지긋이 펴준다. 무릎의 과신전을 방지하기 위해 발꿈치를 붙인 상태를 유지한다.
• 무릎이 펴져 있을 때 엉덩이가 들리지 않게 하부 둔근을 사용한다.
• 줄을 무릎 안쪽으로 유지하고 동작을 할 때 줄이 무릎에 닿으면 고관절을 더 굴곡시켜 다리를 올려준다.
• 지도자가 교습생의 발꿈치에 손을 대면서 저항을 제공하고 교습생이 자신의 다리가 어디에 있는지 느끼도록 도와준다.

변형 동작 및 연계 동작

• **변형 동작**: 평행 개구리: 평행한 다리로 무릎과 발목을 붙인 채 개구리 동작을 수행할 수 있다.
• **연계 동작**: 필라테스 첫 번째 자세의 발 운동

상상하기 _ 다리를 펴줄 때마다 발꿈치에서 레이저 빔을 쏘게 한다.

엘리 _ "이 동작은 보기보다 어렵다."

개구리 신전　Frog Extensions

1. 시작자세 - 5회 반복

바로 누운 자세에서 발을 끈에 넣는다. 다리는 개구리 스쿼트 자세로 두고, 고관절은 턴아웃 시키며, 발은 발꿈치를 붙여 굴곡시킨다.

시작자세에서 숨을 들이쉰다.

2. 숨을 내쉰다

다리를 대각선으로 뻗어주고(약 45도) 발꿈치를 통해 밀면서 복부가 척추 쪽으로 당겨지는 것을 느낀다. 발꿈치의 연결과 척추 중립을 유지한다.

3. 숨을 들이쉰다

시작자세로 돌아오면서 요추를 굴곡시키거나 중립 자세를 잃지 않도록 한다.

1. 시작자세 - 3~5회 반복

바로 누운 자세에서 발을 끈에 넣고 다리는 90도로, 발은 필라테스 'V'로 둔다.

시작자세에서 숨을 들이쉰다.

2. 숨을 내쉰다

허리를 둥글게 만들기 위해 복부를 척추 쪽으로 당기고, 둔근을 사용하여, 허벅지 안쪽을 서로 조여(허벅지 상부가 감싸지는 것을 느낀다), 캐리지를 움직이지 않으면서 매트에서 골반을 떼어 올린다. 다리는 바닥과 직각으로 유지한다.

3. 숨을 들이쉰다

골반을 제어하며 매트로 내린다.

초/중급, 바로 누운 자세 시리즈

기구 셋업

스프링: 2 빨강, 키가 작은 교습생들은 더 약하게

바: 아래로 　 줄: 기준 길이

라이저: 아래로 　 머리받이: 아래로

기능과 대상 근육

- 공중부양 개념 익히기
- 둔근, 복근 및 내전근 강화

요령 및 주의사항

- 상체는 이완시키고 어깨는 가능한 한 열어준 상태를 유지한다.
- 작은 가동범위로 시작하고 근력이 커질수록 골반의 높이를 올린다.
- 골반을 들어 올리려고 다리를 내리지 않는다. 다리와 골반은 일체가 되어야 한다.
- **동작 수행의 장애**: 긴장된 등, 긴장된 슬괵근
- **금기사항**: 디스크 기능장애, 골다공증, 목 부상

변형 동작 및 연계 동작

- **변형 동작**: 다리를 평행 자세로 두면 슬괵근을 더 사용하고 둔근을 덜 쓰게 되어 조금 더 어렵다.

상상하기 _ 다리를 벽 위아래로 미끄러지게 하고 있다. 발만이 아니라 다리 전체를 움직이고 있다.

엘리 _ "교습생은 짧은 척추 스트레칭 또는 긴 척추 스트레칭을 배우기 전에 이 동작을 올바르게 할 줄 알아야 한다."

중급, 바로 누운 자세 시리즈

기구 셋업
스프링: 2 빨강, 키가 작은 교습생들은 더 약하게
바: 아래로 　　줄: 기준 길이
라이저: 아래로 　　머리받이: 아래로

기능과 대상 근육
- 척추 근육 스트레칭
- 척추의 순차적인 움직임 익히기
- 복근 및 둔근 단련(공중부양 자세로)

요령 및 주의사항
- 경추로까지 굴러 올라가지 않는다.
- 다리를 위로 올리면서 어깨 너머로 뻗어준다.
- 목과 어깨를 이완시킨 상태를 유지하고 어깨가 앞쪽 및 안으로 밀리지 않게 한다.
- 기구에 의존하여 골반을 공중으로 들어 올리지 않는다. 제대로 공중부양을 하도록 한다.
- 굴러 내려올 때 발꿈치는 움직이지 않은 채 발꿈치 반대쪽으로 움직이는 골반에 집중한다.
- 굴러 내려오기 전에 캐리지가 홈 위치에 있도록 한다.
- **동작 수행의 장애**: 긴장된 척추 근육, 큰 하체
- **금기사항**: 경추 문제, 불안정한 천장관절(이는 골반의 뒤쪽을 과다 스트레칭 시킨다), 디스크 기능장애, 골다공증

변형 동작 및 연계 동작
- 교습생의 스트레칭을 심화시키려면 롤-다운을 할 때 교습생의 허벅지 뒤쪽에 아래 팔을 대어 부드럽게 압력을 가해준다.
- 교습생이 발꿈치와 골반의 분리를 느끼도록 도와주려면 캐리지 쪽으로 골반을 굴려 내릴 때 발꿈치를 잡아준다.
- **연계 동작**: 공중부양 베리테, 개구리 신전

상상하기 _ 뜨거운 주걱이 둔부를 캐리지에서 세차게 들어 올린다.

엘리 _ "교습생들에게 스트레칭을 시킨다. 가능하면 언제든지 도와준다."

짧은 척추 스트레칭

1. 시작자세 - 4회 반복
바로 누운 자세에서 끈을 족궁에 두르고 다리는 개구리 스쿼트 자세로 두며, 팔은 양옆으로 놓는다.

시작자세에서 숨을 들이쉰다.

2. 숨을 들이쉰다
다리를 대각선으로 뻗어준다(개구리 신전).

3. 숨을 내쉰다
다리가 몸 쪽으로 올라가면서 고관절을 굴곡시킨다. 90도 골반 굴곡에 이르면 둔근, 복근과 허벅지 안쪽을 사용하여 위로 공중부양을 한다. 캐리지가 홈으로 움직이면서 골반은 위로 그리고 머리 쪽으로 움직인다. 체중은 목이 아니라 견갑골 사이에 실려야 한다. 흉골을 매트에 고정시켜 목에 압박이 가해지지 않도록 한다.

4. 숨을 들이쉰다

캐리지를 움직이지 않게 하면서 무릎을 어깨받이 쪽으로 구부린다. 엉덩이를 펼쳐 열지 않도록 한다(몸을 탄탄한 공처럼 만들어준다).

5. 숨을 내쉰다

복부를 척추 쪽으로 당기고 발꿈치나 캐리지를 움직이지 않으면서 척추를 순차적으로 굴려 내린다. 그런 다음 복부를 계속 집어넣은 상태로 슬괵근을 사용하여 발꿈치를 골반으로, 골반을 캐리지로 당겨준다. 그러면 캐리지가 움직일 것이다.

6. 계속해서 숨을 내쉰다

계속해서 골반을 중립인 상태를 유지하며, 다리를 개구리 스쿼트 자세로 당겨 시작자세로 돌아온다.

중급, 바로 누운 자세 시리즈

기구 셋업

스프링: 2 빨강, 키가 작은 교습생들은 더 약하게
바: 아래로　　　　　　　　　　　줄: 기준 길이
라이저: 아래로　　　　　　　　　머리받이: 아래로 또는 위로

기능과 대상 근육

- 복근, 고관절 굴근, 목 심부 굴근 및 삼두근 강화
- 협응력 향상 - 다리는 팔과 따로 움직인다.

요령 및 주의사항

- 기교와 제어력으로 동작을 수행하고 다리가 열리고 닫힐 때 '안으로' 모으는 동작을 강조한다.
- 필라테스 복부 자세를 유지한다. 즉 척추 굴곡이 줄어들지 않게 하고 턱과 가슴 사이에 있는 상상 속의 감귤을 떨어뜨리거나 쥐어짜지 않는다.

변형 동작 및 연계 동작

- **변형 동작**: 무릎이 펴졌을 때 다리 스프링 시리즈로부터 러닝 또는 가위 자세를 추가한다. 다리는 복부 집어넣기가 유지될 수 있는 한도로만 낮게 뻗고 요추는 살짝 굴곡된 상태로 유지한다.
- **연계 동작**: 삼두근 프레스를 하고 한 번 더 삼두근 프레스를 하면서 동시에 상복부 컬을 추가한다.
- 삼두근을 더 단련시키기 위해 스프링을 키워준다.
- 반복할 때마다 머리를 들어 올리고 내리기보다는 머리를 위로 올린 자세를 유지하는 것이 목에 무리가 덜 간다. 교습생에게 목 문제가 있다면 머리를 내린 자세로 유지하고 팔과 다리만 움직이면서 동작을 수행하도록 한다. 그런 다음 머리를 필라테스 복부 자세로 올린 채 1~2회 반복하도록 한다.

상상하기 _ 팔을 다리와 따로 움직일 수 있다!

엘리 _ "이렇게 신호한다: 신전…열기…닫기…무릎…팔."

코디네이션

1. 시작자세 - 5~6회 반복

바로 누운 자세에서 손을 끈에 넣고, 팔꿈치는 90도로 구부려 양옆에 붙이고, 손끝은 천장을 향하게 하고, 다리는 테이블 탑 자세로 둔다.

시작자세에서 숨을 들이쉰다.

2. 연달아 숨을 들이쉬고 두드리듯 내쉰다

복부를 척추 쪽으로 당기고, 동시에 팔꿈치와 무릎을 펴주고 머리와 등 상부를 필라테스 복부 자세로 올린다. 손바닥은 매트와 닿게 한다. 다리는 복부 집어넣기가 유지될 수 있는 한도로만 낮게 대각선으로 뻗고 요추는 매트에 닿은 상태를 유지한다.

3. 숨을 들이쉰다

캐리지의 너비만큼 다리를 열어준다.

4. 계속해서 숨을 들이쉰다

다리를 빠르게 닫는다.

5. 숨을 내쉰다

무릎을 흉부 쪽으로 구부리고 작은 힙 업(Hip Up)자세를 만든다.

6. 숨을 들이쉰다

필라테스 복부 자세를 유지하면서 팔꿈치를 90도로 구부린다(팔꿈치는 매트에 붙어 있다).

중급, 바로 누운 자세 시리즈

기구 셋업

스프링: 2 빨강, 키가 작은 교습생들은 더 약하게

바: 아래로 줄: 기준 길이

라이저: 아래로 머리받이: 아래로

기능과 대상 근육

- 척추 스트레칭
- 공중부양 및 제어 익히기
- 복근, 광배근 및 삼두근 강화

요령 및 주의사항

- 경추까지 굴러 올라가는 대신 흉부 선반 쪽으로 구르며, 견갑골 사이에서 균형을 잡는다.
- 다리를 위로 올리면서 어깨 너머로 뻗어준다.
- 목과 어깨를 이완시킨 상태를 유지하고 어깨가 앞쪽 및 안으로 밀리지 않게 한다.
- 굴러 내려올 때 발꿈치는 움직이지 않은 채 발꿈치 반대쪽으로 움직이는 골반에 집중한다.
- 굴러 내려오기 전에 캐리지가 홈 위치에 있도록 한다.
- **동작 수행의 장애**: 긴장된 척추 근육, 긴장된 슬괵근, 큰 하체, 약한 복근
- **금기사항**: 디스크 기능장애, 골다공증 및/혹은 목 부상

변형 동작 및 연계 동작

- **연계 동작**: 광배근 당기기, 매트의 롤-오버

상상하기 _ 다리를 위로 그리고 머리 너머로 공중부양 시킬 때 다리가 막대 아이스 케이크의 막대만큼이나 가볍다.

엘리 _ "이것이야말로 공중부양이다."

오버헤드

1. 시작자세 - 8~10회 반복

바로 누운 자세에서 손을 끈에 넣고, 팔과 다리는 천장을 향해 높이 뻗어주며, 다리는 필라테스 첫 번째 자세로 둔다.

시작자세에서 숨을 들이쉰다.

2. 숨을 내쉰다

광배근 당기기를 해서 문들 필이 캐리지로 내려가 누르도록 한다.

3. 숨을 들이쉰다

엉덩이를 들어 올려 다리를 머리 너머로 보내 다리가 바닥과 평행이 되게 한다(더 내려가면 안 됨).

4. 숨을 내쉰다
발을 굴곡시키고 발꿈치를 길게 뻗어주면서 척추를 한 번에 한 마디씩 굴려 내려가 다리를 다시 천장으로 높이 뻗어준다.

5. 숨을 들이쉰다
다시 팔을 올려주고 손가락 끝을 천장으로 높이 뻗어주어 시작자세로 돌아온다.

데드 행

변형 동작: 데드 행 (Dead Hang)
팔이 천장을 향해 올라가는 동안 다리를 내려(편평한 허리를 매트 위에 유지할 수 있는 한도로만 멀리) 중급 오버헤드에 데드 행을 추가한다. 그런 다음 팔이 캐리지로 향해 광배근 당기기를 할 때 다리를 천장으로 들어 올린다. "팔이 들리면서 다리가 내려진 다음 팔이 내려지면서 다리가 들린다."

상급 오버헤드

공중부양을 광배근 당기기와 동시에 시작해 다리를 머리 위로 올렸을 때 팔이 캐리지에 닿도록 한다. 기억한다: 위로 올라갈 때 먼저 엉덩이를 공중부양 시키면서 시작한 직후 팔을 움직인다. 내려올 때에는 먼저 팔을 광배근 쪽으로 뻗어 들어 올리면서 시작한다. 손가락을 몸의 반대쪽으로 길게 늘여 뻗은 다음 엉덩이를 굴려 내린다. 여전히 각 움직임의 끝에 팔과 다리가 동시에 도달하게 해야 한다. 이 버전에 데드 행을 추가하며, 팔은 공중에 있는 상태를 유지하고 천장으로 높이 뻗어준다. 다리를 데드 행으로 내리고 다시 90도로 들어 올려 다시 시작한다.

공중부양의 난이도를 좀 더 높이려면 스프링을 조절하여 저항을 가볍게 한다!

잭나이프

오버헤드 자세에서 문틀 팔로 캐리지를 누르면서 계속 엉덩이를 천장으로 높이 공중부양 시킨 다음 반으로 접어주는 동작을 계속한다. 이것이 잭나이프 동작이다. 목으로까지 구르지 않고 대신 흉부 선반에 머물도록 한다.

※ 금기사항: 디스크 기능장애, 골다공증 및/혹은 목 부상

노젓기 시리즈

노젓기 시리즈의 목적은 견갑대를 강화하고, 어깨의 올바른 정렬을 인식하게 하며, 가동범위를 키워주는 것이다. 상급 노젓기 콤보 동작들은 안무가 복잡하고 모든 움직임이 계속 물 흐르듯이 연결되도록 하기 위해서는 많은 연습이 필요하다.

'180도 클럽(the 180° club)'

이들 동작은 리포머 시리즈에서 앉은 자세로 하는 첫 번째 동작들이므로 앉은 자세가 올바른지 확인한다. 필라테스가 사람들을 위해 무언가라도 해준다면, 그것은 올바르게 앉고 서는 방법을 가르쳐주어 자세 근육들을 강화해주는 것이다. 교습생들이 앉아 있을 때에는 척추 아래에서부터 머리끝까지 길게 세워서 앉았는지 확인하고, 어깨와 엉덩이는 일직선상에 있게 한다. 허리에는 자연스러운 요추 곡선이 있어야 하고 골반은 중립 자세여야 한다. 교습생이 이러한 완벽한 자세를 취하지 못하면 앉을 때 쿠션, 베개나 웨지를 받쳐준다. 유연성이 제한된 교습생들인 경우에는 롱 박스 위에서 동작을 하게 한다.

초급

나무 포옹하기

앞 노젓기(수정 동작)

중급

경례

상급

앞 노젓기

뒤 노젓기: 둥근 등

뒤 노젓기: 편평한 등 경첩

초급, 노젓기 시리즈

기구 셋업
스프링: 1 파랑 또는 1 빨강 | 바: 아래로 줄: 기준 길이
라이저: 아래로 | 머리받이: N/A

기능과 대상 근육
- 삼각근 및 대흉근 강화
- 복근 및 자세 근육 단련
- 상완골 움직임으로 견갑골 안정화 익히기(중부 승모근, 전거근, 능형근)

요령 및 주의사항
- 팔을 움직이는 동안 똑바로 앉은 자세에서 머리는 골반과 수직으로 정렬된 상태를 유지한다.
- 좌골이 뜨지 않게 앉는다. 몸통이 뒤로 젖혀지거나 앞으로 아치를 이루지 않게 한다.
- 팔을 움직일 때 흉부와 등이 넓게 안정적으로 유지되는 것을 느낀다.
- 전거근의 작용을 촉진하기 위해 새끼손가락을 통해 뻗어준다.
- 팔이 시작자세로 돌아올 때 팔꿈치가 몸통 뒤로 넘어가지 않게 한다. 넘어가면 견갑골이 조이고 흉근이 다음 '포옹' 동작을 하게 된다.
- 상완골두를 어깨관절 소켓에서 뒤로 당겨 흉근 대신 등 근육을 사용한다.
- 생각한다: 발레 팔 동작

변형 동작 및 연계 동작
- 난이도를 높이려면 다리를 앞으로 곧게 뻗은 채 앉는다.
- 팔 근력을 단련시키려면 빨강 스프링을 사용한다.
- **수정 동작:** 교습생이 다리를 교차시킨 자세로 똑바로 앉아 있지 못한다면 문 박스, 매트, 베개, 또는 웨지 위에 앉도록 한다.
- **수정 동작:** 전혀 다리를 교차시킨 자세로 앉지 못하는 교습생들인 경우에 전체 시리즈를 롱 박스 위에서 하게 하며, 양쪽 다리로 박스를 감싸듯이 앉고 이러한 높이의 변화를 감안해 라이저 줄을 위로 올리도록 한다.
- **변형 동작:** 나비: 같은 동작을 시도하되 필을 길게 뻗어서 한다.

상상하기 _ 당신이 시바(Shiva) 여신이라고 생각하면서 6개의 팔로 나무를 포옹한다.

엘리 _ "로마나는 이를 파바로티 포옹하기라고 부르곤 했다."

나무 포옹하기 Hug a Tree

1. 시작자세 - 6회 반복
캐리지 위에서 리포머의 앞쪽 풋바를 향해 똑바로 앉은 자세에서 양 무릎을 구부려 다리를 교차시키고 척추 아래쪽을 어깨받이에 살짝 댄다. 손을 끈에 넣고, 팔은 양옆으로 벌리며, 손과 팔꿈치는 어깨보다 조금 아래로 둔다. 팔꿈치는 조금 둥글게 하고 팔은 살짝 몸통 앞으로 둔다. 주변 시야로 팔꿈치가 보여야 한다. 이것이 '발레 팔'이다.

숨을 들이쉬면서 척추를 길게 늘여준다.

2. 숨을 내쉰다
등은 넓게, 척추는 길게 유지하면서 나무를 포옹하듯이 양손을 서로를 향해 당겨준다. 팔꿈치는 둥글게 유지한다.

3. 숨을 들이쉰다
팔을 시작자세로 열어주고 척추는 더욱 길게 세운다.

3회 반복한 후 호흡을 바꿔 양팔을 당겨 모은다. 이러한 호흡으로 3회 더 반복한다. 포옹 동작을 시작하면서 전거근 쪽으로 호흡한다.

1. 시작자세 - 6회 반복 (각 변형 동작마다 3회)

나무 포옹하기에서 전환하며, 팔꿈치를 구부리고 집게손가락을 눈썹에 닿게 하며 손바닥을 밖으로 향하게 한 채 이마로 경례한다. 똑바로 앉은 자세에서 몸통을 앞쪽으로 약 20도 기울인다.

시작자세에서 숨을 들이쉰다.

2-3. 숨을 내쉰다/들이쉰다

견갑골을 안정화해 어깨가 들리지 않도록 하면서 팔꿈치를 펴준다. 팔은 몸통과 일직선으로 문틀 팔 자세로 펴주고 양손은 어깨와 평행하게 또는 더 넓게 벌린다. 숨을 들이쉬면서 팔꿈치를 구부리고 손가락을 눈썹 쪽으로 되돌린다. 3회 반복한다.

머리 밀기

4-5. 숨을 내쉰다/들이쉰다

4회 반복에서 머리를 앞쪽으로 숙이고 손을 머리 뒤로 둔 자세에서 필라테스 여신에게 경례한다(머리 뒤쪽을 밀어 올리는 것처럼). 숨을 들이쉬면서 제어하며 시작자세로 돌아온다. 3회 반복한다.

중급, 노젓기 시리즈

기구 셋업

스프링: 1 파랑 또는 1 빨강
바: 아래로 줄: 기준 길이
라이저: 아래로
머리받이: N/A

기능과 대상 근육

- 견갑대 안정성 익히기
- 삼두근, 삼각근 및 등 신근 강화

요령 및 주의사항

- 어깨는 넓게, 견갑골은 등을 따라 아래로 내린 상태로 유지한다. 상부승모근을 과사용하지 않는다!
- 어깨를 아래로 유지하는 것이 어려우면 팔을 펼 때 팔의 간격을 넓혀준다. 앞보다는 옆으로 더 경례하듯이 한다.
- **동작 수행의 장애**: 긴장된 상부승모근 및 광배근
- **금기사항**: 손목 터널 증후군, 상체 부위 반복사용 스트레스 증후군(repetitive stress injury) (여기에 해당하는 사람은 상부승모근과 견갑거근을 과사용하기 때문이다)

변형 동작 및 연계 동작

- **수정 동작:** 긴장된 엉덩이 및/혹은 허리를 가진 사람은 몸을 앞으로 기울이기가 어렵다. 이러한 경우에는 교습생을 매트, 베개, 또는 롱 박스 위에 앉게 한다.
- **수정 동작:** 다리를 교차시킨 자세로 전혀 앉지 못하는 교습생들인 경우에 전체 시리즈를 롱 박스 위에서 하게 하며, 양쪽 다리로 박스를 감싸듯이 앉고 이러한 높이의 변화를 감안해 라이저 줄을 위로 올리도록 한다.
- **연계 동작:** 캐딜락의 양쪽 광배근 당기기(두 버전 다)
- 난이도를 높이려면 다리를 앞으로 곧게 뻗은 채 앉는다.
- 팔 근력을 단련시키려면 빨강 스프링을 사용한다.

상상하기 _ 필라테스 여신에게 경례를 하고 있다.

수지 _ "이 동작을 제대로 수행하는 것을 거의 보지 못했다. 따라서 교습생들이 똑바로 앉아 팔을 머리 위로 올리는 동작을 하면서 어깨를 안정시킬 수 있을 때까지는 무리해서 가르치지 않는다. 몸을 앞으로 기울여 동작을 하는 건 확실히 난이도가 높다."

(* 수지: 'Suji Says'를 줄여서 '수지'로 표현하기로 한다.)

초급, 노젓기 시리즈

기구 셋업

스프링: 1 파랑, 또는 1 빨강
바: 아래로 줄: 기준 길이
라이저: 아래로
머리받이: N/A

기능과 대상 근육

- 삼각근 강화
- 복근 및 자세 근육 강화
- 앞 노젓기 콤보를 위한 연계 동작
- 견갑골 안정화, 중부승모근, 전거근 및 능형근 단련

요령 및 주의사항

- 숨을 들이쉴 때마다 척추를 길게 늘여주고 숨을 내쉴 때마다 그 길이를 유지한다. 물론 거기에 복근을 사용한다.
- 팔이 들릴 때 견갑골이 등을 따라 아래로 내려가는 것을 느낀다.
- 팔을 양옆으로 내릴 때 새끼손가락이 공간을 가르듯이 내려준다. 앞쪽으로가 아니라 몸통의 '옆솔기'를 따라 내린다.
- 팔이 머리 위로 올라갈 때 광배근이 스트레칭 되는 것을 느낀다.
- 팔을 머리 위로 올리는 동안 필요에 따라 팔을 넓혀주어 어깨를 아래로 유지한다.
- 흉곽을 안정화시키면서 팔과 척추의 정렬을 맞춰 준다. 흉곽이 튀어나오지 않게 한다.
- **동작 수행의 장애**: 긴장된 광배근 및 상부 승모근

변형 동작 및 연계 동작

- **수정 동작**: 교습생이 다리를 교차시킨 자세로 똑바로 앉지 못한다면 문 박스, 매트, 베개, 또는 웨지 위에 앉도록 한다.
- **수정 동작**: 전혀 다리를 교차시킨 자세로 앉지 못하는 교습생들인 경우에 전체 시리즈를 롱 박스 위에서 하게 하며, 양쪽 다리로 박스를 감싸듯이 앉고 이러한 높이 변화를 감안해 라이저 줄을 위로 올리도록 한다.
- 난이도를 높이려면 다리를 앞으로 곧게 뻗은 채 앉는다.
- 팔 근력을 단련시키려면 빨강 스프링을 사용한다.

상상하기_팔을 내려줄 때마다 머리가 구름을 통과하며 나온다.

엘리_"필라테스를 완벽하게 하기 위해서 180° 클럽에 속하는 것이 필수이다(어깨를 구부릴 수 있어서 몸통과 일치될 수 있어야 한다). 또한 90° 클럽에도 속해야 한다(양 무릎이 평행할 때 고관절이 90°가 될 수 있어야 한다)."

앞 노젓기(수정 동작)

1. 시작자세 - 4회 반복

캐리지 위에서 리포머의 앞쪽 풋바를 향해 똑바로 앉은 자세에서 양 무릎을 구부려 다리를 교차시키고 척추 아래쪽을 어깨받이에 살짝 댄다. 손을 끈에 넣고 무릎 위에 올려놓는다. 경례 자세에서 전환하면서는 팔을 곧게 위로 뻗어준 다음 양옆으로 연다. 손을 천천히 무릎 위로 가져온다(이 동작의 단계 4-7을 참고한다).

숨을 들이쉬면서 척추를 길게 늘여준다.

2. 숨을 내쉰다

복부를 척추 쪽으로 당겨주고, 견갑골을 안정화하며, 팔을 곧게 펴면서 어깨 높이의 90도로 들어 올려준다. 무릎은 멀리 밀어내는 듯한 자세를 취한다.

3. 숨을 들이쉰다

척추를 길게 늘여주면서 팔을 내리고 손을 다시 무릎으로 가져온다.

4. 숨을 내쉰다
복부를 척추 쪽으로 당겨주고, 견갑골을 안정화하며, 팔을 곧게 펴면서 머리 위로 들어 올린다(필요하다면 어깨를 귀에서 멀리 유지하기 위해 팔을 넓혀줄 수도 있다). 꼬리뼈에서부터 머리 꼭대기까지 하나의 긴 라인을 만든다.

5. 숨을 들이쉰다
척추를 길게 세운 자세를 유지한다.

6. 숨을 내쉰다
팔을 양옆으로 열면서 척추를 더 길게 세워주고 새끼손가락으로 팔을 계속 내리면서 엉덩이까지 가져온다(새끼손가락이 상상 속의 옆솔기를 자르듯이 내린다).

7. 숨을 들이쉰다
손을 다시 천천히 무릎 위로 가져오며 시작자세로 돌아온다.

상급, 노젓기 시리즈

기구 셋업

스프링: 1 파랑 또는 1 빨강	바: 아래로 줄: 기준 길이
라이저: 아래로	머리받이: N/A

기능과 대상 근육
- 어깨 안정화
- 협응력 및 기억력 향상
- 광배근, 척추기립근 및 슬괵근 스트레칭

요령 및 주의사항
- 늘 그렇듯이 상부 승모근은 가능한 한 이완시킨 상태를 유지하고 견갑골은 귀 쪽으로 들리지 않게 넓은 등 위에 안정적으로 유지한다.
- 발을 굴곡시켰을 때에는 발꿈치에서, 발을 뻗을 때는 발가락에서 에너지가 발산되는 것을 느낀다.
- 몸통을 앞쪽으로 굴곡시킬 때 접혀지지 않도록 한다. 마치 몸통으로 비치볼을 감싸듯이 척추를 길게 늘여준다.
- 동작 내내 팔꿈치를 곧게 유지한다.
- **동작 수행의 장애**: 긴장된 슬괵근, 긴장된 광배근, 약한 요근
- **금기사항**: 디스크 기능장애, 골다공증

변형 동작 및 연계 동작
- **연계 동작:** 앞 노젓기(수정 동작), 경례

상상하기 _마지막 동작(단계 6)에서 새끼손가락으로 공중을 가른다.

엘리 _ "상급 노젓기 콤보들은 복잡한 동작 및 안무를 포함하고 있으므로 가장 기억하기가 어려운 필라테스 동작들에 속한다. 따라서 머리에 새겨질 때까지 규칙적으로 연습한다."

앞 노젓기

1. 시작자세 - 3~4회 반복

캐리지 위에서 척추 아래쪽을 어깨받이에 살짝 대고 리포머의 앞쪽 풋바를 향해 똑바로 앉는다. 다리는 풋바 쪽으로 뻗어주고 발가락은 몸쪽으로 당겨주며 발목, 무릎과 허벅지 안쪽은 붙여준다. 손을 끈에 넣고, 팔은 양옆에 두며, 손바닥은 캐리지 위에 올려놓는다.

시작자세에서 숨을 들이쉬면서 척추를 길게 늘여준다.

2. 숨을 내쉰다

발은 몸 쪽으로 굴곡시키고 복부는 척추 쪽으로 당겨준다. 몸통을 앞쪽으로 굴곡시키면서 척추를 둥글게 만들고 코를 무릎 쪽으로 가져온다. 손은 캐리지를 따라 밀어 팔을 발가락 쪽으로 뻗어준다.

3. 숨을 들이쉰다

꼬리뼈에서 머리까지 척추를 순차적으로 쌓아올리면서 몸통과 함께 팔을 올리고 팔꿈치를 곧게 유지하면서 손가락을 앞쪽으로 뻗는다. 손은 어깨와 일렬로 두고 손바닥은 바닥 쪽으로 유지한다. 등을 넓게 펴고 흉근을 이완시킨 상태를 유지한다. 상완골을 등으로 "철컥" 고정한다.

4. 숨을 내쉰다

발을 길게 뻗고 엉덩이를 접어 척추의 맨 아래로부터 뻗으면서 몸통을 앞쪽으로 기울이며, 몸통이 대각선 및 앞쪽으로 스트레칭되면서 팔을 들어 올려 꼬리뼈에서부터 손가락 끝까지 일렬을 만든다. 몸통은 앞쪽으로 움직이고 팔은 위로 뻗어져 중간 지점에서 만나 경례 자세가 된다. 견갑골은 안정적으로, 요추는 중립으로 유지한다.

5. 숨을 들이쉰다

상체를 일직선으로 똑바로 세운다. 손가락은 천장으로 뻗어주고, 에너지는 머리 꼭대기에서 발산되며, 어깨는 등과 연결된 상태를 유지한다.

6. 숨을 내쉰다

새끼손가락으로 주도해 팔을 양옆으로 넓게 연다. 새끼손가락이 공중을 가르고 양옆으로 돌아와 손은 캐리지에 놓으면서 척추를 길게 세운다.

상급, 노젓기 시리즈

기구 셋업

스프링: 1 파랑 또는 1 빨강	바: 아래로 줄: 기준 길이
라이저: 아래로	머리받이: N/A

기능과 대상 근육
- 어깨 안정근 강화
- 어깨 및 팔 스트레칭
- 협응력 및 기억력 향상
- 척추기립근 스트레칭, 복근 단련

요령 및 주의사항
- 몸통을 앞쪽으로 굴곡시키거나 굴려 올릴 때 척추 스트레칭을 증진시키기 위해 복근을 충분히 사용하여 캐리지의 움직임에 저항한다.
- 팔 시작자세에서 팔꿈치는 흉근을 과도하게 동원하지 않으면서 등 상부를 넓힐 수 있는 정도로만 굽힌다.
- **금기사항**: 디스크 기능장애, 골다공증

변형 동작 및 연계 동작
- 종아리가 어깨받이 때문에 비좁은 것처럼 느껴지면 발목을 교차시킨다.
- **연계 동작:** 둥근 등 롤-다운

상상하기 _마지막 동작(단계 6)에서 새끼손가락으로 공중을 가른다.

수지 _ "이 노젓기 버전은 항상 백조의 호수에서 죽어가는 백조를 생각나게 한다. 그러므로 기교와 드라마틱한 감각으로 둥근 등 노젓기를 수행하도록 한다."

뒤 노젓기: 둥근 등

1. 시작자세 - 3회 반복
리포머의 뒤쪽 라이저를 향해 똑바로 앉는다. 다리는 앞으로 곧게 뻗어주고 종아리는 머리받이 위에 놓는다. 손을 끈에 끼우고 부드러운 주먹을 만들며, 팔꿈치를 다이아몬드 모양으로 구부린다. 발은 발등 쪽으로 굴곡시킨다.

숨을 들이쉬면서 하부 둔근을 사용해 골반 반대쪽으로 몸통을 길게 늘여준다.

2. 숨을 내쉰다
복부를 척추 쪽으로 당기고 발꿈치를 통해 앞으로 뻗어주며, 몸통을 좌골 뒤쪽으로 당기면서 요추를 둥글게 만들고 반쯤 굴러 내려간다.

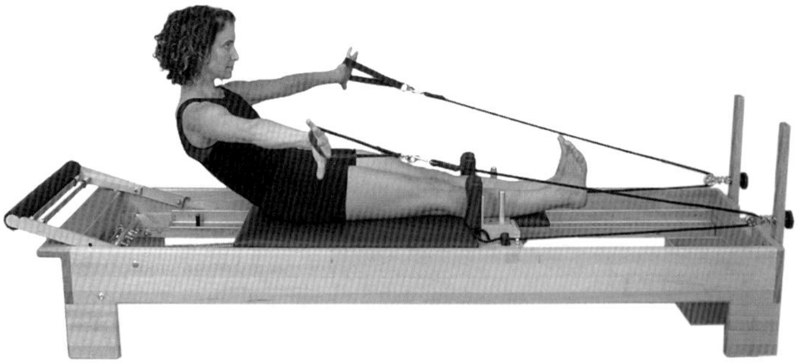

3. 숨을 들이쉰다
척추의 C 곡선을 유지하고 캐리지를 움직이지 않으면서 팔꿈치를 펴서 팔을 양옆으로 열어준다. 견갑골은 등을 따라 아래로 내려진 상태를 유지한다.

4. 숨을 내쉰다

복근의 활용을 증가시키면서 몸통의 앞쪽을 우묵하게 만들어 상체가 팔을 통과하게 한다. 이때 팔은 일종의 큰 평영 동작처럼 원을 그리며 등 뒤로 돌아간다. 그러면 몸은 반으로 접히기 시작한다. 팔은 몸통 뒤로 뻗어주고 척추는 천천히 앞쪽으로 둥글게 만들어준다. 코는 무릎 쪽으로 가져오고, 손은 등 뒤로 잡아 깍지끼며, 손바닥은 뒤를 향하게 한다. 그런 다음 팔꿈치를 구부려 손을 몸 쪽으로 가져온다.

5. 숨을 들이쉰다

팔을 펴주면서 어깨를 회전시켜 열어주되, 나머지 모든 부분은 전혀 움직이지 않는 자세를 유지한다.

6. 숨을 내쉰다

손을 '튕기지' 않으면서 풀어준다. 팔은 원을 그리면서 앞으로 돌려주고 복부는 척추 쪽으로 깊이 당겨 몸통을 앞쪽으로 둥글게 만든다. 팔이 평행이 되고 손등이 서로 마주볼 때까지 계속 원을 그려준다. 흉추의 C 곡선을 제대로 강조한다.

7. 숨을 들이쉰다

척추를 맨 아래에서부터 쌓아올려 똑바로 앉은 자세로 돌아와, 팔꿈치를 구부려 손등을 모아주고 손을 흉골 쪽으로 움직여 다이아몬드 모양을 만든다. 하부 둔근을 조여 척추를 길게 들어 올려줌으로써 시작자세를 취한다.

상급, 노젓기 시리즈

기구 셋업
스프링: 1 파랑 또는 1 빨강
바: 아래로 줄: 기준 길이
라이저: 아래로
머리받이: 아래로

기능과 대상 근육
- 기억력, 협응력 및 제어력 향상
- 어깨 안정화, 척추기립근 강화
- 복근 단련, 슬괵근 스트레칭

요령 및 주의사항
- 복근을 충분히 사용하여 척추를 늘여주고 안정화한다.
- 최대한의 기교와 제어력을 동원하여 동작을 수행한다.
- 몸통을 뒤로 젖히면서 흉골을 살짝 들어 올려주고 흉부가 천장으로 열리는 것을 느낀다.
- **동작 수행의 장애**: 긴장된 슬괵근, 약한 요근

변형 동작 및 연계 동작
- 종아리가 어깨받이로 비좁다고 느껴지면 발목을 교차시킨다.
- **연계 동작**: 편평한 등 롤-다운, 흉부 확장

상상하기 _몸통을 앞쪽으로 기울이고 동시에 팔을 펴주면서 천장으로 쌀을 던지고 있다.

엘리 _"이는 필라테스 레퍼토리에서 유일한 극상근 동작이다(단계 7)."

수지 _"이 노젓기 버전은 초기 현대무용의 느낌이 있으며, 두 죽음 사이에 있는 호(arc)에 관한 도리스 험프리의 동작 이론을 연상시킨다."

뒤 노젓기: 편평한 등 경첩

1. 시작자세 - 3회 반복
리포머의 뒤쪽 라이저를 향해 똑바로 앉은 자세에서 다리는 앞으로 곧게 뻗고 종아리는 머리받이 위에 놓는다. 손을 끈에 끼우고 팔꿈치를 90도로 구부려 어깨와 평행하게 해서 '필라테스 팔꿈치' 자세를 만들어준다. 손바닥은 몸 쪽으로 향하고 손가락은 길게 뻗는다. 발은 굴곡시킨다. 상완골두는 어깨관절 소켓에서 뒤로 당겨준다.

숨을 들이쉬면서 하부 둔근을 동원해 골반 반대쪽으로 몸통을 길게 늘여준다.

2-3. 숨을 내쉰다/들이쉰다
복부를 척추 쪽으로 당기고 몸통을 뒤로 젖히며 이두근 컬을 수행하면서 흉부를 살짝 들어 올리고 팔꿈치를 높게 유지한다. 안전하게 느껴지는 한도에서 멀리 뒤로 간다. 캐리지 밖으로 떨어질 정도로 멀리 가지 않도록 주의한다. 숨을 들이쉬면서 흉골이 들린 상태를 유지한다.

4. 숨을 내쉰다
팔꿈치를 곧게 펴주고 몸통을 앞쪽으로 기울이면서 팔을 천장 쪽으로 뻗어준다. 엉덩이에서 접어주고 팔을 어깨로부터 멀리 뻗어줘 척추의 길이를 증가시킨다. 가능한 오래 척추를 길고 곧게 유지한다.

5. 숨을 들이쉰다

필요하다면 척추를 둥글게 만들어주면서 코를 무릎 쪽으로 가져오고 팔을 캐리지 밖으로 내려준다. 팔은 리포머의 틀 부분 아래로 내려갈 것이다.

6-7. 숨을 내쉰다/들이쉰다

척추를 맨 아래에서부터 쌓아올리면서 동시에 흉부를 확장하고, 똑바로 앉은 자세에서 마무리하고, 팔은 몸통과 평행이 되도록 가져오고, 손바닥은 리포머의 틀을 향하게 한다. 어깨가 열리고 척추틀 길게 늘여진 자세로 유지하면서 쇄골이 넓어지는 것을 느낀다. 숨을 들이쉬고 이러한 흉부 확장 순간을 잠시 유지한다.

8. 숨을 내쉰다

견갑골을 안정화하고 상완골을 내회전시킨다. 캐리지를 움직이지 않으면서 새끼손가락의 주도하에 팔을 바깥 양옆으로 올려 팔이 어깨 높이 바로 밑에 위치하게 한다. 어깨는 귀에서 멀리 유지한다. 팔은 약간 몸 앞으로 있어야 한다.

9-10. 숨을 들이쉰다/내쉰다

팔을 바닥과 평행으로 유지하면서 손등으로 주도해 팔을 앞쪽으로 당긴다. 숨을 내쉬면서 손을 뒤집고 팔꿈치를 구부려 다시 시작자세로 돌아온다.

롱 박스 시리즈

'바나나 보트(banana boat)'

롱 박스 시리즈는 어깨와 등을 강화하는 동작들과 레퍼토리에서 가장 중요한 복근 동작들 몇 가지를 통합한다. 앉아서 하는 동작들은 어깨 안정화에 초점을 둔다. 이 동작들보다 더 상급 복근 동작들은 무릎으로 선 자세에서 한다. 엎드려 누운자세 동작들은 어깨 안정화와 등 상부 신전에 중점을 두어 둥근 어깨와 구부정한 자세를 가진 사람들에게 아주 좋다. 찰리 채플린, 수영 다리 자세와 슬괵근 동작은 둔부와 다리 뒤쪽에 가장 좋은 동작들에 해당한다. 바로 누운자세 동작들은 우리에게 알려진 가장 어려운 복근 동작들에 속한다: 배영, 그리고 당연히, 그 악명 높은 티저!

앉은 롱 박스 시리즈
흉부 확장
라 크로아
회전
여왕

엎드려 누운 롱 박스 시리즈
줄 당기기
'T' 자세
삼두근
슬괵근
찰리 채플린
수영
흔드는 백조
메뚜기

바로 누운 롱 박스 시리즈
배영
균형점
티저

좀 더 재미를 추가하려면 롱 박스 위에서 '다섯 개' 동작을 시도한다!

1. 시작자세 - 4~8회 반복

리포머의 뒤쪽 라이저를 향해 척추를 곧게 세우고 앉는다. 손은 끈을 잡고, 새끼손가락은 뒤를 향하며, 팔꿈치는 곧게 펴주면서 어깨는 이완시킨다.

시작자세에서 숨을 들이쉰다.

2. 숨을 내쉰다

복부의 힘으로 흉곽을 안정화하고 팔을 뒤로 당겨 흉부를 열어주면서 상완골두를 소켓에서 뒤로 당겨주어 팔이 몸통과 평행하거나 살짝 뒤에 있도록 하며, 견갑골은 등을 따라 아래로 내린다.

3-4. 숨을 들이쉰다/내쉰다/들이쉰다

머리를 좌우로 회전시킨 다음 목의 가벼운 스트레칭을 위해 앞뒤로 움직인다. 양쪽을 바라보면서 몸통을 안정되게 유지하며, 흉곽이나 어깨가 회전되지 않게 한다. 몸통 안정성을 유지하면서 팔을 다시 시작자세로 제어하며 가져온다.

초급, 롱 박스 시리즈

기구 셋업

스프링: 1 파랑 또는 1 빨강 바: N/A
줄: 기준 길이 라이저: 아래로
머리받이: 아래로, 끈적끈적한 패드 사용 가능

기능과 대상 근육

- 견갑골 안정화, 복근 단련
- 광배근, 삼두근 및 후삼각근 강화
- 무릎으로 선 자세 흉부 확장과 편평한 등 노젓기를 위한 연계 동작

요령 및 주의사항

- 팔이 뒤로 당겨질 때 척추의 길이와 몸통의 안정성을 유지한다.
- 몸이 이완되고 어깨가 내려진 상태를 유지한다. 팔을 양옆으로 당기기 위해 쇄골이 넓어지는 것을 느낀다.
- 자세를 잡아줄 때 교습생의 척추에 막대기를 대준다(거북목, 구부정한 자세, 및/혹은 몸통 불안정성).
- 상완골두로부터 어깨를 열어준다.
- 어깨가 열릴 때 흉곽이 튀어나오지 않게 한다. 이는 '흉근의 투쟁'이다.

변형 동작 및 연계 동작

- **변형 동작:** 무릎으로 선 자세(중급, 136페이지 참고)

상상하기 _ 흉곽을 골반 위로 유지하기 위해 팔 당기기를 복근으로부터 시작한다. 보트 안에서 손가락 끝으로 물을 밀어내려 한다고 상상한다.

엘리 _ "이는 완벽한 정렬 운동이다."

초급, 롱 박스 시리즈

기구 셋업

스프링: 1 파랑 또는 1 빨강　　바: N/A

줄: 기준 길이　　라이저: 아래로

머리받이: 아래로, 끈적끈적한 패드 사용 가능

기능과 대상 근육

- 어깨 안정화
- 능형근 및 중부 승모근 강화
- 롤-다운을 위한 연계 동작 - 능형근 변형 동작

요령 및 주의사항

- 팔꿈치를 뒤로 당기는 것이 아니라 견갑골을 부드럽게 조여 동작을 시작한다.
- 동작을 작게 유지하고 견갑골 사이에 집중한다.
- 능형근은 어깨를 들어 올리기 때문에, 어깨를 아래로 유지하지 않도록 한다.
- 견갑골이 조일 때 팔의 모양을 유지한다.
- 척추후만증이 있는 교습생들 및/혹은 모유 수유 어머니들에게 아주 좋은 동작이다.

변형 동작 및 연계 동작

- **수정 동작:** 능형근이 매우 약하거나 교습생이 어깨 부상에서 회복하고 있다면 노랑 스프링을 사용하고 견갑골의 조임과 풀림에 집중한다.
- **변형 동작:** 무릎으로 선 자세(중급, 143페이지 참고)

상상하기 _ 견갑골 사이에 팽팽하게 신장된 고무줄이 있다. 고무줄이 느슨하게 풀릴 때 견갑골이 서로 더 가까이 움직인다.

수지 _ "재활에 관해 얘기하자면, 이는 흉곽 출구 증후군(Thoracic Outlet Syndrome)이 있는 교습생들에게 그만인 동작이다."

라 크로아　La Croix

1. 시작자세 - 4~8회 반복

척추를 곧게 세우고 앉은 자세에서 줄을 교차시키고, 손은 끈을 잡고, 팔꿈치는 구부려 양옆으로 열어주고, 팔로 다이아몬드 모양을 만든다. 손은 흉골 아래로 둔다.

숨을 들이쉬면서 척추를 길게 늘여준다.

2-3. 숨을 내쉰다/들이쉰다

복부를 척추 쪽으로 당겨 흉곽을 안정화하고 팔의 다이아몬드 모양을 유지하면서 견갑골을 부드럽게 조여준다. 숨을 들이쉬면서 시작자세로 돌아온다. 능형근을 이완시켜 견갑골이 밀리면서 서로 떨어지도록 한다.

1. 시작자세 - 4~8회 반복

척추를 곧게 세우고 앉은 자세에서 줄을 교차시키고 끈을 손바닥이 위로 향하게 하고 끈 끝이 엄지손가락 옆에 오게 하여 잡는다. 이는 '히치 하이커 홀드'이다. 팔꿈치는 90도로 구부려 양옆으로 붙여준다.

숨을 들이쉬면서 척추를 길게 늘여준다.

2. 숨을 내쉰다/들이쉰다

복부를 척추 쪽으로 당겨 흉곽을 안정화한다. 상완골을 뒤로 돌려 아래팔이 양옆으로 회전할 수 있도록 하고 아래팔은 바닥과 평행으로 유지한다. 팔꿈치는 몸의 양옆에서 벗어나지 않는다. 숨을 들이쉬면서 팔을 제어하며 다시 천천히 시작자세로 돌아온다.

초급, 롱 박스 시리즈

기구 셋업

스프링: 1노랑 1 파랑 또는 1 빨강　바: N/A
줄: 기준 길이　라이저: 아래로
머리받이: 아래로, 끈적끈적한 패드 사용 가능

기능과 대상 근육

- 어깨관절 안정화
- 자세 근육 및 복근 단련
- 흉부와 어깨 열기
- 극하근 및 소원근(어깨관절 외회전근) 강화

요령 및 주의사항

- 어깨 뒤쪽으로부터 동작을 시작한다. 손으로 당기지 않는다.
- 상완골이 뒤로 돌아 손이 서로 멀어지게 하는 것을 느낀다.
- 팔꿈치가 몸통 반대쪽으로 당겨지지 않게 한다(이는 삼각근을 사용한다).
- 아래팔이 올라가거나 내려가지 않게 한다(이는 이두근 또는 삼두근을 사용하는 전형적인 '속임' 동작이다).
- 이는 아주 작은 근육들을 사용하는 작지만 집중적인 동작이다. 그러므로 가동범위를 작게 유지한다.

변형 동작 및 연계 동작

- **변형 동작:** 무릎으로 선 자세(중급, 143페이지 참고)

상상하기 _ 견갑골이 팔을 움직인다.

수지 _ "구부정한 어깨를 가진 교습생들에게 아주 좋은 동작이다."

초급, 롱 박스 시리즈

기구 셋업

스프링: 1 파랑 또는 1 빨강
줄: 기준 길이
머리받이: N/A
바 : 아래로
라이저: 아래로

기능과 대상 근육

• 전거근 및 전삼각근 강화
• 균형점과 티저(티저 팔을 익힌다)를 위한 연계 동작
• 세라피(전거근의 외복사근 연결) 익히기

요령 및 주의사항

• 팔을 들어 올릴 때 어깨가 올라가지 않게 한다.
• 팔을 들어 올리기 위해 몸통을 뒤로 기울이지 않고 복근을 사용하여 흉곽을 안정화한다.
• 흉근은 가능한 한 이완시킨 상태를 유지한다. 필요에 따라 팔을 넓힌다.

변형 동작 및 연계 동작

• **변형 동작:** 요정(중급): 발을 위로 가져와 박스의 앞쪽 끝부분에 올리며, 요추를 곡선으로 만들되 등 상부는 둥글게 하지 않는다(꼬리뼈 컬처럼). 이 자세를 유지하면서 여왕 동작으로 팔을 올리고 내릴 때 쇄골은 넓게, 어깨는 귀에서 멀리 유지한다.

상상하기 _ 무거운 금가루 더미를 들어 올리는 여왕이다. 등을 사용하여 들어 올린다.

엘리 _ "이 움직임은 뮤지컬 '에비타'를 위한 홍보 사진들을 생각나게 한다. 그래서 나는 'Don't Cry for Me Argentina'를 부르길 좋아한다."

여왕 The Queen

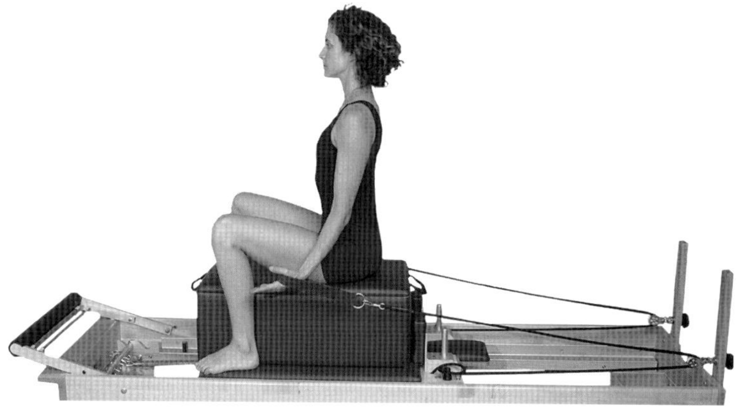

1. 시작자세 - 4회 반복

리포머의 앞쪽 풋바를 향해 똑바로 앉는다. 다리는 박스 바깥쪽을 감싸주고 발은 캐리지 위에 평평하게 놓는다. 무릎은 90도로 구부리고, 손은 끈에 넣으며, 팔꿈치는 살짝 둥글게, 손바닥은 위로 향하게 한다. 팔은 몸의 양옆과 평행으로 둔다.

숨을 들이쉬면서 척추를 길게 늘여준다.

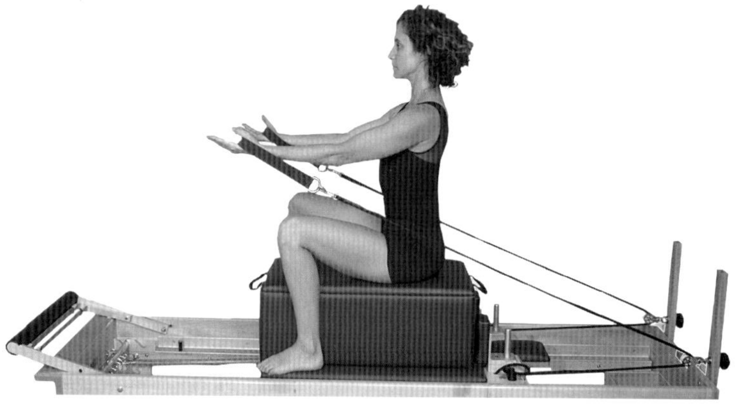

2. 숨을 내쉰다

복부를 척추 쪽으로 당겨 몸통을 안정화한다. 생각한다: 올라가려고 내려간다. 팔이 어깨 높이로 들리면서 어깨는 등을 당겨 내린다.

3. 숨을 들이쉰다

팔을 내려 시작자세로 돌아오면서 척추를 길게 늘여준다.

1. 시작자세 - 5회 반복

박스 위에 라이저 방향으로 엎드려 누운 자세에서 손을 끈에 넣어 D-링 바로 위에서 줄을 잡는다. 척추 중립을 유지하고 머리는 머리받이 위쪽에 둔다. 팔은 곧게 펴주고 리포머 밖에 둔다. 다리는 곧게 펴주고 발은 필라테스 'V'로 만들어준다. 필요에 따라 발목 사이에 작은 베개를 사용한다.

시작자세에서 흉곽 뒤쪽으로 숨을 들이쉬면서 척추를 길게 늘여준다.

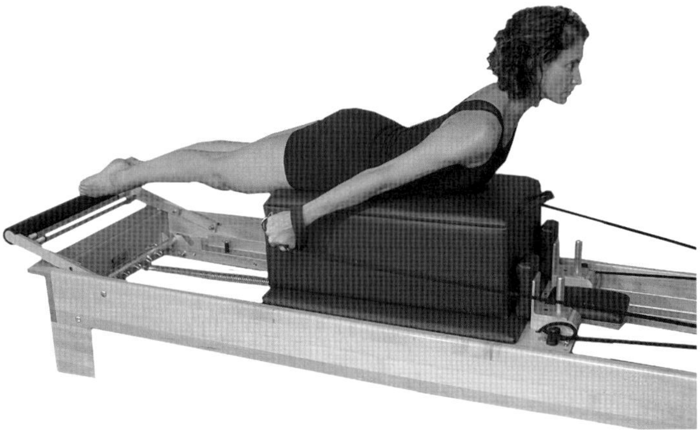

2. 숨을 내쉰다

하부 복근과 하부 둔근으로 요추를 안정화하고 팔을 몸통과 평행이 되도록 당기면서 상부 흉추를 신전시킨다. 어깨는 외회전되고 견갑골이 등을 따라 아래로 내려가면서 쇄골이 넓어진다.

3. 숨을 들이쉰다

머리와 상체를 내리면서 캐리지를 제어하며 다시 시작자세로 돌아온다.

기구 셋업

스프링: 1 파랑 또는 1 빨강
줄: 기준 길이
머리받이: N/A
바: 아래로
라이저: 아래로

기능과 대상 근육

- 어깨 안정화 및 등 상부 신전 익히기
- 엎드려 누운 자세에서 척추 중립 감각 단련
- 등 상부 신근, 후삼각근, 광배근 및 하부 승모근 강화

요령 및 주의사항

- 목의 뒤쪽을 단축시키지 않는다. 머리 꼭대기가 아니라 견갑골 사이로부터 신전을 시작한다.
- 팔꿈치는 곧게 편 상태를 유지한다.
- 교습생의 종아리에 손을 올려 엉덩이 신근을 활용하게 하거나, 또는 하복부에 손을 넣어 작은 요추 굴곡을 촉진한다.
- 척추전만증이 심한 교습생들은 박스에서 뒤쪽으로 멀리 위치시켜 다리가 골반보다 훨씬 더 아래로 있게 해주거나, 또는 골반 아래에 베개를 사용하여 약간의 요추 굴곡을 만들어준다.

변형 동작 및 연계 동작

- **수정 동작:** 교습생의 등 상부가 약하다면 파랑 스프링 1개를 사용한다.
- **변형 동작:** 교습생의 협응력을 향상시키고 동작을 상급으로 만들려면 수영 다리 자세를 추가한다.
- **연계 동작:** 광배근 당기기, 흉부 확장, 백조

상상하기 _ 어깨 앞쪽이 웃으며 열린다.

엘리 _ "이는 어깨 정렬을 재훈련시켜 매우 중요한 하부 승모근을 단련시키는데 아주 좋은 동작이다."

중급, 롱 박스 시리즈

기구 셋업

스프링: 1 파랑 또는 1 빨강 바 :아래로
줄: 기준 길이 라이저: 아래로
머리받이: N/A

기능과 대상 근육

- 어깨 안정화 및 등 상부 신전 익히기
- 등 상부 신근, 극하근 및 후삼각근 강화

요령 및 주의사항

- 팔을 움직이면서 새끼손가락을 몸 가장 가까이로 유지하여 상완골의 내회전을 막는다.
- 경추를 과신전시키지 않는다,
- 교습생의 종아리에 손을 올려 고관절 신근을 동원하게 하거나, 또는 하복부에 손을 넣어 작은 요추 굴곡을 촉진한다.
- 척추전만증이 심한 교습생들은 박스에서 뒤쪽으로 멀리 위치시켜 다리가 골반보다 현저히 더 아래로 있게 해주거나, 또는 골반 아래에 베개를 사용하여 약간의 요추 굴곡을 촉진한다.
- 팔은 바닥과 평행으로 유지한다.

변형 동작 및 연계 동작

- **수정 동작:** 교습생의 등 상부가 약하다면 파랑 스프링 1개를 사용한다.
- **변형 동작:** 교습생의 협응력을 향상시키고 동작을 상급으로 만들려면 이 동작과 찰리 채플린 다리를 결합해서 한다.
- **연계 동작:** 천사, 줄 당기기

상상하기 _ 손이 테이블 위로 미끄러지며 부스러기를 쓸어 치우고 있다.

엘리 _ "이는 엎드려 누운 천사이다. 엎드려 누운 자세에서는 어깨를 안정화하기가 훨씬 더 어렵다!"

'T' 자세 The 'T'

1. 시작자세 - 5회 반복

척추는 중립으로 두고, 손은 끈에 넣고, 팔은 양옆으로 열어 어깨와 일렬로 두어 'T' 모양을 만들고, 손바닥은 아래로 향하게 한다. 등 상부는 약간 신전시킨 자세로 둔다. 다리는 곧게 펴주고 발은 필라테스 'V'로 만든다.

시작자세에서 흉곽 뒤쪽으로 숨을 들이쉬면서 척추를 길게 늘여준다.

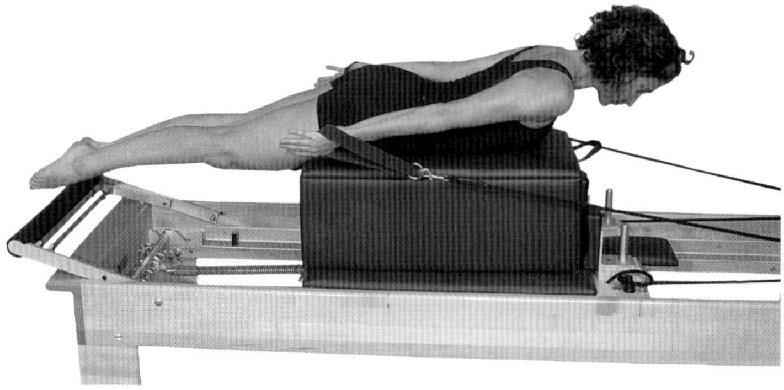

2. 숨을 내쉰다

복부를 척추 쪽으로 당기고 팔을 몸통 양옆으로 당기되, 팔꿈치를 곧게 펴고 팔을 바닥과 평행으로 두며 손바닥을 아래로 향하게 한 상태를 유지한다. 동작 내내 등 상부를 약간 신전시킨 자세로 유지하되, 시작자세보다 높게 올라가지는 않는다.

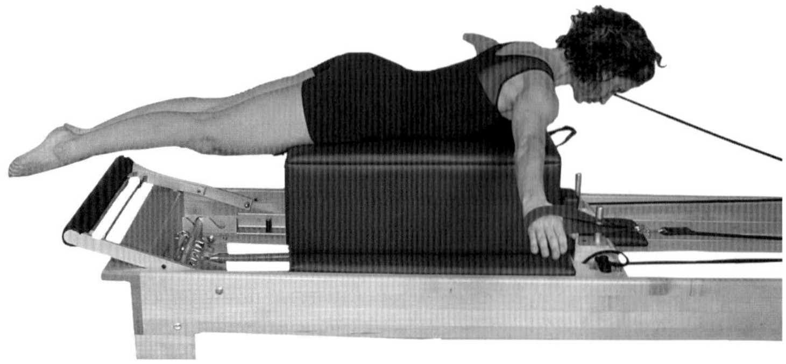

3. 숨을 들이쉰다

등 상부를 신전시킨 자세로 유지하면서 캐리지를 제어하며 다시 시작자세로 돌아온다. 캐리지가 홈과 부딪치지 않게 한다.

1. 시작자세 - 8회 반복

등 상부는 약간 신전시키고, 손은 끈에 넣고, 팔꿈치는 90도로 구부려주고, 손가락은 바닥을 향하게 하고, 위팔은 양옆으로 붙인다. 다리는 곧게 뻗어주고 발은 필라테스 'V'로 만든다. 골반은 중립으로 둔다.

시작자세에서 흉곽 뒤쪽으로 숨을 들이쉬면서 척추를 길게 늘여준다.

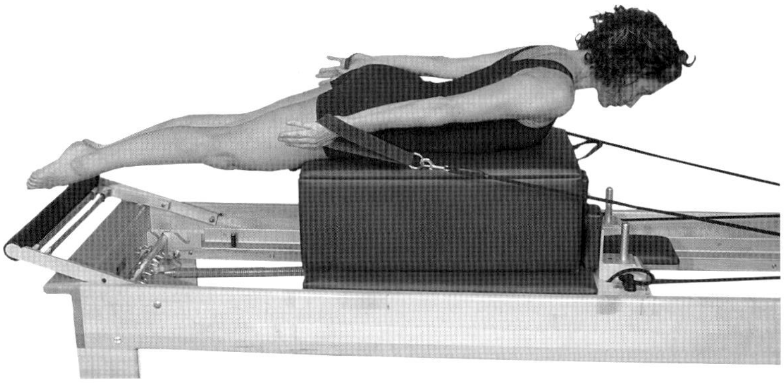

2. 숨을 내쉰다

복부를 척추 쪽으로 당기면서 팔꿈치를 곧게 펴주며, 이때 견갑골이 등을 따라 아래로 밀리고 쇄골을 넓게 유지한다.

3. 숨을 들이쉰다

몸통의 모양과 자세를 유지하면서 아래팔을 시작자세로 되돌린다.

중급, 롱 박스 시리즈

기구 셋업

스프링: 1 파랑, 1 빨강, 또는 강화를 위해 추가

바: 아래로 줄: 기준 길이

라이저: 아래로 머리받이: N/A

기능과 대상 근육

- 삼두근 강화
- 등 상부 신근 강화

요령 및 주의사항

- 위팔이 내려가거나 어깨가 내회전되지 않게 한다.
- 팔꿈치를 갑자기 펴지 않는다. 팔을 길게 늘여준다.
- 위팔은 바닥과 평행으로 유지한다.
- 견갑골을 조여 삼두근의 단련에 집중한다.
- 목의 뒤쪽을 긴장시키지 않는다.

변형 동작 및 연계 동작

- **수정 동작:** 교습생의 힘이 약하다면 파랑 스프링을 사용한다.
- **변형 동작:** 삼두근 펄스 동작: 팔을 곧게 편 상태를 유지하면서 손바닥을 천장 쪽으로 10번 리듬 타듯 움직인다.
- **연계 동작:** 바로 누운 자세 삼두근, 줄 당기기

상상하기 _ 어깨 앞쪽이 웃으며 열린다.

엘리 _ "엎드려 누워 하는 이 세 가지 팔 동작들은 거북목이 있는 교습생들의 자세 교정에 좋다. 하지만 지도자는 그들이 목 상단만이 아니라 흉추의 신전을 찾도록 가르쳐야 한다."

중급, 롱 박스 시리즈

기구 셋업

스프링: 1 또는 2 빨강　　바: 아래로
줄: 기준 길이　　라이저: 아래로
머리받이: N/A

기능과 대상 근육

- 세라피 개념 강화
- 복근, 특히 찾기/단련시키기 힘든 중간 복근 강화
- 목 심부 굴근, 고관절 굴근, 광배근, 내전근 및 전거근 단련

요령 및 주의사항

- 급격히 움직이지 말고 동작을 제어력과 기교로 부드럽게 수행한다.
- 팔 및 다리의 간격을 좁게 유지한다. 팔과 다리의 움직임은 대칭을 이룬다.
- 팔과 다리는 절대 박스 아래로 떨어뜨리지 않는다. 반동에 의존하지도 않는다.
- 마지막 동작 '바나나 자세'는 필라테스 복부 자세보다 2개의 척추뼈 길이만큼 더 높다.
- 복직근이 작용하지만 복횡근을 척추 쪽으로 깊게 당기도록 한다. 복직근이 '튀어나오지' 않게 한다.
- 동작 내내 요추를 박스 쪽으로 눌러준다(완전히 집어넣기).

- **동작 수행의 장애**: 편평한 흉추
- **금기사항**: 디스크 기능장애, 골다공증

변형 동작 및 연계 동작

- **선택적 스트레칭**: 4회 반복 후 몸의 앞쪽을 이완시키고 열어준다. 발은 낮춰진 바 위에 올리고, 팔은 박스 아래로 늘어뜨리며, 목은 박스의 뒤쪽 끝부분에 걸친다.
- **상급 변형 동작**: '바나나 자세'로 시작해 동작을 역순으로 수행한다. 다리를 벌리고, 빙 돌리고, 위로, 안으로 움직이는 동안 이 자세를 최대한 오래 유지한다.

상상하기 _ 수중 발레를 하고 있으며, 상상 속의 물이 팔과 다리의 움직임을 제어할 수 있도록 저항을 준다.

다노 _ "나는 이 동작을 '애국적인 바나나'라고 부른다."

(* 다노: 'Dano Says'를 줄여서 '다노'로 표현하기로 한다.)

배영 Backstroke

1. 시작자세 - 4회 반복

몸통의 뒤쪽 전체를 롱 박스 위에 두고, 목은 깊은 굴곡 자세로 만들며(감귤을 잡아준다!), 손은 끈에 끼워 경례 자세로 턱 바로 아래에 둔다. 다리는 테이블 탑 자세로 하고 발가락은 세워준다.

시작자세에서 숨을 들이쉰다.

2. 숨을 내쉰다

등 상부를 넓게 유지하면서 손가락과 발가락을 천장으로 뻗어주어 엉덩이와 어깨를 직각으로 만든다. 다리를 붙인 상태를 유지하고 허벅지 안쪽을 서로 조여준다. 등 상부가 넓게 펴지고 견갑골이 박스와 연결된 상태를 유지한다.

3. 계속 호흡한다

숨을 들이쉬면서 팔과 다리를 열어준다. 엉덩이와 어깨를 외회전시켜 팔과 다리를 원을 그리며 앞쪽으로 내리면서 척추를 굴려 올려 '바나나 보트' 자세를 취한다. 손바닥은 위를 향하게 하고, 손가락은 멀리 뻗어주며, 발꿈치는 모아 필라테스 'V'로 만든다. 이 우아한 모양을 한 번 더 호흡하면서 유지하며, 폐 속에 남은 모든 공기를 천천히 내보내면서 복부를 깊이 눌러준다. 흉골을 뒤로 당겨주면서 어깨를 앞쪽으로 뻗어준다. 이는 전거근을 제대로 단련시키면서 흉추를 늘여주고 둥글게 만드는 데 도움이 된다. 숨을 들이쉬면서 시작자세로 돌아온다.

1. 시작자세 - 4회 반복

박스 중간에 앉아 좌골 바로 뒤에 중심을 두고 요추를 굴곡 자세로 둔다. 손은 끈에 끼워 엉덩이 옆에 놓고, 손바닥은 위로 향하게 하며, 팔꿈치는 살짝 구부린다. 다리를 하나씩 들어 올려 테이블 탑 자세를 만든다. 이것이 균형점 자세이다.

시작자세에서 숨을 들이쉰다.

2. 숨을 내쉰다

균형점 자세를 유지하면서 복부를 척추 쪽으로 당기고 팔을 어깨 높이로 뻗으며 어깨는 등을 따라 내린다(팔을 엉덩이에서 어깨 높이로 뻗어준다). 여기서 세라피 개념이 활용되며, 뒤쪽이 앞쪽으로 연결되는 것이다.

3. 숨을 들이쉰다

팔을 시작자세의 엉덩이로 내리면서 복부의 연결과 다리의 자세를 유지한다.

중급, 롱 박스 시리즈

기구 셋업

스프링: 1 빨강 또는 1 파랑	바: 아래로
줄: 기준 길이	라이저: 아래로
머리받이: N/A	

기능과 대상 근육

- 고관절 굴근 단련
- 균형 및 협응력 익히기
- 어깨 관절 굴근 단련, 견갑대 안정화
- 균형을 유지하기 위한 복근 단련

요령 및 주의사항

- 팔이 몸통 뒤로 가지 않게 한다. 팔의 가동범위는 엉덩이부터 어깨까지이다.
- 캐리지 위에서 스프링을 이용해 동작을 실행하기 전에 매트 위에서 균형점 자세로 여왕 팔을 연습한다(교습생이 동작을 수행할 때 안전함을 느낄 것이다).
- 손을 교습생의 등 바로 뒤에 대어 교습생이 넘어가는 것을 방지한다.
- 팔을 올려 굴곡시키면서 전삼각근에 집중하고 대흉근을 과하게 사용하여 등 상부 곡선을 무너뜨리지 않는다.
- 균형점 자세로 들어가기 전에 교습생이 넘어가기 직전이라면 발을 내리라고 한다.

- **금기사항:** 디스크 기능장애, 골다공증

변형 동작 및 연계 동작

- **변형 동작:** 동작을 3회 반복한 후 팔을 올리고 견갑골로부터 움직임을 시작해 팔로 3번 작은 원을 그려준다. 팔을 내린다. 팔을 올리고 방향을 바꿔 원 그리기를 반복한다.
- **연계 동작:** 여왕, 요정

상상하기 _ 팔 외에는 아무것도 움직이지 않는다.

엘리 _ "균형점은 복근과 세라피의 연결을 보여주는 전형적인 예이다. 기본적으로, 복근과 함께 등을 작용시키지 않는다면 당신은 넘어갈 것이다."

중급, 롱 박스 시리즈

기구 셋업

스프링: 1 파랑 또는 1 빨강
바: 아래로
줄: 기준 길이
라이저: 아래로
머리받이: N/A

기능과 대상 근육

- 복근 및 고관절 굴근 강화
- 광배근, 허벅지 안쪽, 하부 둔근 및 목 심부 굴근 단련

요령 및 주의사항

- 여왕 팔 자세를 사용한다. 가동범위는 엉덩이에서 어깨까지이다.
- 티저의 꼭대기 에서 균형점 자세에 이르렀을 때 요추는 펴지 않는다. 복부를 완전히 집어넣은 상태를 유지한다.
- 올라올 때 반동을 사용하지 않는다. 제어를 기억한다.
- 어깨는 귀에서 멀리 유지한다. 세라피의 사용에 집중한다.
- 몸이 반으로 접힐 때 에너지가 배꼽에서 나오고 손과 발을 통해 뻗어 나가는 것을 느낀다.
- 골반이 박스의 앞쪽 끝부분에 있지 않도록 한다. 이는 티저의 꼭대기에서 불안정하게 느껴질 것이다.
- **동작 수행의 장애**: 약한 복근, 약한 고관절 굴근, 긴장된 슬괵근
- **금기사항**: 디스크 기능장애, 골다공증, 목 또는 경추 부상

변형 동작 및 연계 동작

- **연계 동작**: 티저(반대 방향), 여왕, 균형점, 캐딜락의 롤-업

상상하기 _ 배꼽의 중앙을 지나가는 선을 중심으로 몸을 반으로 접는다.

엘리 _ "티저 자세는 복부 근력, 세라피, 척추의 순차적인 움직임, 균형, 제어력과 유연성을 모두 통합한다. 유머 감각으로 여유가 생긴 각오로 접근하도록 한다."

티저

Teaser

1. 시작자세 - 팔 뻗기, 원 그리기 및 반대 방향 팔 원 그리기로 3회 반복

박스 위에 바로 누워 다리는 테이블 탑 자세로, 팔은 몸통 옆에 두고 손은 끈에 끼워 저항하며 당긴다.

시작자세에서 숨을 들이쉰다.

2. 숨을 내쉰다

팔을 양옆으로 당긴 다음 손을 무릎 쪽으로 뻗고 척추를 순차적으로 굴려 균형점 자세를 취하되, 다리를 내리거나 테이블 탑 자세가 무너지지 않게 한다.

팔을 엉덩이 높이로 내리고 숨을 내쉬면서 다시 어깨 높이로 뻗어준다. 호흡 순서를 반복하면서 팔 뻗어주기를 3회 반복한다. 3회 뻗어준 후 숨을 들이쉬고 자세를 유지한 다음 숨을 내쉬고 티저 자세로 테이블 탑 다리를 유지하면서 척추를 한 번에 한 마디씩 굴려 내린다.

2회 더 반복하고, 2번째 반복할 때 팔로 어깨 높이에서 원을 그리고 3번째 반복할 때에는 팔 원 그리기의 방향을 반대로 바꿔준다.

상급 변형 동작: 다리 곧게 펴기

상급 변형 동작: 다리 곧게 펴기
중급 단계와 같지만 다리는 필라테스 첫 번째 자세로 곧게 펴서 내내 유지한다.

최상급 변형 동작: 경례 1

최상급 변형 동작: 경례
티저 자세의 꼭대기에서 팔을 머리 위로 뻗고 팔꿈치를 구부려 팔을 경례 자세로 가져온다(집게손가락은 눈썹으로). '경례하는' 팔을 3회 내밀면서 몸을 균형점 자세보다 약간 앞쪽으로 굴리되 어깨는 아래로 유지한다. 저항은 파랑 스프링으로 좀 더 가볍게 해줄 수도 있다.

최상급 변형 동작: 경례 2

최상급, 롱 박스 시리즈

기구 셋업

스프링: 1 빨강 또는 1 파랑　　　바: 아래로
줄: 기준 길이　　　라이저: 아래로
머리받이: N/A

기능과 대상 근육

- 복근 및 고관절 굴근 강화
- 광배근, 허벅지 안쪽, 하부 둔근 및 목 심부 굴근 단련

요령 및 주의사항

- 여왕 팔 자세를 사용한다. 가동범위는 엉덩이에서 어깨까지이다.
- 티저의 꼭대기에서 균형점 자세에 이르렀을 때 요추는 펴지 않는다. 복부를 완전히 집어넣은 상태를 유지한다.
- 올라올 때 반동을 사용하지 않는다. 제어를 기억한다.
- 어깨는 귀에서 멀리 유지한다. 세라피의 사용에 집중한다.
- 몸이 반으로 접힐 때 에너지가 배꼽에서 나오고 손과 발을 통해 뻗어 나가는 것을 느낀다.
- 골반이 박스의 앞쪽 끝부분에 있지 않도록 한다. 이는 티저의 꼭대기에서 불안정하게 느껴질 것이다.

- **동작 수행의 장애**: 약한 복근, 약한 고관절 굴근, 긴장된 슬괵근
- **금기사항**: 디스크 기능장애, 골다공증, 목 또는 경추 부상

변형 동작 및 연계 동작

- **연계 동작:** 상급 티저, 여왕, 균형점, 캐딜락의 롤-업

상상하기 _ 고관절 굴근이 아니라 복근으로부터 움직이고 있다.

엘리 _ "이는 '상급 버전'보다 더 쉬울 수도 있다. 데드 행에서는 고관절 굴근을 지렛대로 활용해 올리기가 쉽기 때문이다."

티저: 데드 행　　Teaser: Dead Hang

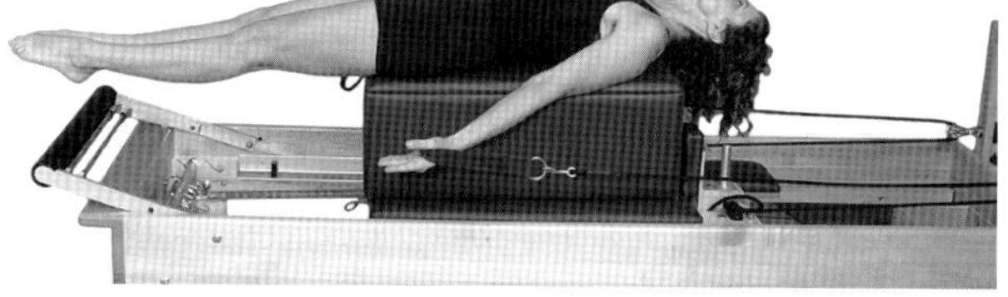

1. 시작자세 - 3회 반복

등을 박스 위에 대고 견갑골을 박스의 뒤쪽 끝부분 약간 바깥으로 둔 채 데드 행 자세로 눕는다. 팔은 박스 옆으로 뻗고 손은 끈에 넣어 저항하며 살짝 당긴다. 다리는 필라테스 첫 번째 자세로 박스의 앞쪽 끝부분에서 살짝 드리우고 머리는 박스의 뒤쪽 끝부분에서 젖혀준다.

시작자세에서 숨을 들이쉰다.

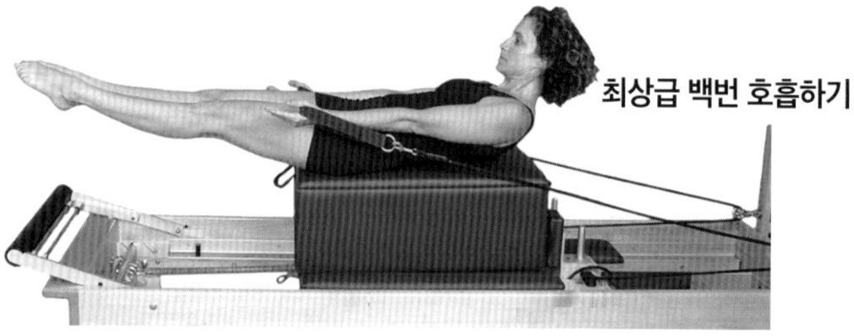

2. 숨을 내쉰다/들이쉰다/내쉰다

숨을 내쉬며 복부를 깊게 당기고, 하부 둔근을 조이며, 허벅지 안쪽을 서로 조여 최상급 백번 호흡하기 자세로 롤-업 한다. 숨을 들이쉬며 이 자세를 유지한 다음 내쉬며 완전한 티저 자세로 올라가면서 팔을 어깨 높이로 뻗어준다.

3. 호흡을 계속한다

팔을 엉덩이 높이로 내리고 숨을 내쉬면서 다시 어깨 높이로 뻗어준다. 호흡 순서를 반복하면서 팔 뻗어주기를 3회 반복한다. 3회 뻗어준 후 숨을 들이쉬고 자세를 유지한 다음 숨을 내쉬고 티저 자세로 다리를 유지하면서 척추를 한 번에 한 마디씩 굴려 내린다. 허리를 매트로 눌러주었으면 다리를 최상급 백번 호흡하기 자세로 내려준다. 잠시 숨을 들이쉬고 자세를 유지한 다음 내쉬고 계속해서 굴러 내려가 시작자세/데드 행으로 돌아온다(캐리지는 홈으로 움직이지 않는다).

전체 순서를 다시 반복하되, 티저 자세의 꼭대기에서 팔을 어깨 높이로 유지하면서 한쪽 방향으로 3회 원을 그려준 다음 데드 행 자세로 내려온다. 3번째 반복할 때에는 반대 방향으로 3회 원을 그려준 다음 데드 행 자세로 내려온다.

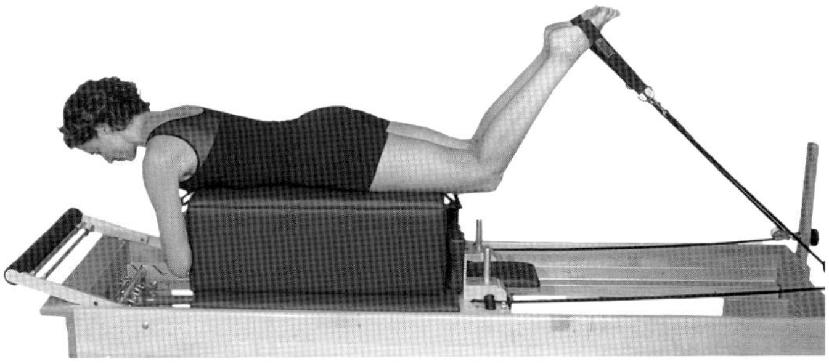

1. 시작자세 - 8회 반복

박스 위에 엎드려 누운 자세에서 무릎을 박스의 뒤쪽 끝부분 약간 바깥으로 둔다. 머리는 풋바를 향하게 하고 손은 박스의 앞쪽에 둔다. 발은 세우고 족궁은 끈으로 감싼다. 치골은 박스로 눌러주어 요추를 길게 유지한다. 평행 자세인 경우에는 허벅지 안쪽, 무릎과 발목을 붙인다. 무릎은 약 60도로 구부린다.

시작자세에서 숨을 들이쉰다.

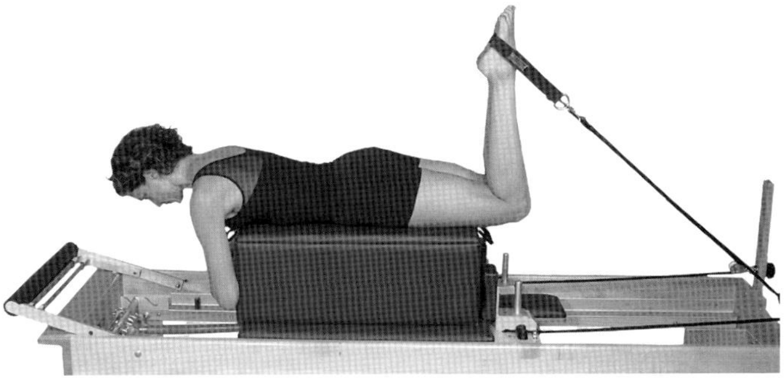

2-3. 숨을 내쉰다/들이쉰다

복부를 척추 쪽으로 당기고 둔근을 사용하며 치골을 박스로 눌러줌으로써 골반을 당겨들인 채 발을 둔근 쪽으로 당긴다. 손으로 조금씩 밀면서 움직임을 시작해도 된다. 무릎은 90도 약간 너머로 구부린다. 숨을 들이쉰다. 복근의 작용을 유지하고 다리를 제어하면서 다시 시작자세로 돌아온다.

변형 동작: 턴 아웃

상급 변형 동작: 평영

중급, 롱 박스 시리즈

기구 셋업

스프링: 1 파랑, 1 빨강, 또는 1 노랑

바: 아래로　　줄: 머리받이 위치로 또는 더 짧게

라이저: 위로 또는 아래로　　머리받이: N/A

기능과 대상 근육

- 평행 자세 - 내전근 단련
- 턴 아웃 자세 - 고관절 외회전근 단련
- 고관절 신근 강화: 슬괵근, 둔근

요령 및 주의사항

- 엎드려 누운 자세일지라도 복부를 당긴 상태를 유지한다.
- 무릎이 불안정한 교습생들인 경우에 스프링을 가볍게 해서 작은 가동범위로 시작한다.
- 슬괵근이 경련을 일으키는 경향이 있는 교습생인 경우에 이 동작을 수행한 후에 또는 수행하기 전에 슬괵근을 스트레칭 시킨다.
- 리포머의 틀 위에 손을 대서 동작을 보조한다. 이렇게 하면 반복을 더 많이 하고 경련을 덜 일으킬 것이다.

변형 동작 및 연계 동작

- 발이 경련을 일으키는 경향이 있으면 끈의 위치를 발 대신 발목으로 한다.
- **변형 동작:** 한쪽 다리: 가벼운 스프링 세팅으로 한 번에 한쪽 다리씩 운동한다(사진 없음).
- **변형 동작:** 내측 회전: 무릎을 붙이고 발을 벌려 내측 슬괵근을 단련시킨다(외반슬 및 대퇴골의 외회전이 있는 경우에 좋다).
- **변형 동작:** 턴 아웃: 무릎을 구부리고 박스의 끝부분 밖으로 넓게 열어두며, 고관절은 턴 아웃 시키고 발꿈치는 붙인다.
- **변형 동작:** 턴 아웃 자세로 평영(상급): 다리가 둔근 쪽으로 당겨지는 동안 팔을 과장된 평영 동작처럼 뒤쪽으로 뻗으면서 등 상부 신전을 추가한다.
  몸을 뒤쪽으로 반으로 접고 복부와 견갑골의 활용에 집중한다.
  다리를 낮출 때 상체를 내린다.

상상하기 _ 롱 박스에 치골이 붙어 있다. 등이 아치를 이루게 하지 않는다!

엘리 _ "상급 변형 동작은 둔근, 슬괵근과 등 근육에 그만인 동작이다."

초급, 롱 박스 시리즈

기구 셋업
스프링 :모두 | 바 :아래로
줄: N/A | 라이저: N/A
머리받이: N/A

기능과 대상 근육
- 허벅지 안쪽 단련
- 심부 6개 고관절 외측 회전근 단련
- 고관절 신근 강화: 슬괵근, 둔근

요령 및 주의사항
- 발꿈치보다는 허벅지 안쪽 상부로부터 움직임을 시작한다.
- 복부를 집어넣은 상태를 유지하여 요추를 보호한다.
- 발꿈치 두드리기는 작고 정확하게 한다. 다리는 엉덩이 너비만큼만 벌린다.
- 요추 신근의 작용을 막기 위해 엉덩이 아랫부분을 박스의 뒤쪽 끝부분으로 밀고 발꿈치를 골반보다 아래로 유지한다.

변형 동작 및 연계 동작
- **변형 동작:** 발꿈치를 4번 두드리며 다리를 내린 다음 발꿈치를 4번 두드리며 다리를 올린다. 5세트 반복한다.
- **변형 동작:** 고관절 외전근을 단련시키기 위해 바깥으로 움직이는 동작을 강조한다.
- **변형 동작:** 가위는 발레의 '샹즈망'과 비슷하다: 숫자 4를 위로 세고 아래로 세며 발꿈치를 교대로 교차시킨다.

상상하기 _ 이만큼 편안한 동작은 없다.

엘리 _ "엉덩이 운동은 누구나 좋아한다."

찰리 채플린 Charlie Chaplin

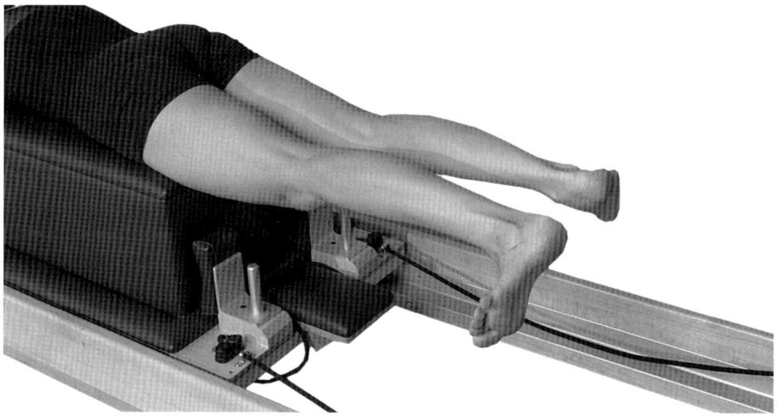

1. 시작자세 - 20회 반복
박스 위에 엎드려 누운 자세에서 머리는 리포머의 앞쪽 끝부분에 두고 엉덩이 아랫부분은 박스의 뒤쪽 끝부분 가까이 둔다. 고관절은 턴 아웃 시키고, 무릎은 곧게 펴며, 발은 굴곡시킨다. 박스의 앞쪽을 잡고 머리를 내린다. 어깨는 이완된 상태를 유지한다.

시작자세에서 숨을 들이쉰다.

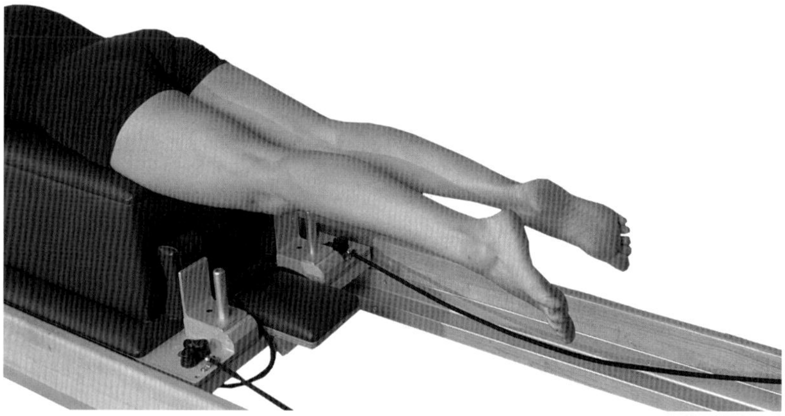

2. 호흡을 계속한다
무릎을 곧게 펴고 발을 굴곡시킨 상태를 유지하면서 다리를 여닫으면서 발꿈치를 서로 가볍게 두드린다. 다리를 '안으로' 움직이는 동작을 강조한다. 계속해서 발꿈치를 서로 두드리며, 매번 숨을 내쉴 때마다 복근을 관여시킨다.

3. 호흡을 계속한다
발을 길게 뻗은 자세로 반복한다.

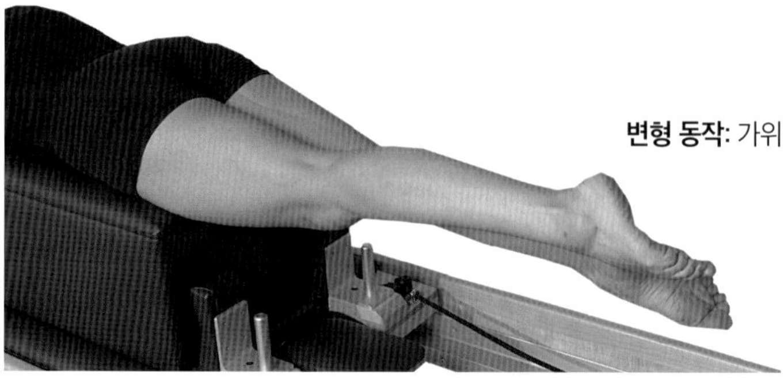

변형 동작: 가위

1. 시작자세 - 10회씩 3 또는 4세트

박스 위에 엎드려 누운 자세에서 머리는 리포머의 앞쪽 끝부분에 두고 엉덩이 아랫부분은 박스의 뒤쪽 끝부분 가까이 둔다. 팔은 곧게 펴서 귀 옆에 두고 최소한 어깨너비로 벌려준다. 다리는 곧게 펴주고 고관절은 약간 턴 아웃 자세로 둔다.

시작자세에서 숨을 들이쉰다.

2. 호흡을 계속한다

등 상부와 머리를 신전 자세로 올리고 낮춰진 풋바를 바라본다. 견갑골은 등을 따라 밀어 내리고 복부를 척추 쪽으로 당긴다. 오른쪽 다리와 왼쪽 팔을 약 1~2인치(2.5~5cm) 들어 올린 다음 팔다리를 교대한다. 천천히 작은 동작으로 시작하고 근력과 수행 능력이 생기면서 속도와 가동범위를 증가시킨다.

호흡을 계속하면서 매번 숨을 내쉴 때마다 복부의 활용을 심화시키고 견갑골은 등을 따라 밀어 내린다.

초급, 롱 박스 시리즈

기구 셋업

스프링: 모두
바 :아래로
줄: N/A
라이저: N/A
머리받이: N/A

기능과 대상 근육

- 둔근, 슬괵근 및 등 신근 강화
- 중부/하부 승모근, 복근 및 다열근 단련
- 엎드려 누운 자세에서 대측성 동작 패턴 익히기

요령 및 주의사항

- 팔과 그 반대쪽 다리를 들어 올릴 때 견갑골과 그 반대쪽 엉덩이를 서로 상대 쪽으로 움직여 골반이 좌우로 흔들리는 것을 방지한다.
- 요추 신근을 과사용하는 교습생인 경우에 교습생의 배 아래로 손을 살며시 대서 하복부에 힘이 가도록 한다.
- 척추전만증이 심한 교습생인 경우에 발꿈치를 골반보다 아래로 위치시켜 요추가 작게 굴곡된 상태를 유지한다. 그리고/또는 교습생이 치골을 박스에 누르도록 한다.
- 상부 승모근이 과사용되고/긴장되어 있는 경우 또는 광배근이 과하게 긴장되어 있는 경우에는 팔을 넓혀주고 팔꿈치를 부드럽게 해준다.
- 다리를 더 높게 들어 올리면 둔근이 더 단련된다(하지만 다리를 올리기 위해 요추를 과신전시키지 않는다).
- 처음에는 천천히 움직여 동작 패턴과 둔군 활용을 제대로 강조한다.

변형 동작 및 연계 동작

- **수정 동작:** 한쪽 팔과 그 반대쪽 다리만 들어 올리는 것으로 시작하고 바를 잡아 지지한다. 이는 대측성 움직임을 익히는 좋은 방법이다. 교습생이 강해지면 완전한 수영 동작을 시도한다.
- **수정 동작:** 수영 다리: 머리를 아래로 유지하고, 박스의 앞쪽을 잡으며, 복부를 집어넣고 둔근을 조여 골반을 당겨주고, 골반과 척추를 안정적으로 유지하면서 작은 수영 발차기를 수행한다.

상상하기 _ 바다 속에서 상어에게 쫓기고 있다.

수지 _ "필라테스의 많은 부분들이 굴곡 자세로 이루어지므로 척추를 약간 신전시킨 자세로 단련시키는 것은 매우 중요하다."

상급, 롱 박스 시리즈

기구 셋업

스프링: 모두
바: 아래로
줄: N/A
라이저: N/A
머리받이: N/A

기능과 대상 근육

- 등 신근 강화
- 복직근 스트레칭
- 어깨 안정화, 삼두근 및 복근 단련

요령 및 주의사항

- 팔꿈치를 구부리면서 몸의 아치를 유지한다.
- 목을 길게 늘여 목의 뒤쪽을 긴장시키지 않는다.
- 팔꿈치를 측면 바깥쪽이 아니라 몸을 향해 안쪽으로 구부려준다.
- 팔을 펼 때 팔꿈치를 과신전시키지 않는다.
- 높은 백조 자세에서 복부를 최대한 집어넣는다.
- 둔근과 허벅지 안쪽이 더 작용하게 하려면 발목 사이에 공을 넣는다.
- **금기사항:** 허리 부상(강한 척추 신전으로 인한)

변형 동작 및 연계 동작

- **연계 동작:** 캐딜락 및 원다 체어의 백조, 매트의 백조 다이빙

상상하기 _ 몸은 시소이고 골반은 받침이다.

수지 _ "흔드는 백조는 공처럼 구르기의 정반대라고 생각한다. 이 동작들은 위아래로 움직이거나 구르는 동안 몸의 모양을 유지하는 것이 요점이다. 이들은 상호 보완적인 동작들이다."

흔드는 백조 Rocking Swan

1. 시작자세 - 3회 반복

백조 자세(척추 전체가 신전 자세)로 리포머의 앞쪽을 바라본다. 손은 풋바 위에 어깨너비로 벌려 두고 다리와 골반은 박스 위에 놓는다. 다리는 엉덩이보다 약간 더 넓게 열어주고, 고관절은 턴 아웃 시키며, 둔근을 사용한다. 발은 세운다.

숨을 들이쉬면서 척추를 길게 늘여준다.

2-3. 숨을 내쉰다/들이쉰다

복부를 척추 쪽으로 당기고, 어깨는 등을 따라 밀어 내리고, 하부 둔근을 사용하고, 백조 자세를 유지하면서 팔꿈치를 굽힌다. 몸이 일체로 내려가면서 다리가 들린다. 숨을 들이쉰다. 팔꿈치를 펴서(이는 다리와 골반을 다시 박스 위로 가져온다) 시작자세로 돌아온다.

1. 시작자세 - 3회 반복

백조 자세(척추 전체가 신전 자세)로 리포머의 앞쪽을 바라본다. 손은 풋바 위에 어깨너비로 벌려 두고 다리와 골반은 박스 위에 놓는다. 다리는 어깨너비로 열어주고, 고관절은 턴 아웃 시키며, 둔근을 사용한다. 발은 세운다.

숨을 들이쉬면서 척추를 길게 늘여준다.

2. 숨을 내쉰다

복부를 척추 쪽으로 당기고, 어깨는 등을 따라 밀어 내리고, 하부 둔근을 사용하고, 백조 자세를 유지하면서 팔꿈치를 굽힌다. 몸이 일체로 내려가면서 다리가 들린다.

3. 호흡을 계속한다

팔꿈치가 굽혀져 있고 골반이 박스 위로 떠 있을 때, 무릎을 약간 구부리고 다리를 무릎이 아니라 고관절로부터 움직여 여닫아 발목을 교차시킨다.

8회 반복한 후 무릎을 편 다음 팔꿈치를 펴면서 시작자세로 돌아온다.

상급, 롱 박스 시리즈

기구 셋업

스프링: 모두
바: 아래로
줄: N/A
라이저: N/A
머리받이: N/A

기능과 대상 근육

- 등 신근 강화
- 복직근 스트레칭
- 고관절 외회전근 강화
- 어깨 안정화, 삼두근 및 복근 단련

요령 및 주의사항

- 다리를 고관절로부터 여닫으면서 다리 모양과 무릎 각도를 유지한다.
- 팔꿈치를 구부리면서 몸의 아치를 유지한다.
- 목을 길게 펴서 목의 뒤쪽을 긴장시키지 않는다.
- 팔꿈치를 측면 바깥쪽이 아니라 몸을 향해 안쪽으로 구부려준다.
- 팔을 펼 때 팔꿈치를 과신전시키지 않는다.
- 높은 백조 자세에서 복부를 최대한 집어넣는다.
- 둔근과 허벅지 안쪽이 더 작용하게 하려면 발목 사이에 공을 넣는다.
- **금기사항:** 허리 부상(강한 척추 신전으로 인한)

변형 동작 및 연계 동작

- **연계 동작:** 흔드는 백조

상상하기 _ 허리가 아니라 둔근으로 다리가 천장으로 들린다.

엘리 _ "좀 더 재미있게 하고 싶다면 메뚜기 자세에서 올라올 때 빠른 샹즈망을 추가한다."

롤-다운 시리즈

롤-다운 시리즈는 롱 박스 위의 신전 동작들을 하고 난 후 이어서 하면 좋다. 신전 다음으로 굴곡 동작들을 하는 것이 얼마나 좋은 기분인지 항상 기억하도록 한다. 디스크 기능장애, 골다공증과 천장관절 불안정성이 있는 경우에 앉아서 하는 굴곡 동작들은 금기이다. 추가적인 저항이나 도움을 제공하기 위해 줄은 머리받이 상단으로 짧게 위치시킨다. 롤-다운 시리즈를 끝내고 나면 줄을 다시 기준 길이로 늘려주는 것을 잊지 않도록 한다.

롤-다운
이두근 컬 사용
능형근 사용

티저(반대 방향)
테이블 탑 다리
다리 곧게 펴기
캔-캔(Can-Can)
다리 구부리고 펴기

초급, 롤-다운 시리즈

기구 셋업
스프링: 1 빨강 & 1 파랑 바: 아래로
줄: 머리받이 상단으로 짧게 줄임 라이저: 아래로
머리받이: 아래로, 끈적끈적한 패드 사용 가능

기능과 대상 근육
- 복근 강화
- 견갑대 안정화 익히기
- 척추의 심부 근육 스트레칭
- 척추의 순차적인 움직임 강화

요령 및 주의사항
- 척추가 곡선을 이루면서도 길게 늘여지는 것을 느낀다. 척추 굴곡 자세를 무너뜨리지 않는다.
- 롤-업을 할 때 팔꿈치를 곧게 유지해 복근의 활동에 집중하고 이두근의 보조를 방지한다.
- 롤-다운을 시작하기 위해 흉골로 주저앉지 않게 한다. 이는 거북목 자세를 심화시킬 뿐이다. 동작을 꼬리뼈 컬, 요추 C 곡선과 하부 둔근 사용으로 시작한다.
- 척추의 맨 아래에서부터 위로 동작이 이루어지게 한다. 복부 집어넣기에 집중한다.
- 롤-다운과 변형 동작들은 부드럽게 제어되며 이루어져야 한다.
- 교습생이 복직근을 과사용하고 있다면 중간쯤 내려갔을 때 멈추도록 해도 된다. 움직이지 않으면서 숨을 들이쉬게 한 다음 내쉬면서 복부 집어넣기 ('배꼽에서 척추로')를 다시 하게 한 후 롤-다운을 계속하도록 한다.
- **금기사항:** 꼬리뼈 부상, 디스크 기능장애, 골다공증, 천장관절 불안정성.

변형 동작 및 연계 동작
- 가벼운 스프링 저항이 동작을 더 어렵게 한다.
- **변형 동작:** 진주 단추 롤-다운: 롤-다운을 시작하되 천골을 캐리지 위로 누르고 나면 멈춘다. 숨을 들이쉬고 멈추며, 숨을 내쉬면서 척추뼈를 한 마디 롤-다운 한다(상상 속 가디건의 진주 단추). 숨을 들이쉬고 멈추며, 5개의 진주 단추를 롤-다운 할 때까지 멈추고 시작하는 동작을 계속한다. 롤-다운을 계속하고 올라가면서도 이 순서를 반복한다.

상상하기 _ 척추가 진주 한 줄이며, 진주를 한 번에 하나하나씩 내려놓고 들어 올리고 있다.

엘리 _ "이는 매트 위에서의 롤-업/롤-다운을 위한 최고의 연계 동작이다. 스스로가 저항이 될 때까지 저항을 계속 줄인다. 또한 이는 복근 동작 만큼이나 등 근육을 위한 스트레칭이기도 하다고 생각한다."

롤-다운

1. 시작자세 - 3~5회 반복
리포머의 뒤쪽 라이저를 향해 앉은 자세에서 발바닥 족궁을 머리받이 상단에 둔다. 손은 끈에 넣고, 팔꿈치는 곧게 펴며, 손바닥은 몸 쪽을 향하게 한다(어깨는 중립). 척추를 곧게 세우고 좌골을 대고 앉는다. 견갑골은 등을 따라 아래로 내리고 저항을 받으며 줄을 당긴다.

숨을 들이쉬면서 '금줄'이 정수리로부터 척추를 길게 늘여주는 것을 느낀다.

2. 숨을 내쉰다
배꼽을 척추 쪽으로 당기고 하부 둔근을 사용하며, 척추의 맨 아래에서부터 C 곡선을 시작한다. 척추를 맨 아래에서 맨 위까지 한 마디씩 분절하면서 등 전체가 캐리지에 닿고 머리가 천장을 바라볼 때까지 진행한다(턱과 가슴 사이로 감귤을 계속 잡아준다).

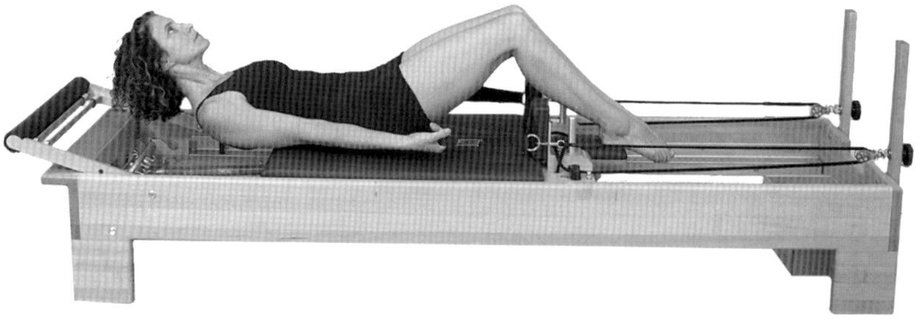

3. 숨을 들이쉰다
손바닥이 위쪽으로 향할 때까지 어깨를 굴려 펴주고 등을 넓혀준다. 복부와 척추의 연결을 유지한다.

4. 숨을 내쉰다
하복부를 깊게 집어넣고 허리를 캐리지로 눌러주면서 척추를 한 번에 한 마디씩 올리며 롤-업 한다. 좌골을 대고 앉은 자세에서 척추 전체가 하나의 큰 C 곡선이 될 때까지 진행한다.

5. 숨을 들이쉰다
척추를 쌓아올려 시작자세로 돌아온다.

변형 동작: 이두근 컬 사용(초급/중급)

1/3 정도 롤-다운 한다. 숨을 들이쉬고 손바닥을 천장 쪽으로 돌린다. 숨을 내쉬면서 이두근 컬을 하고 몸통 높이를 유지하며, 숨을 내쉴 때마다 복부를 깊게 집어넣는다. 8회 반복 후 롤-다운 한다.

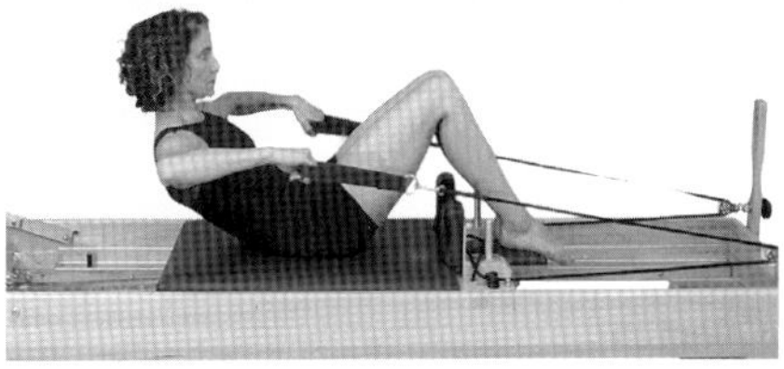

변형 동작: 능형근 사용(초급/중급)

1/3 정도 롤-다운 한다. 숨을 들이쉬면서 팔을 능형근 자세로 움직인다. 숨을 내쉬면서 견갑골을 서로 당기고 몸통 자세를 동일한 높이로 유지하며, 숨을 내쉴 때마다 복부를 깊게 집어넣는다. 8회 반복 후 롤-다운 한다.

중급, 롤-다운 시리즈

기구 셋업
스프링: 1 빨강 & 1 파랑
바: 아래로
줄: 머리받이 상단으로 짧게 줄임
라이저: 아래로
머리받이: 아래로

기능과 대상 근육
• 견갑대 안정화 익히기
• 복근 및 고관절 굴근 강화
• 척추의 순차적인 움직임 강화
• 모든 티저 동작들을 위한 연계 동작

요령 및 주의사항
• 척추를 통해 롤-업이나 롤-다운을 하는 동안 다리가 처지지 않게 한다.
• 동작을 부드럽게 안정적으로 유지하여 반동이 아니라 복근과 고관절 굴근이 작용하도록 한다.
• 다리를 티저 자세로 펴주면서 몸을 뒤로 기울이지 않는다. 몸이 반으로 접히는 것을 느낀다.
• 등 상부와 목을 신전시키면서 요추를 작은 C 곡선으로 유지한다.
• **동작 수행의 장애:** 긴장된 슬괵근과 약한 고관절 굴근
• **금기사항:** 디스크 기능장애, 골다공증, 천장관절 불안정성, 꼬리뼈 부상

변형 동작 및 연계 동작
• **연계 동작:** 롤-다운, 균형점

상상하기 _ 롤-업 하고 롤-다운 하는 동안 움직일 수 없게 누군가 당신의 허벅지를 붙잡고 있다.

엘리 _ "티저의 가장 쉬운 버전이다. 이것을 제대로 익히고 나면 티저는 완전히 당신 것이 될 것이다(어느 정도의 땀과 운동으로)."

티저(반대 방향) Reverse Teaser

1. 시작자세 - 3~5회 반복
끈을 잡고 골반을 어깨받이에 가깝게 이동시킨다. 균형점 자세로 앉고 다리를 테이블 탑 자세로 올려준다. 허벅지 안쪽을 서로 조여주고, 팔은 어깨 높이로 앞을 향해 펴주며, 손바닥은 마주보게 한다.

시작자세에서 숨을 들이쉰다.

2. 숨을 내쉰다
캐리지 위에 누울 때까지 척추를 한 번에 한 마디씩 분절하며 내려간다.

3. 숨을 들이쉰다
캐리지 위에서 등 쪽으로 숨을 들이쉰다.

4. 숨을 내쉰다
턱 아래로 감귤을 조이면서 견갑골이 등을 따라 아래로 당겨지는 것을 느끼며, 다시 균형점 자세로 올라오면서 척추를 한 번에 한 마디씩 분절하며 올라온다. 동작 내내 테이블 탑 다리를 유지하고 허벅지 안쪽을 서로 조여준 상태를 유지한다.

중/상급, 롤-다운 시리즈

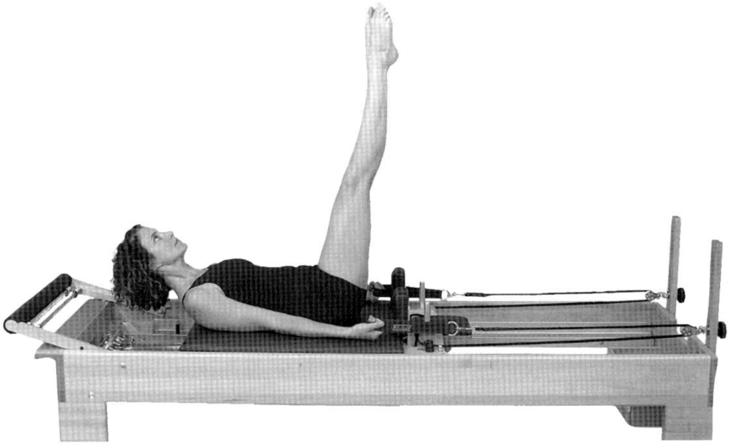

변형 동작: 다리 곧게 펴기 1

변형 동작: 다리 곧게 펴기 2

변형 동작: 캔-캔 1

변형 동작: 캔-캔 2

중급 변형 동작: 다리 구부리고 펴기
티저 자세로 굴러 올라오면서 다리를 곧게 펴주고 굴러 내려가면서 무릎을 테이블 탑 자세로 구부려준다(사진 없음).

상급 변형 동작: 다리 곧게 펴기
다리를 펴고 발을 필라테스 'V' 자세로 둔 채 시작한다. 다리는 동작 내내 편 자세를 유지한다. 다리를 내리거나 올리지 않는다.

상급 변형 동작: 캔-캔(Can-Can)
양쪽 좌골을 캐리지 위에 유지하면서 테이블 탑 다리를 오른쪽으로 회전시키고 척추의 오른쪽으로 분절하며 올라간다. 티저 자세에서 다리를 펴주며, 이때 다리는 몸의 오른쪽으로 유지한다. 숨을 들이쉬고 자세를 유지한다. 숨을 내쉬면서 다리를 테이블 탑 자세로 구부려주고 척추의 오른쪽으로 굴러 내려간다. 측면을 번갈아가며 3세트를 반복한다.

초/중급

기구 셋업
스프링: 1 빨강
바: 높게 | 줄: N/A
라이저: N/A | 머리받이: N/A

기능과 대상 근육
- 삼두근 강화(팔굽혀펴기 단계에서)
- 동작의 모든 평면으로 척추 가동성 단련
- 측면으로 순차적인 척추 움직임 익히기
- 요방형근, 내/외복사근, 광배근 및 흉근 스트레칭

요령 및 주의사항
- 측면 굴곡의 가동범위는 내회전된 고관절 쪽으로가 더 작아지므로, 라이저 쪽으로 스트레칭 할 때 무릎 압박을 피하기 위해 측면으로 굴곡시키기보다는 대각선으로 뻗어준다.
- 늘 그렇듯이 견갑골은 안정적으로, 어깨는 귀에서 멀리 유지한다. 상부 승모근이 아니라 겨드랑이로부터 캐리지를 밀어낸다.
- 몸통을 위로 그리고 골반으로부터 들어 올리기 위해 복근이 작용된 상태를 유지한다. 이는 엉덩이를 이완시키고 무릎에 가해지는 압력을 줄이는 데 도움이 된다.
- 목이 척추의 일부라는 것을 기억한다. 측면으로 굴곡시킬 때 목이 척추의 곡선과 정렬된 상태를 유지한다.
- **동작 수행의 장애:** 긴장된 엉덩이, 긴장된 등, 어깨
- **금기사항:** 원 그리기 및 팔굽혀펴기 변형 동작에서 어깨 불안정성, 무릎 부상, 고관절염 및/혹은 슬관절염, 디스크 기능장애, 골다공증

변형 동작 및 연계 동작
- 'Z' 모양 다리가 불편하거나 불가능하다면 좌골 밑에 베개나 매트를 놓아서 내 회전된 엉덩이를 받쳐주거나, 양 무릎을 어깨받이 쪽으로 함께 굽혀 엉덩이 측면을 닿게 한다.
- **연계 동작:** 캐딜락의 측면 스트레칭, 매트 시리즈의 인어

상상하기 _ 당신은 인어이고 당신의 다리는 꼬리이며, 이 꼬리를 옆으로 휙 움직였으므로 당신은 조수 웅덩이 안의 따뜻한 바위 위에서 럭셔리하게 스트레칭을 할 수 있다.

엘리 _ "교습생이 원 그리기를 하는 동안 스트레칭을 도와주면 즉각적인 결과를 보게 될 것이다."

수지 _ "필라테스의 아주 많은 부분은 안정성과 관련된다. 이는 등과 어깨를 위한 가동성 동작이다. 굉장한 스트레칭이다. 즐겨라."

인어 Mermaid

1. 시작자세 - 각 측면으로 3회 반복
측면을 향해 리포머 위에 앉는다. 다리를 'Z' 모양으로 접어준다. 라이저와 가까운 다리는 내회전시키고 정강이를 어깨받이에 댄다. 반대쪽 다리는 외회전시키고 종아리를 몸 앞쪽에 둔다. 한쪽 엉덩이로 앉는다(이는 마사 그레이엄 기법 바닥 운동의 4번째 자세이다). 손바닥 아랫부분을 귀와 정렬해 풋바 위에 놓고 다른 쪽 손은 무릎 위에 놓는다.

숨을 들이쉬면서 척추를 길게 늘여주고 팔을 어깨받이에서 천장 쪽으로 뻗어준다. 어깨는 아래로 유지한다.

2-4. 호흡을 계속한다
숨을 내쉬고, 견갑골을 안정화하며, 팔꿈치를 펴서 캐리지를 홈에서 멀리 밀어내면서 풋바 쪽으로 측면 굴곡을 하고, 반대쪽 팔은 위로 뻗어 넘겨 스트레칭 시킨다. 숨을 들이쉰다. 스트레칭을 유지하며, 늑골 안으로 호흡하여 늑간근을 스트레칭 시킨다. 숨을 내쉰다. 다시 시작자세로 돌아온다.

5-8. 호흡을 계속한다
숨을 들이쉬면서 척추를 길게 늘여준다. 숨을 내쉬면서 반대쪽 팔을 천장 쪽으로 뻗어 올리고 라이저를 향해 측면 굴곡을 한다. 숨을 들이쉰다. 스트레칭을 유지하며, 흉곽 안으로 호흡하여 스트레칭을 키워준다. 숨을 내쉰다. 척추의 맨 아래부터 순차적으로 움직여 시작자세로 돌아오고 팔을 풋바로 내린다.

초/중급

팔굽혀펴기와 척추 트위스트 1

팔굽혀펴기와 척추 트위스트 2

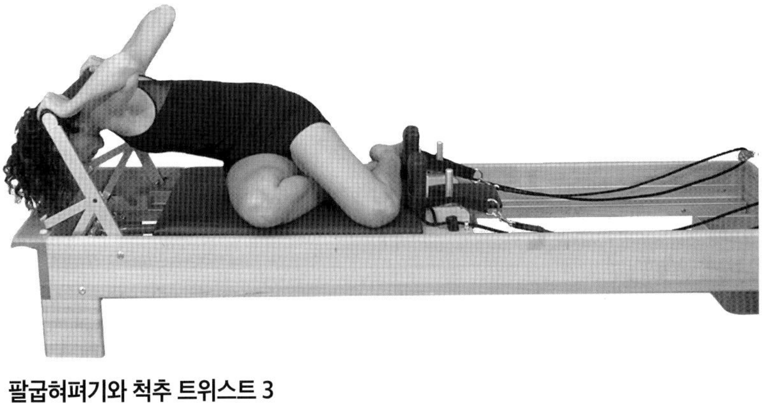

팔굽혀펴기와 척추 트위스트 3

팔굽혀펴기와 함께 척추 트위스트

두 번째로 반복할 때 풋바를 밀어 팔꿈치를 펴준다.

1. 숨을 내쉰다

풋바 쪽으로 절반 정도 측면 굴곡을 한다. 몸통의 앞쪽을 우묵하게 해서 공간을 만들어 양 어깨를 바 쪽으로 비틀고 손을 바의 끝에 놓는다.

2. 숨을 들이쉰다

팔꿈치를 높이 그리고 넓게 구부려 머리를 풋바 밑으로 가져간다 (또는 어깨가 매우 긴장되어 있는 경우에는 바 위로).

3. 숨을 내쉰다

복근을 사용하여 몸통을 풋바에서 밀어내되, 몸통을 낮추고 견갑골을 사용하여 자세를 유지한다. 3~5회 팔을 굽히고 펴기를 반복한다.

다시 시작자세로 돌아온다.

원 그리기

세 번째로 반복할 때 라이저 쪽으로 스트레칭 하면서 팔로 아주 큰 원을 그리되, 몸통은 옆으로 구부린 자세를 유지한다.

1. 숨을 들이쉰다

팔과 가슴을 천장 쪽으로 열어주면서 시작한다. 상체 회전 및 신전을 유지하면서 팔을 몸 뒤로 뻗어 원을 그려주며, 계속해서 팔을 옆쪽으로 원을 그리며 내려준다(흉근 스트레칭을 위해 팔을 몸 뒤로 제대로 뻗어준다).

2. 숨을 내쉰다

손을 내려주고 쓸어주듯 몸의 측면을 지나게 해서 앞쪽으로 뻗어주며, 몸통을 앞쪽으로 당겨 굴곡시킨다(요방형근을 스트레칭 시키기 위해 복근으로 움직임에 저항한다).

3. 숨을 들이쉰다

계속해서 팔로 라이저 쪽으로 원을 그려주어 원을 완성한다.

원의 방향을 반대로 바꾸어 상체를 굴곡에서 신전으로 가져간다. 완전한 원을 완성한 후 몸통이 중앙으로 올 때까지 계속해서 몸통을 앞쪽으로 움직인 다음 척추를 맨 아래에서 맨 위까지 쌓아올려 똑바로 앉은 자세로 마무리한다.

원 그리기 시작자세

원 그리기 1

원 그리기 2

원 그리기 3

플랭크/롱 스트레칭 시리즈

플랭크 시리즈의 동작들은 전신 운동이며, 코어, 상체, 다리와 둔부를 강화한다. 이 시리즈 동작들은 효율적으로 몸을 단련시키고 강화하기 때문에 운동프로그램에 항상 포함시켜야 한다. 이 시리즈는 손목을 힘들게 할 수 있으므로 동작들을 시작하기 전에 가벼운 손 운동으로 손목을 풀어준다. 키가 5'5"(167.6cm)보다 작은 사람인 경우에 어깨받이 앞에 롤러를 위치시켜 시리즈를 수정해도 된다. 코어를 좀 더 강화하려면 스프링을 가볍게 만들어주거나 두 번째 기어로 시리즈를 수행한다.

초급
코끼리
앞으로 굽히기 스트레칭

중급
플랭크/롱 스트레칭
'u' 당기기
지구 한 바퀴 동작/업 스트레칭

상급
다운 스트레칭
아라베스크
FTD 플로리스트
긴 등 스트레칭

중급, 플랭크 시리즈

기구 셋업
스프링: 1 빨강 & 1 파랑 또는 노랑 바: 높게
줄: N/A 라이저: N/A
머리받이: 위로, 끈적끈적한 패드 사용 가능

기능과 대상 근육
- 어깨 안정화, 견갑골 익상(scapular winging)을 방지하기 위해 전거근 강화 강조
- 흉근, 전거근, 광배근, 복근, 척추기립근, 슬괵근 및 둔근 단련

요령 및 주의사항
- 리포머 위에 오르는 것도 동작의 일부분이다(손, 손, 발, 발). 이를 하면서 캐리지가 움직이면 안 된다. 당연히 복근을 사용해야 한다.
- 플랭크 자세를 유지한다. 골반이 바닥 쪽으로 처지거나 천장 쪽으로 솟아 오르지 않게 한다.
- 슬괵근과 둔근을 동원하기 위해 발꿈치를 아래로 눌러준다.
- 압박이 덜 가게 손가락은 길게, 손목은 곧게 유지한다.
- 목 뒤쪽의 긴장을 방지하기 위해 시선은 바닥을 향하도록 한다.
- 어깨 바로 아래에 손목이 오도록 캐리지를 홈 위치로 가져온다.
- 팔꿈치를 과신전시키지 않는다.
- 지구 한 바퀴 동작, 앞 컨트롤, 아라베스크, 무릎 스트레칭 무릎 떼기를 위한 연계 동작
- **금기사항:** 손목 문제, 손목 터널 증후군, 어깨 부상

변형 동작 및 연계 동작
- **변형 동작:** 본격적인 코어 강화를 위해서는 1 스프링으로 이 동작을 시도하고 교습생이 5를 세며 밀어내고 5를 세며 돌아오게 한다!
- **연계 동작:** 편평한 등 무릎 스트레칭, 코끼리, 플랭크, 매트의 앞 컨트롤

상상하기 _ 당신은 머리 끝에서부터, 멀리 뻗어 있는 발꿈치까지 단단한 보드이다.

엘리 _ "국수처럼 흐느적거리는 사람들에게 아주 좋은 안정화 동작이다."

플랭크/롱 스트레칭 Plank/Long Stretch

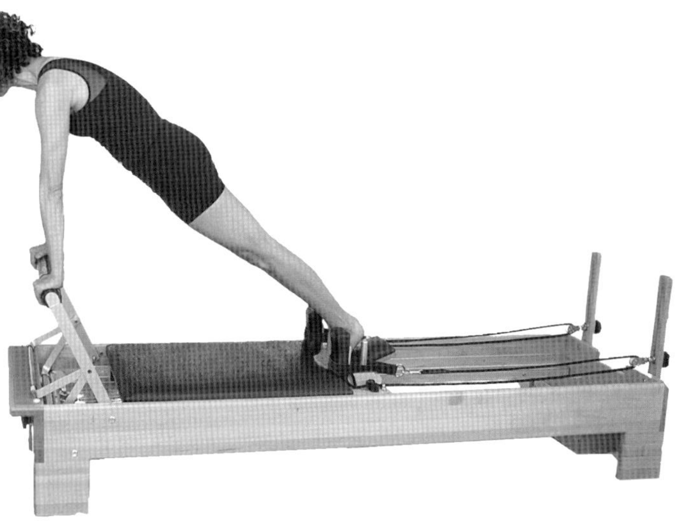

1. 시작자세 - 4회 반복
팔굽혀펴기 자세로 시작하며, 손은 어깨너비로 벌려 풋바 위에 두고, 발가락은 머리받이 위에 위치시키며, 발꿈치는 붙여준다. 전거근으로 등 상부를 살짝 우묵하게 하고, 허벅지 안쪽을 서로 조여 주며, 슬괵근과 둔근을 사용한다.

2. 숨을 들이쉰다
팔을 사용해 캐리지를 최대한 멀리 밀어낸다. 어깨 안정화와 척추/골반 중립을 유지한다.

3. 숨을 내쉰다
복부를 척추 쪽으로 당겨주고, 발꿈치를 서로 조여주며, 광배근을 사용해 캐리지를 홈으로 당긴다(또는 최대한 가깝게). 어깨 안정화와 척추/골반 중립을 유지한다.

1. 시작자세 - 5~10회 반복

손은 풋바 위에서 어깨너비나 그보다 좀 더 넓게 벌리고, 손가락은 길게 펴주며, 손목은 최대한 곧게 유지한다. 발꿈치는 를르베 자세로 어깨받이에 댄다. 척추는 최대한 둥글게 하되, 요추와 하흉추에서 곡선을 만드는 데 집중한다.

2. 숨을 들이쉰다

어깨를 고정시킨 채 캐리지를 몇 인치 밖으로 밀어준다.

3. 숨을 내쉰다

복부를 천장 쪽으로 당겨 등을 둥글게 만들며, 캐리지는 홈 쪽으로 3~5인치 움직여야 한다.

'U' 당기기는 비교적 빠르고 리듬을 타는 움직임으로 수행되며, 복부로부터 당겨서 '안으로' 움직이는 동작을 강조한다

중급, 플랭크 시리즈

기구 셋업

스프링: 1 빨강 & 1 파랑 또는 노랑

바: 높게 줄: N/A

라이저: N/A 머리받이: N/A

기능과 대상 근육

- 발목 안정성 향상
- 복근 단련, 견갑골 안정화
- 척추 굴곡으로 시작된 하체 움직임 익히기
- 원다 체어 위 업 스트레칭을 위한 연계 동작

요령 및 주의사항

- 상부 승모근을 가능한 한 사용하지 않는다.
- 발목관절이 밖으로 돌아가지 않게 한다. 이 자세에서는 자신의 발을 볼 수 있으므로 이를 스스로 확인하도록 한다.
- 배꼽 바로 위가 솟아오르게 하고 이를 다리가 아니라 복부로부터 시작하도록 지시해준다.
- **금기사항**: 디스크 기능장애, 어깨 문제, 골다공증

변형 동작 및 연계 동작

- **연계 동작**: 둥근 등 무릎 스트레칭

상상하기 _ 캐리지를 움직일 때 하늘로 오르는 열기구가 등 중간을 당겨 굴곡시킨다고 상상하거나, 혹은 척추로 'U'를 만든다고 상상한다.

수지 _ "그리고 오늘 당신에게 소개하는 글자는 바로 'U'이다."

중급, 플랭크 시리즈

기구 셋업

스프링: 1 빨강 & 1 파랑 또는 노랑

바: 위로	줄: N/A
라이저: N/A	머리받이: N/A

기능과 대상 근육

- 척추의 순차적인 움직임 강화
- 흉근, 전거근, 광배근, 복근, 척추 신근, 슬괵근 및 둔근 단련

요령 및 주의사항

- 둔근, 슬괵근과 복근을 사용하여 플랭크 자세를 지지한다.
- 어깨는 귀에서 멀리 유지하고 목은 과신전시키지 않는다.
- 플랭크 자세로 들어갈 때 머리는 마지막에 움직여야 한다.
- 이 동작은 팔을 작용시키면서 뇌를 즐겁게 해주는 운동이라고 생각한다.
- **금기사항:** 손목 문제, 손목 터널 증후군, 어깨 부상, 골다공증

변형 동작 및 연계 동작

- **수정 동작:** 'U' 당기기에서 플랭크 자세로 들어가고 다시 'U' 당기기로 돌아오는 움직임을 연습해 동작을 준비하며, 골반은 뒤에서 움직임을 추진하는 모터라고 생각한다.
- **변형 동작:** 동작을 역으로 해본다. 몸을 밖으로 밀어내어 플랭크로 들어가고, 캐리지를 홈 쪽으로 가져오면서 꼬리뼈에서부터 머리까지 척추를 뱀처럼 굽이치며 올려 풋바 위 플랭크 자세로 들어가고, 몸을 플랭크로 길게 늘여주기를 반복한다.
- **연계 동작:** 'U' 당기기, 플랭크

상상하기 _ 척추가 한 마리의 뱀이다.

수지 _ "브레이크 댄스가 필라테스를 만나다. 리포머 위에서 꿈틀거리는 동작을 한다."

지구 한 바퀴 동작/업 스트레칭 Around the World/Up Stretch

1. 시작자세 - 4회 반복

손은 풋바 위에서 어깨너비로 벌리고 발은 를르베 자세로 발꿈치가 어깨받이를 누르도록 한 채 '아래를 향한 개 자세'로 시작한다. 엉덩이에서 몸을 접어주고 겨드랑이는 무릎 쪽으로 내려준다. 키가 큰 사람인 경우에 캐리지가 홈에 머물지 않을 수도 있다.

시작자세에서 등 상부 쪽으로 숨을 들이쉰다.

2. 숨을 내쉰다

슬괵근을 사용해 캐리지를 홈에서 최대한 멀리 밀어낸다. 캐리지를 움직이지 않으면서 골반에서 머리까지 순차적으로 움직이며 척추를 플랭크 자세로 늘여준다. 척추는 파도처럼 잔물결을 이루어야 한다.

3. 숨을 들이쉰다

플랭크 자세를 유지하며 캐리지를 홈으로 가져온다. 복부를 척추 쪽으로 당기고 전거근으로 등을 둥글게 하여 다시 시작자세로 돌아온다.

전환 _ 지구 한 바퀴 동작/업 스트레칭의 마지막 반복에서 취한 플랭크 자세에서, 무릎을 캐리지 위에 두고 골반을 낮추어 척추 전체를 신전시켜 무릎에서부터 머리 꼭대기까지 하나의 긴 곡선을 만들어준다. 발은 다시 밀어 어깨받이에 댄다.

1. 시작자세 - 4회 반복

복부와 척추를 깊게 연결하고 둔근을 사용하여 허리를 보호한 채, 팔을 사용해 캐리지를 홈으로 가져와 팔꿈치를 곧게 유지하고 몸의 형태를 유지한다. 흉골은 천장 쪽으로 뻗어주되, 머리는 뒤쪽으로 떨어뜨려 목을 긴장시키지 않는다.

숨을 들이쉬면서 척추를 길게 늘여준다.

2. 숨을 내쉰다

척추를 길게 늘여주고 캐리지를 밖으로 밀어내되, 몸의 형태를 유지한다.

3. 숨을 들이쉰다

시작자세로 돌아온다. 흉부를 들어 올리고 상체가 올라가 손가락 끝까지 올라가면 동작을 마무리한다.

상급, 플랭크 시리즈

기구 셋업

스프링: 1 빨강 & 1 파랑 또는 노랑

바: 위로 줄: N/A

라이저: N/A 머리받이: N/A

기능과 대상 근육

- 몸 앞쪽 스트레칭
- 흉부를 열어주고 등 상부 신근을 단련시킨다.
- 흉근, 광배근, 복근, 척추기립근, 슬괵근 및 둔근 단련

요령 및 주의사항

- 복근이 늘어난 자세에 있지만, 이를 둔근과 함께 사용하여 몸통이 손목으로부터 들리는 것을 느낀다.
- 몸 형태를 뒤집힌 C 곡선이라고 생각한다.
- 견갑골을 안정화하고 어깨를 귀에서 멀리 유지한다.
- **금기사항**: 손목, 어깨, 무릎 문제

변형 동작 및 연계 동작

- **변형 동작**: 첫 번째 반복에서 캐리지가 홈으로 돌아오면 전신 아치를 유지하고 손을 바에서 떼어 손가락 끝만이 바에 닿도록 하며, 몸통이 무릎과 손에서 들리는 것을 느낀다. 손을 다시 풋바 위에 놓고 동작 전반에 걸쳐 길게 늘여지고 받쳐진 느낌을 유지한다.
- **연계 동작**: 플랭크, 흉부 확장

상상하기 _ 몸 앞쪽을 사용해 큰 튜브 안을 긁어내고 있다.

엘리 _ "필라테스 파워하우스가 척추 신전과 대립적으로 사용되는 좋은 예이다."

기구 셋업
스프링: 1 빨강 & 1 파랑 또는 노랑
바: 높게 줄: N/A
라이저: N/A 머리받이: N/A

기능과 대상 근육
- 슬괵근 스트레칭
- 대둔근, 슬괵근 및 고관절 외회전근 강화
- 견갑골 안정화, 복근, 척추 신근 및 고관절 굴근 단련

요령 및 주의사항
- 턴 아웃은 골반이 아니라 고관절에서 일어난다. 골반을 평행으로 유지하고 심부 '6개 근육'을 사용하여 대퇴골을 공중에서 외회전시킨다.
- 위쪽 다리의 '업' 동작을 강조한다. 다리가 처지지 않게 한다.
- 아라베스크는 스플릿 자세가 90도 회전된 자세이다.
- 어깨를 귀에서 멀리 유지한다.
- 다리를 높이 올리려고 목의 뒤쪽을 긴장시키지 않는다.
- 지지하는 다리의 무릎을 과신전시키지 않는다.
- **동작 수행의 장애:** 긴장된 슬괵근, 긴장된 광배근
- **금기사항:** 손목 및/혹은 어깨 문제

변형 동작 및 연계 동작
- **수정 동작:** 키가 5'4"(162.5cm) 미만인 사람인 경우에 문 박스나 롤러를 어깨받이에 대고 한다.
- **연계 동작:** 플랭크, 지구 한 바퀴 동작/업 스트레칭

상상하기 _ 당신은 굉장한 제어력과 우아함으로 믿기지 않을 정도로 다리를 곧게 뻗을 수 있는 발레리나이다.

수지 _ "나는 이 동작을 아주 화려하고 재미있는 엉덩이 동작이라고 생각한다."

아라베스크 Arabesque

1. 시작자세 - 각 측면으로 8회 반복
손은 어깨너비만큼 벌려 풋바 위에 두며, 발가락은 캐리지 위에 두고 발꿈치는 어깨받이에 대어 를르베 자세를 취한다. 한쪽 발을 캐리지에서 들어 올리고 다리를 몸 뒤로 뻗어주되, 무릎은 곧게 펴고 발가락은 세운다. 다리를 엉덩이에서 턴 아웃 시키고 최대한 높게 올리되, 양쪽 전상장골극(ASIS)이 바닥을 향한 상태를 유지한다. 머리와 상체를 팔 사이로 뻗어 머리 꼭대기에서부터 세워진 발가락까지 하나의 긴 대각선을 이루도록 한다.

2. 숨을 들이쉰다
지지하는 다리의 슬괵근으로 캐리지를 밖으로 밀어내되, 몸의 긴 대각선을 유지한다.

3. 숨을 내쉰다
복부를 척추 쪽으로 당겨 몸통을 안정화하며, 아래쪽 다리의 고관절 굴근으로 캐리지를 안으로 당기고 위쪽 다리의 둔근을 사용하여 다리를 더욱 높게 올린다. 가동범위는 작게 하고 움직임은 작게 리듬을 타며 수행한다.

8회 반복 후 뻗었던 다리를 원을 그리면서 내려 발을 어깨받이에 대고 다리를 바꾼다.

중/최상급, 플랭크 시리즈

변형 동작: 평행 아라베스크

중급 변형 동작: 평행 아라베스크

편평한 등 코끼리 자세로 시작하고 한쪽 다리를 몸통과 평행이 될 때까지 들어 올린다. 올린 다리의 무릎은 바닥을 향해 길게 펴주고 발을 굴곡시켜 발끝도 바닥을 향하게 한다. 지지하는 다리의 슬괵근을 사용하여 캐리지를 홈에서 밀어낸다. 복부를 바닥 반대쪽으로 당기고 지지하는 다리를 앞쪽으로 당기되, 다리의 높이와 몸통의 길이를 유지하고 척추를 중립으로 유지한다. 가동범위는 작게하고 움직임은 작게 리듬을 타며 수행한다. 골반은 수평으로 유지한다. 올린 다리는 움직이지 않는다.

변형 동작: 어깨받이 위에 발가락을 올린 아라베스크

최상급 변형 동작: 어깨받이 위에 발가락을 올린 아라베스크

어깨받이 상단에 발가락을 올리고 발은 를르베 자세로 둔 채 일어선다. 이러한 발 자세는 불안정해 동작의 난이도가 높다. 균형감과 제어력이 상당히 많이 필요하다. 리포머 위에 높게 있는 것은 재미있을 수 있으나, 이 자세에서는 교습생을 지지해주어야 한다. 이 변형 동작은 기준 자세보다 지지하는 다리의 대퇴사두근을 훨씬 더 많이 단련시킨다. 이 동작을 우아하게 해내려면 저항을 좀 더 증가시켜야 할 수도 있다.

상급, 플랭크 시리즈

기구 셋업
스프링: 1 빨강 & 1 파랑 또는 노랑
바: 높게 줄: N/A
라이저: N/A 머리받이: N/A

기능과 대상 근육
- 협응력 향상
- 무릎 안정성 단련
- 복근 및 고관절 굴근 강화
- 견갑골 안정화, 슬괵근, 대퇴사두근, 복근 및 둔근 단련

요령 및 주의사항
- 무릎으로 얼굴을 치지 않는다.
- 무릎을 흉부 쪽으로 당기면서 연달아 숨을 들이쉬고 두드리듯 내쉬며 호흡한다. 움직임이 빠르다.
- 이 동작은 달리기의 과장된 형태처럼 느껴질 것이다.
- 뒤쪽 다리를 더 높게 올려 둔근을 더 단련시킨다. 하지만 골반은 수평으로 유지한다.
- 복근을 수축시켜 다리를 앞쪽으로 가져온다.
- 좌우로 흔들리지 않게 한다. 체중은 양손에 고르게 실려야 한다.
- 지지하는 다리를 구부리면서 그 무릎이 둘째 및 셋째 발가락 위로 정렬된 상태를 유지한다.
- **금기사항:** 손목 및/혹은 어깨 문제, 골다공증

변형 동작 및 연계 동작
최상급 변형 동작: 팅커벨: 캐리지가 홈으로부터 움직일 때 앞쪽 무릎을 흉부로 구부린다. 캐리지가 홈 쪽으로 당겨질 때 굽혀진 다리를 천장으로 뻗어 올린 다음 무릎을 구부리고 등이 아치를 이루게 하여 발가락이 머리에 닿도록 노력한다.

상상하기 _예쁜 꽃들을 배달하고 있다.

수지 _ "이는 무릎 재활에 상당히 좋은 상급 동작이므로 스키 선수나 테니스 선수들에게 아주 유용하다."

FTD 플로리스트 FTD Florist

1. 시작자세 - 8~10회 반복

플랭크 자세에서 발꿈치는 어깨받이에 대고, 발가락은 를르베 자세로 캐리지 위에 두며, 손은 어깨너비로 풋바 위에 올린다. 한쪽 다리를 뒤로 들어 올리고 지지하는 다리의 무릎은 구부린다. 캐리지는 홈에 머문다.

시작자세에서 숨을 들이쉰다.

2-3. 숨을 내쉰다/들이쉰다

등을 둥글게 만들고 복부를 척추 쪽으로 깊게 당기면서 올린 다리의 무릎을 흉부로 당기고 지지하는 다리를 곧게 펴서 캐리지를 멀리 보낸다. 이것이 'FTD' 자세이다. 지지하는 다리는 구부리고 움직이는 다리는 낮은 평행 아라베스크 다리가 되게 해서 시작자세로 돌아오면서 캐리지도 홈으로 되돌린다.

최상급 변형 동작: 팅커벨(Tinkerbell)

1. 시작자세 - 6~10회 반복

손은 풋바 위에서 어깨너비로 또는 더 넓게 벌려주고, 손가락은 길게 펴주며, 손목은 최대한 곧게 유지한다. 발은 캐리지 위에 평평하게 놓고, 발꿈치는 어깨받이에 대며, 발가락은 매트에서 떼어 굴곡시킨다. 척추는 편평한 등 자세로 곧게 펴준다.

2. 숨을 들이쉰다

슬괵근을 사용해 캐리지를 최대한 멀리 밖으로 밀어내되(약 8인치) 골반은 움직이지 않는다.

3. 숨을 내쉰다

복부를 척추 쪽으로 당기고 고관절을 굴곡시켜 좌골을 위와 뒤로 뻗어 캐리지를 홈 쪽으로 당긴다.

작게 리듬을 타는 동작으로 반복하고 '안으로' 움직이는 동작을 강조한다.

초급, 플랭크 시리즈

기구 셋업

스프링: 1 빨강 & 1 파랑 또는 노랑

바: 높게	줄: N/A
라이저: N/A	머리받이: N/A

기능과 대상 근육

- 슬괵근 스트레칭
- 고관절 굴근 강화
- 어깨 안정화, 하부 복근 및 족배굴근 단련
- 골반 후방 경사가 있는 사람들에게 매우 좋다.

요령 및 주의사항

- 발가락이 들린 상태를 유지한다.
- 요근으로 고관절을 굴곡시킬 때 복부가 들린 상태를 유지하여 척추의 과신전을 방지한다.
- 족궁이 위로 들린 상태를 유지한다. 발목이 안으로 돌아가지 않게 한다.
- 견갑골은 등을 따라 아래로 안정화 시키고 등과 쇄골을 넓게 유지한다. 또한 이는 손목에 압력이 가해지지 않도록 돕는다.
- 팔꿈치와 무릎을 과신전시키지 않는다.
- **동작 수행의 장애:** 긴장된 슬괵근 - 둥근 변형 동작을 수행하거나 발꿈치를 를르베 자세로 올려 슬괵근의 스트레칭을 줄여준다.

변형 동작 및 연계 동작

- 슬괵근 스트레칭을 증가시키고 어깨 안정성을 강화하려면 '아래쪽을 향한 개' 자세와 비슷하도록 고관절을 더 굴곡시킨다.
- **연계 동작:** 편평한 등 무릎 스트레칭

상상하기 _ 당신의 꼬리뼈를 꼬리라고 생각하고 이 꼬리가 다리 사이로 내려가지 않고 곧게 뻗어나가 바닥과 평행하다고 상상한다. 혹은 당신의 척추로 테이블을 만드는데, 누군가가 등 위에 차 한 잔을 올려놓아 이 컵이 쏟아지지 않게 하려 한다고 상상한다.

수지 _ "다리가 골반과 분리된 상태를 유지한다. 편평한 등 자세는 골반을 당기기 쉬운 교습생들에게 유용하다."

엘리 _ "이 동작은 쉬워 보이지만 이상하게도 그렇지 않다."

초급, 플랭크 시리즈

기구 셋업

스프링: 1 빨강 & 1 파랑 또는 노랑

바: 높게 | 줄: N/A

라이저: N/A | 머리받이: N/A

기능과 대상 근육

- 복근 강화
- 척추 및 슬괵근 스트레칭
- 어깨 안정화, 고관절 굴근 및 족배굴근 단련
- 골반 전방 경사가 있는 사람들에게 매우 좋다.

요령 및 주의사항

- 배꼽에서 몸을 접는다고 생각한다.
- 족궁이 위로 들린 상태를 유지한다. 발목이 안으로 돌아가지 않게 한다.
- 견갑골은 등을 따라 아래로 안정화해 등과 쇄골을 넓게 유지한다. 또한 이는 손목에 압력이 가해지지 않도록 돕는다.
- 팔꿈치와 무릎의 과신전을 피한다.

변형 동작 및 연계 동작

- 슬괵근 스트레칭을 증가시키고 어깨 안정성을 강화하려면 '아래쪽을 향한 개' 자세와 비슷하도록 엉덩이를 더 굴곡시킨다.
- **연계 동작**: 둥근 등 무릎 스트레칭

상상하기 _ 허리를 천장으로 눌러주고 있다.

엘리 _ "꼬리뼈가 아니라 허리가 아치의 가장 높은 지점이어야 한다. 따라서 꼬리를 다리 사이로 내려 유지한다."

코끼리: 둥근 등 Elephant: Round Back

1. 시작자세 - 6~10회 반복

캐리지를 홈에서 1피트(약 30cm) 정도 밀어내어 편평한 등 코끼리 자세에서 전환한다. 복부를 척추 쪽으로 당기고 척추는 둥글게 하여 캐리지를 홈 위치 쪽으로 가져온다. 머리는 떨어뜨리지 않는다.

2. 숨을 들이쉰다

슬괵근을 사용해 캐리지를 최대한 멀리 밖으로 밀어내되(약 20cm) 골반은 움직이지 않는다.

3. 숨을 내쉰다

척추를 둥글게 만들어주며 캐리지를 홈 쪽으로 당긴다.

작게 리듬을 타는 동작으로 캐리지의 움직임을 반복하고 '안으로' 움직이는 동작을 강조한다.

8회 반복 후 캐리지를 홈으로 가져오고 계속 앞으로 굽히기 스트레칭을 한다.

1. 시작자세 - 1회 반복

발은 리포머 위에 평평하게 놓고 발꿈치는 어깨받이에 댄 채 선다. 몸을 반으로 접는다.

시작자세에서 숨을 들이쉰다.

2. 호흡을 계속한다

좌골을 천장으로 뻗어 올려 슬괵근 스트레칭을 증가시키면서 중력이 척추를 길게 늘여주고 스트레칭 시키도록 한다. 부드럽게 고개를 끄덕이고 또는 머리를 좌우로 흔들어 목을 풀어준다. 자세를 유지하며 3회 길고 느린 호흡을 한다.

3. 숨을 내쉰다

무릎을 부드럽게 하고 척추를 꼬리뼈에서부터 시작해 순차적으로 굴려 올리기 시작한다. 꼬리뼈를 무겁게 한다. 머리를 척추 위로 가져오고 높이 서고 이완시켜 마무리한다.

변형 동작: 유연성이 탁월한 경우

기구 셋업

스프링: N/A

바: N/A 줄: N/A

라이저: N/A 머리받이: N/A

기능과 대상 근육

- 목 이완
- 슬괵근 및 등 신근 스트레칭

요령 및 주의사항

- 척추를 굴려 올라올 때 무릎은 부드럽게 유지한다.
- 척추를 굴려 올라올 때 상상 속의 감귤을 쥐어짜지 않도록 하고 견갑골이 등을 따라 아래로 내려가게 해서 올리는 동작을 돕도록 한다.
- 체중은 발가락에 실리게 한다. 몸이 뒤로 발꿈치 쪽으로 처지지 않게 한다.
- **금기사항**: 불안정한 천장관절, 디스크 기능장애, 골다공증

변형 동작 및 연계 동작

- **변형 동작**: 유연성이 탁월한 사람들인 경우: 슬괵근 스트레칭을 증가시키기 위해 리포머의 아래 틀 부분을 잡고 몸통을 앞쪽으로 더 깊게 당겨 굴곡시킨다.

상상하기 _ 중력이 머리를 지면으로 더 가까이 당기면서 척추가 이완되고 길게 늘여진다.

엘리 _ "교습생 옆에 서서 척추를 굴려 올라오면서 균형을 잃을 경우에 대비해 손을 등 위에 올려준다."

상급, 플랭크 시리즈

기구 셋업
스프링: 1 빨강 & 1 파랑 또는 노랑
바: 높게　　줄: N/A
라이저: N/A　　머리받이: N/A

기능과 대상 근육
- 삼두근 및 광배근 강화
- 견갑골 안정화, 둔근, 복근 및 척추 신근 단련

요령 및 주의사항
- 역 플랭크 자세로 들어갈 때 제대로 엉덩이를 들어 올려주고 골반을 위로 밀어준다. 치골로 움직임을 주도한다.
- 역 방향 플랭크 자세로 캐리지를 밀어낼 때 골반이 처지지 않게 한다. 둔근을 사용한다.
- 광배근과 견갑골을 안정화하는 근육을 사용하여 체중이 최대한 손목으로 가지 않은 상태를 유지한다. 손가락은 길게 유지한다.
- 삼두근 프레스 동작으로 몸을 올리고 내리면서 골반과 척추의 중립 자세를 유지한다. 엉덩이를 접어준다고 생각한다.
- 이 동작을 하기 전후로 손목을 이완 및 스트레칭 시킨다.
- **동작 수행의 장애:** 약한 삼두근 및 광배근
- **금기사항:** 손목 문제, 손목 터널 증후군, 반복사용 스트레스 증후군, 약하고 불안정한 어깨

변형 동작 및 연계 동작
- **수정 동작:** 교습생의 키가 5'6"(170cm) 미만이면 롤러나 문 박스를 어깨받이에 대고 발가락으로 누르게 한다.
- **수정 동작:** 삼두근 프레스: 동작의 시작자세에서 팔꿈치를 굽히고 펴주며, 캐리지는 홈에 계속 두고 척추 중립을 유지한다.

상상하기 _ 골반으로 공중에 직각 삼각형을 그리고 있다.

엘리 _ "이 동작의 이름이 말해주듯이 역 방향 플랭크 자세에 있을 때와 몸을 내리거나 들어 올릴 때 등을 길게 유지하도록 한다."

긴 등 스트레칭　Long Back Stretch

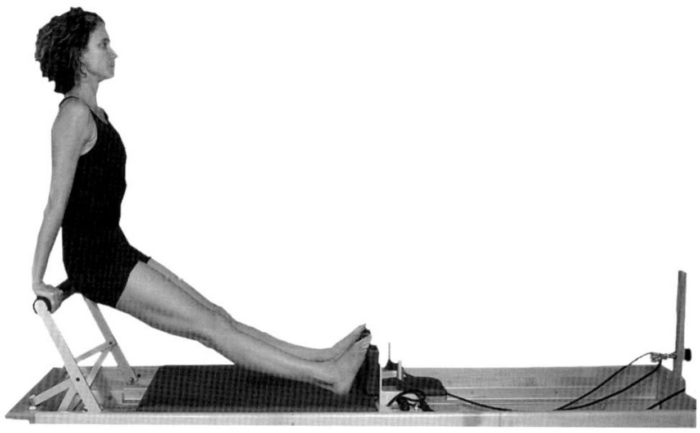

1. 시작자세 - 각 방향으로 3회 반복
풋바 위에 앉고, 손은 골반 양옆에 두며, 손가락은 발을 향하게 한다. 발가락은 어깨받이에, 발꿈치는 매트에 대고 무릎은 펴준다.

등 쪽으로 넓게 숨을 들이쉬면서 손으로 바를 눌러 골반을 들어 올린다.

2. 숨을 내쉰다
캐리지를 홈에서 멀리 밀어내기 시작하면서 치골을 천장 쪽으로 가져간다. 둔근이 작용할 것이다. 척추를 골반에서부터 어깨까지 순차적으로 움직여 몸을 역 플랭크 자세로 가져와 발목에서 어깨까지 긴 대각선을 만든다.

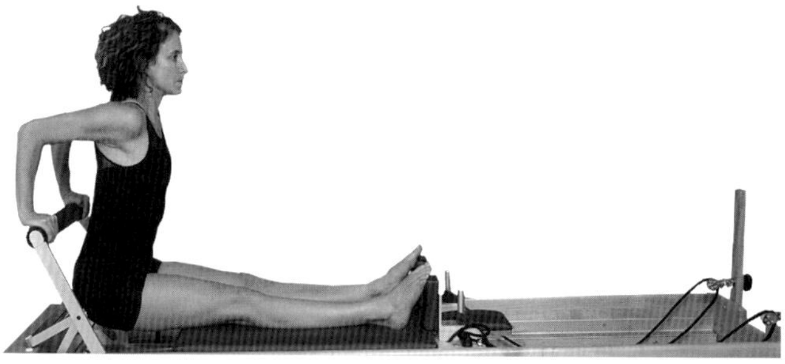

3. 숨을 들이쉰다
고관절에서 대각선을 만들고 골반을 내려 캐리지 바로 위에 떠 있게 한다. 팔꿈치를 구부리고 캐리지를 홈 가까이 가져온다. 허리는 살짝 둥글게 만들어준다.

4. 숨을 내쉰다
골반을 뒤로 풀어주면서 중립으로 가져온다(엉덩이를 빼준다). 손으로 바를 누르고, 팔꿈치를 펴주며, 골반을 들어 올린다.

2회 더 반복한다. 이어서 골반을 역순으로 움직인다. 팔꿈치를 구부려 골반을 내리고 척추는 중립으로 유지한다. 캐리지를 밖으로 밀어내고 치골로 주도해 몸통을 뱀처럼 굽이치며 들어 올려 역 플랭크 자세로 들어간다. 이어서 최대한 오래 역 플랭크 자세를 유지하면서 캐리지를 홈으로 가져오며, 골반을 중립으로 풀어줘 시작자세로 돌아온다.

복부 마사지 시리즈

마사 그레이엄식 C 곡선

마사 그레이엄이 말하기를, "웃고 있든 울고 있든 당신의 중심부가 관련되어 있다."

복부 마사지 시리즈는 현대무용의 선구자 마사 그레이엄의 마루바닥 동작들과 비슷하다. 그녀는 '수축'을 소개하면서 현대무용계에 혁신을 일으켰는데, 이는 근본적으로 척추 굴곡을 말하는 것이다. 필라테스에서 우리는 이것을 C 곡선이라고 부른다. 그녀의 강력한 마루바닥 운동은 심부 자세 근육을 사용하여 척추를 골반에서 들어 올리고 움직임을 몸의 중심부(복부 근육)로부터 시작하는 것을 강조한다.

이 시리즈는 캐리지의 앞쪽 끝부분에서 손 한 뼘 정도 거리에 놓인 끈적끈적한 패드 위에 앉아 수행한다. 발가락은 낮은 풋바 위에 두고 발은 필라테스 'V'를 취한다. 엉덩이와 무릎은 깊은 굴곡으로 시작한다. 슬괵근이 긴장된 사람들은 이 동작을 싫어할 것이다. 이 시리즈 뒷부분에 있는 요근 스트레칭은 반가운 위안거리이다.

초급	중급
둥근 등	뻗기
펀평한 등	부케

초급, 복부 마사지 시리즈

기구 셋업

스프링: 2 빨강 & 1 파랑 또는 노랑
바: 낮게 줄: N/A
라이저: N/A 머리받이: N/A

기능과 대상 근육

- 척추 신근 스트레칭, 복근 강화
- 척추의 깊은 굴곡 단련, C 곡선 개념 강화
- 족저굴근과 슬괵근 스트레칭 및 강화
- 고관절 굴근, 고관절 외회전근, 내전근 및 대퇴사두근 단련
- 큰 가동범위를 통해 교습생이 무릎과 발목 정렬을 관찰할 수 있게 한다.

요령 및 주의사항

- 무릎은 발의 정렬을 따라가야 한다. 무릎이 벌어지지 않도록 하고 발목을 과하게 회전시키지 않는다.
- 복근을 사용하여 척추를 깊은 C 곡선으로 둥글게 만들며, 머리는 골반 위로 유지한다.
- 몸을 길게 늘여주는 느낌을 유지한다.
- 머리는 척추의 라인을 계속 따라가게 한다.
- 동작 내내 발꿈치는 붙여준다
- 손으로 '너무 과하게 붙잡지' 않는다.
- 캐리지가 홈으로 돌아올 때 복근을 사용하여 스프링에 저항한다.
- 복부 마사지라고 하는 이유는 심부 복근으로 장기들을 마사지한다고 생각하기 때문이다.

*** 동작 수행의 장애:** 긴장된 슬괵근, 긴장된/약한 허리
*** 금기사항:** 디스크 기능장애, 골다공증

변형 동작 및 연계 동작

- **수정 동작:** 교습생이 긴장되어 있다면 시작 위치를 캐리지의 끝부분으로부터 더 멀리 두고 끈적끈적한 패드를 놓은 채 움직인다.
- **연계 동작:** 캐딜락에서 하는 C 곡선 펄스 동작과 매트에서 하는 앞 척추 스트레칭은 이 동작을 위한 훌륭한 연계 동작이며, 척추 굴곡에 초점을 둔 동작들이다.

상상하기 _ 포탄이 복부로 날아와 움직임을 시작하고 그것을 복근으로 감싸 원래 위치로 안전하게 되돌려놓아야 한다.

엘리 _ "나는 이것을 마사 그레이엄이 리포머를 만나다 라고 부른다. 마사 그레이엄을 생각하며 복근을 느껴보라!"

둥근 등 Round Back

1. 시작자세 - 6회 반복

좌골을 대고 앉아 발가락은 풋바 위에 두고, 발은 필라테스 'V' 자세를 취하고, 고관절은 턴 아웃 시켜 깊이 굴곡시키고, 무릎은 구부린다. 척추 전체는 C 곡선 자세로 둔다. 손은 다리 바깥쪽에 두고 캐리지의 앞쪽 끝부분을 잡는다.

시작자세에서 숨을 들이쉰다.

2. 숨을 내쉰다

복부를 척추 쪽으로 당기고 풋바에서 멀리 밀어내면서 C 곡선 자세를 좀 더 심화시키며, 다리를 펴주면서 발꿈치는 높게 유지한다. 좌골 뒤로 구르지 않게 한다.

3. 숨을 들이쉰다

무릎을 구부리지 않은 채 발꿈치를 풋바 아래로 낮추면서 뻗어준다.

4-5. 숨을 내쉰다/들이쉰다

숨을 내쉬면서 발꿈치를 올리고 복근 수축을 강화하고 숨을 들이쉬면서 무릎을 구부려 제어하며 캐리지를 홈으로 가져온다.

1. 시작자세 - 6회 반복

발가락은 풋바 위에 두고, 발은 필라테스 'V' 자세를 취하고, 고관절은 턴 아웃 시켜 깊이 굴곡시키고, 무릎도 깊게 구부린다. 척추는 곧게 세워주고, 어깨는 회전시켜 열어주고, 손은 어깨받이 위에 두고, 손가락은 몸의 반대쪽을 향하게 한다. 흉부는 많이 열려 있어야 하고 등 상부는 약간의 신전 자세로 둔다. 팔꿈치는 구부려 뒤로 향한 상태를 유지한다.

시작자세에서 숨을 들이쉬면서 몸통을 엉덩이에서 들어 올려준다.

2. 숨을 내쉰다

복부를 척추 쪽으로 당기면서 몸통의 길이를 느끼면서 심화시키고, 풋바에서 멀리 밀어내며, 다리를 펴주면서 발꿈치는 높게 유지한다.

3. 숨을 들이쉰다

무릎을 구부리지 않은 채 발꿈치를 풋바 아래로 낮추면서 뻗어준다.

4-5. 숨을 내쉰다/들이쉰다

숨을 내쉬면서 발꿈치를 올리고 복근의 활용도를 증가시킨다. 숨을 들이쉬면서 무릎을 구부려 캐리지를 홈으로 가져온다.

변형 동작: 거미 손가락

2회 반복 후 '거미 손가락'으로 바꿔준다(손가락 끝은 캐리지 위에 두고, 손바닥은 캐리지에서 위로 올려주며, 손가락 끝은 몸의 반대쪽을 가리키게 한다). 양손은 어깨받이보다 조금 더 넓게 두는데, 이는 위 자세보다 지지가 약하다.

초급, 복부 마사지 시리즈

기구 셋업

스프링: 2 빨강

바: 낮게	줄: N/A
라이저: N/A	머리받이: N/A

기능과 대상 근육

- 흉부를 열어주고 견갑대를 안정화한다.
- 족저굴근과 슬괵근 스트레칭 및 강화
- 고관절 굴근, 고관절 외회전근, 내전근 및 대퇴사두근 단련
- 큰 가동범위를 통해 교습생이 무릎과 발목 정렬을 관찰할 수 있게 한다.
- 척추를 길게 늘인 자세에서 척추 신근과 복근을 강화하고 앉은 자세를 유지하기 위해 작용하는 요근 역시 강화한다.

요령 및 주의사항

- 어깨를 아래로 내려 유지하고 체중이 손가락에 실리는 것을 피하기 위해 복근과 등으로 몸통을 들어 올린다.
- 동작 내내 발꿈치는 붙여준다.
- 무릎을 펴면서 허벅지 안쪽을 조여준다.
- 약간의 등 상부 신전으로 등 상부가 곧게 펴진 상태를 과장한다(캐딜락과 스프링보드에서 하는 롤-다운 시리즈의 편평한 등 동작과 비슷하다).
- 임산부 교습생들에게 좋은 동작이다. 임신 후기 교습생들은 발을 두 번째 자세로 벌려준다(발꿈치를 풋바 끝에 둔다).
- 팔에 몸을 기대지 않는다. 팔꿈치는 부드럽게 뒤를 향한 상태를 유지한다.
- 매번 숨을 들이쉴 때마다 몸통을 골반에서 멀리 길게 늘여준다.

*** 동작 수행의 장애:** 긴장된 슬괵근, 약한 허리, 약한 요근

변형 동작 및 연계 동작

- **수정 동작:** 필요에 따라 교습생의 등과 어깨받이 사이에 작은 피지오볼(PhysioBall)을 둔다.
- **수정 동작:** 고관절이 유연하지 못하고/또는 허리가 아주 약한 경우에는 교습생을 캐리지의 끝부분에서 손 한 뼘 정도 거리보다 더 멀리 위치시킨다.

상상하기 _ 둔부 위로 막대기가 서 있다.

수지 _ "이 동작을 좋아하지 않는다면 아마 그 교습생은 이 동작을 반드시 할 필요가 있다는 의미일 것이다."

수정 동작: 피지오볼

중급, 복부 마사지 시리즈

기구 셋업
스프링: 2 빨강
바: 낮게　　줄: N/A
라이저: N/A　　머리받이: N/A

기능과 대상 근육
- 요근 강화
- 견갑대 안정화
- 척추를 길게 늘인 자세에서 척추 신근 및 복근 강화
- 족저굴근과 슬괵근 스트레칭 및 강화
- 고관절 굴근, 고관절 외회전근, 내전근 및 대퇴사두근 단련
- 큰 가동범위를 통해 교습생이 무릎과 발목 정렬을 관찰할 수 있게 한다.

요령 및 주의사항
- 처음 몇 번 반복할 때에는 교습생의 손을 잡고 앞쪽으로 당겨주어 깊은 스트레칭이 이루어지게 한다.
- 어깨는 아래로, 등은 곧게, 에너지는 척추를 통하게 유지한다.

*** 동작의 장애**: 긴장된 슬괵근, 긴장된 광배근, 약한 요근

*** 금기사항**: 목 문제, 긴장된 상부 승모근, 디스크 기능장애, 골다공증

변형 동작 및 연계 동작
- 긴장된 슬괵근 때문에 몸통을 앞쪽으로 기울이지 못한다면 팔을 머리 위로 곧게 뻗어준 채 몸통을 똑바로 세운 상태를 유지한다.
- **연계 동작**: 경례, 둥근 등 복부 마사지

상상하기 _ 몸이 한 줄기 광선이며(기하학을 떠올려보자), 에너지 화살들이 발, 척추와 손을 통과해 밖으로 쏘아지고 있다.

엘리 _ "여기서는 척추 곡선을 반대로 하고 있다…요추는 굴곡되고 흉추는 신전된다."

뻗기　Reaching

1. 시작자세 - 6~8회 반복

발가락은 풋바 위에 두고, 발은 필라테스 'V' 자세를 취하고, 고관절은 턴 아웃 시켜 깊이 굴곡시키고, 무릎도 깊게 구부린다. 척추는 몸이 약 60도가 되도록 앞쪽으로 기울여준다. 양팔은 머리 위로 뻗고 넓은 'V' 모양으로 척추의 라인을 계속 연장시킨다. 필요에 따라 팔을 더 벌려 어깨를 아래로 내려주고, 귀에서 멀리 유지한다.

시작자세에서 숨을 들이쉬면서 척추를 골반에서 멀리 길게 늘여준다.

2. 숨을 내쉰다

발꿈치를 높게 유지하면서 무릎을 펴서 풋바를 밀어내고 요추에서 깊은 C 곡선을 느끼면서 허벅지 안쪽을 조여준다. 이 동작에서는 발꿈치를 낮추지 않는다는 점에 주목한다.

3. 숨을 들이쉰다

제어하며 캐리지를 홈으로 가져온 후 반복한다.

1. 시작자세 - 6~8회 반복

발가락은 풋바 위에 두고, 발은 필라테스 'V' 자세를 취하고, 고관절은 턴 아웃 시켜 깊이 굴곡시키고, 무릎도 깊게 구부린다. 척추는 곧게 세우고, 팔은 몸 앞에 두고, 손은 흉골 바로 아래 앞쪽에 두고, 팔꿈치는 큰 꽃 부케를 들고 있는 것처럼 둥글게 해준다(5번 자세 발레 팔).

숨을 들이쉬면서 척추를 골반에서 멀리 들어 올려준다.

2. 숨을 내쉰다

다리를 펴주고 발꿈치는 붙여 높게 유지하면서 흉곽을 비틀고 팔은 옆으로 열어준다(2번 자세 발레 팔). 이 동작에서는 발꿈치를 낮추지 않는다는 점에 주목한다.

3. 숨을 들이쉰다

척추 비틀기를 풀고 척추를 길게 늘여주면서 캐리지를 홈으로 되돌리고 팔을 다시 시작자세로 가져온다.

4. 숨을 내쉰다

반대쪽으로 비틀어주며 반복한다.

중급, 복부 마사지 시리즈

기구 셋업

스프링: 2 빨강

바: 낮게 | 줄: N/A

라이저: N/A | 머리받이: N/A

기능과 대상 근육

- 내/외복사근 및 요방형근 단련
- 골반을 안정화하면서 흉곽/흉추를 비트는 동작을 익힌다.
- 족저굴근과 슬괵근 스트레칭 및 강화
- 척추를 길게 늘인 자세에서 척추 신근 및 복근 강화
- 고관절 굴근, 고관절 외회전근, 내전근 및 대퇴사두근 단련

요령 및 주의사항

- 교습생이 회전하면서 지도자로부터 멀리 뻗을 때 교습생의 손을 잡아준다.
- 비틀기를 하기 위해 척추가 길어지는 것을 느낀다.
- 흉곽이 회전하는 동안 골반은 평행으로 유지한다.
- **동작 수행의 장애:** 긴장된 슬괵근, 엉덩이, 복사근, 요방형근 및/혹은 약한 요추, 요근
- **금기사항:** 요추 디스크 문제, 골다공증

변형 동작 및 연계 동작

- 머리 위로 팔을 두면서 동작을 시작해도 되며(높은 5번 자세), 밀어내면서 다리를 펴줄 때 옆으로 팔을 열어준다. 이는 척추의 들어 올림을 강조하는 데 도움이 된다.
- **변형 동작:** 스트레칭: 시리즈를 끝내고 손을 바 위에 둔다. 무릎을 펴주면서 등 근육, 슬괵근과 종아리를 스트레칭 시킨다. 한쪽 무릎을 구부려 반대쪽 다리의 스트레칭을 키워준다. 스트레칭을 키워주기 위해 발꿈치를 통해 최대한 뻗어준다.
- **연계 동작:** 편평한 등 복부 마사지, 체육관의 나이 많은 아저씨, 막대기를 이용한 트위스트

상상하기 _ 꽃 부케를 들고 몸을 비틀어 자신의 뒤에 있는 연인에게 활짝 핀 꽃들을 주고 있다.

엘리 _ "교습생들을 지지해준다. 그들은 지도자가 손을 잡아줄 때 아주 좋아한다!"

초급

기구 셋업

스프링: 1 빨강 또는 1 빨강 & 1 노랑

바: 높게 | 줄: N/A

라이저: N/A | 머리받이: N/A

기능과 대상 근육

- 고관절 굴근 스트레칭
- 스플릿 시리즈를 위한 연계 동작

요령 및 주의사항

- 골반은 앞쪽으로 평행하게 유지한다.
- 캐리지를 홈으로 당기면서 무릎에서부터 머리 꼭대기까지 하나의 긴 라인을 유지한다. 엉덩이에서 끊어지지 않게 연결한다.
- 스트레칭을 키워주기 위해 둔근을 조여주고 골반을 당긴다.
- 주자의 런지 스트레칭에 리포머가 저항을 추가한다고 생각한다.
- 앞쪽 무릎이 90도 이상으로 굽혀지거나 지지하는 다리의 발목이 안으로 또는 바깥으로 돌아가지 않게 한다.

변형 동작 및 연계 동작

- 캐리지를 홈에 둔 상태에서 팔로 바깥으로 원을 그린다. 몸통이 팔과 함께 비틀어질 때 골반은 평행으로 유지한다. 팔이 바닥과 평행일 때 자세를 유지하고/비틀어준다.
- **변형 동작:** 경막 스트레칭: 마지막 반복에서 캐리지가 홈 위치에 있을 때 척추를 길게 유지하고 깊은 요근 스트레칭을 느낄 때까지 머리 꼭대기에서부터 천천히 굴려 내려간다. 경추와 흉추를 둥글게 만들어 척추 전체에 긴장감을 주는 것이며, 따라서 경막(척수를 덮는 막)을 스트레칭 시켜 주는 것이다. 요근은 요추에 부착되어 있으므로 요추 부착부에서 스트레칭을 느낄 것이다.

상상하기 _ 전상장골극(ASIS)이 전조등이고 이들이 계속 앞쪽을 향하도록 한다.

엘리 _ "교습생이 무릎에 압력을 느낀다면 몸통을 위로, 무릎에서 멀리 유지하고 지지하는데 복근을 사용하지 않을 확률이 높다."

요근 스트레칭 Psoas Stretch

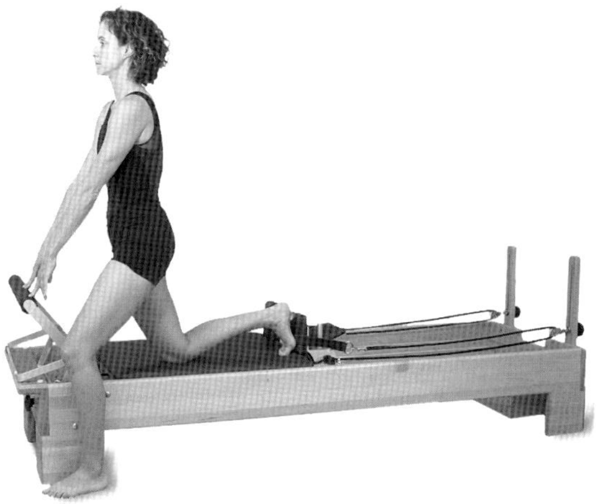

1. 시작자세

손을 풋바 위에 올린다. 리포머의 옆으로 서서 한쪽 발이 앞쪽 끝부분과 평행이 되도록 하고 발목 바로 위에서 무릎을 구부려준다. 반대쪽 발은 어깨받이에 대고 무릎은 구부려 캐리지 위에 놓는다.

2. 호흡을 계속한다

발을 어깨받이 쪽으로 눌러주면서 캐리지를 홈에서 멀리 움직여주며, 앞쪽 무릎은 발목 위에서 굽혀진 상태를 유지한다(굽힌 각도는 절대 90도에서 벗어나면 안 된다). 몇 번 호흡하는 동안 뒤쪽 다리를 신전 자세로 유지하며, 매번 숨을 내쉴 때마다 하복부를 좀 더 사용하고 둔근을 조여주어 스트레칭을 극대화시킨다. 몸통이 위로 들어올린 자세를 유지하여 뒤쪽 무릎에 체중이 실리지 않게 한다.

3. 숨을 내쉰다

둔근을 사용해 골반을 당기고 캐리지를 홈으로 천천히 당겨주면서 몸통을 앞으로 그리고 위로 가져와 시작자세로 돌아온다. 등 상부를 둥글게 하거나 고관절을 굴곡시키지 않는다.

변형 동작: 경막 스트레칭

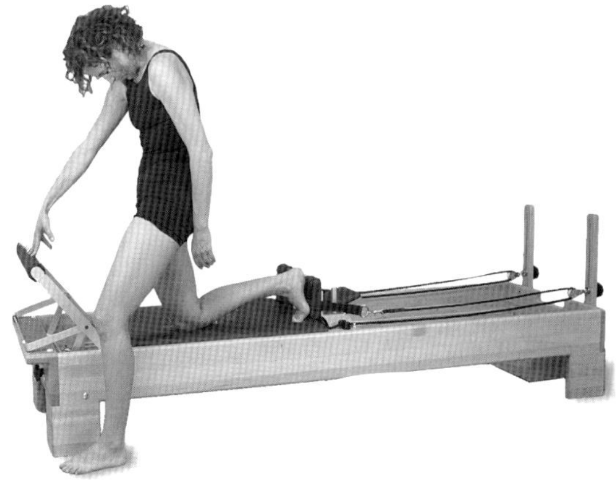

무릎 스트레칭 시리즈

무릎 스트레칭 시리즈는 대퇴사두근을 스트레칭 시키고 강화한다. 무릎을 조심하도록 한다. 압박을 느낀다면 둥근 등/편평한 등 변형 동작들을 건너뛰고 더 상급인 무릎 떼기 변형 동작을 하도록 한다. 낮은 바를 사용하는 것을 기억한다(스쿠터 동작을 제외하고). 키가 5'4"(164.5cm)보다 작은 사람인 경우에 높은 바를 사용하거나 어깨 받이에 롤러를 두면 된다.
전형적인 '무릎 스트레칭'들이나 '반대 방향 무릎 스트레칭들' 사이에서 선택하도록 한다. 한 시간 운동하면서 둘 다 하지 않는다!

무릎 스트레칭
스쿠터
편평한 등 무릎 스트레칭
둥근 등 무릎 스트레칭
무릎 떼기

중급, 무릎 스트레칭 시리즈

기구 셋업

스프링: 1 빨강 또는 1 빨강 & 노랑

바: 높게	줄: N/A
라이저: N/A	머리받이: N/A

기능과 대상 근육

- 고관절 굴근 스트레칭
- 무릎 재활에 매우 효과적이다.
- 대둔근, 슬괵근 및 대퇴사두근 강화

요령 및 주의사항

- 골반과 요추를 중립으로 안정되게 유지하면서 대퇴골을 신전으로 움직이는 데 집중한다.
- 발꿈치를 통해 눌러주고 대둔근의 활성화에 제대로 집중한다.

변형 동작 및 연계 동작

- **변형 동작:** 턴 아웃: 양쪽 고관절을 턴 아웃 시키고, 뒤쪽 발가락은 어깨받이에 닿게 하고, 발꿈치는 높게 두고, 무릎은 아래가 아니라 옆으로 향하게 해준다. 지지하는 다리는 필라테스 'V'의 절반으로 만든다. 골반 안정성을 유지한다. 회전은 요추가 아니라 고관절에서 일어난다.

상상하기 _ 전상장골극(ASIS)이 앞쪽으로 비치는 전조등이다.

수지 _ "이는 골반을 당기는 사람들에게 매우 좋은 동작이다. 골반은 뒤로 당기는 대신 중립이어야 하므로 요추기립근이 작용하여 척추 중립을 유지해야 한다."

엘리 _ ""이는 좀 더 편안하고 부드러운 한쪽 다리 무릎 스트레칭이다. 무릎을 꿇지 못하는 사람들이나 무릎에 부상을 입어 민감한 사람들에게 그만이다."

스쿠터: 편평한 등/둥근 등　Scooter: Flat Back/Round Back

1. 시작자세 - 10 ~ 15회 반복

요근 스트레칭 자세처럼 리포머에서 런지 자세를 취하되, 무릎은 캐리지에서 들어 올려주며, 지지하는 다리는 리포머의 앞쪽에서 약 60cm 정도 뒤로 둔다.

시작자세에서 숨을 들이쉬면서 척추를 길게 늘여준다.

2-3. 숨을 내쉰다/들이쉰다

숨을 내쉬면서 복부를 척추 쪽으로 당기고 캐리지를 최대한 멀리 밀어내며, 골반 수평과 척추 중립을 유지한다. 둔근을 수축시키고 요추가 아니라 대퇴골로부터 움직이는 것에 제대로 집중한다. 숨을 들이쉬면서 다리를 풀어주고 시작자세로 돌아온다.

둥근 등 버전: 풋바 위에 양손을 두고 척추를 둥글게 만든다. 뒤쪽 무릎이 들린 상태를 유지하며, 뒤쪽 다리를 펴주면서 캐리지를 홈에서 밀어낸다. 발꿈치를 어깨받이 쪽으로 밀어 슬괵근과 둔근의 사용에 집중한다. 이 버전을 위해서는 더 무거운 스프링을 사용한다.

1. 시작자세 - 6~10회 반복

캐리지 위에 무릎을 꿇어 발은 어깨받이에 대고, 발가락은 앞을 향하게 하며, 손은 풋바 위에 어깨너비로 둔다. 척추는 중립 자세이고 복부는 바닥에서 당겨 올린다. 좌골은 위로 그리고 뒤로 뻗어준다.

2. 숨을 들이쉰다

다리를 사용해 캐리지를 홈에서 멀리 밀어내되, 척추 중립을 유지한다.

3. 숨을 내쉰다

복부를 척추 쪽으로 당기고 대퇴골을 손 쪽으로 당기되, 요추를 굴곡시키거나 아치를 이루게 하지 않는다. '안으로' 움직이는 동작을 강조하면서 캐리지를 거의 홈으로 가져와 시작자세로 돌아온다.

초급, 무릎 스트레칭 시리즈

기구 셋업

스프링: 1 빨강 & 1 파랑 또는 1 노랑

바: 낮게 줄: N/A

라이저: N/A 머리받이: N/A

기능과 대상 근육

- 척추 중립 자세 익히기
- 플랭크 시리즈를 위한 연계 동작
- 척추 신근, 요근 및 복근 강화
- 견갑골 안정화, 대퇴사두근 및 하부 복근 단련
- '골반을 당기는 사람들'에게 매우 효과적이다.

요령 및 주의사항

- 대퇴골이 안팎으로 움직일 때 척추 중립을 유지한다.
- 엉덩이를 밖으로 빼준다. 좌골을 무릎이 아니라 발꿈치 쪽으로 향하게 한다고 생각한다.
- 상체를 안정적이고 이완된 상태로 유지한다. 목의 뒤쪽을 긴장시키지 않는다.
- 척추는 중립이지만 복부를 바닥에서 척추 쪽으로 당겨 올려야 한다. 요추를 과신전시키지 않는다.

* **금기사항**: 무릎 부상

상상하기 _ 당신의 꼬리가 공중에서 사냥개처럼 곧게 세워져 있다.

수지 _ "이는 코끼리 동작에 좋은 연계 동작이고/또는 교습생이 손에 체중을 실어야 하는 그 어느 운동에도 좋은 연계 동작이다."

초급, 무릎 스트레칭 시리즈

기구 셋업
스프링: 1 빨강 & 1 파랑 또는 1 노랑
바: 낮게　　줄: N/A
라이저: N/A　　머리받이: N/A

기능과 대상 근육
- 플랭크 시리즈를 위한 연계 동작
- 척추 신근 및 대퇴사두근 스트레칭
- 견갑골 안정화, 대퇴사두근 및 하부 복근 단련

요령 및 주의사항
- 완전한 척추 C 곡선을 유지한다. 턱을 가슴으로 떨어뜨리지 않는다.
- 복근을 사용하여 척추 굴곡을 유지한다. 다리가 밖으로 나갈 때 척추 곡선을 잃지 않도록 한다.
- 팔꿈치를 과신전시키지 않는다. 팔꿈치 안쪽이 서로 마주보는 상태를 유지한다.
- **금기사항**: 무릎 부상, 관절염 또는 민감성, 디스크 기능장애, 골다공증

상상하기 _ 다리 사이에 꼬리가 있는 개를 상상한다.

엘리 _ "이는 C 곡선을 찾는 가장 쉬운 방법이다."

둥근 등　Round Back

1. 시작자세 - 6~10회 반복
캐리지 위에 무릎을 꿇어 발은 어깨받이에 대고, 발가락은 앞을 향하게 하며, 손은 풋바 위에 어깨너비로 둔다. 척추 전체를 둥글게 만들어 완전히 C 곡선이 되게 한다. 발꿈치에 거의 닿듯이 앉되, 척추가 다리에서 위로 '부풀려진' 것을 느낀다.

2. 숨을 들이쉰다
척추 곡선을 유지하고 슬괵근을 사용해 캐리지를 홈에서 멀리 밀어낸다.

3. 숨을 내쉰다
복부를 척추 쪽으로 당기고 '안으로' 움직이는 동작을 강조하면서 척추 굴곡을 심화시켜 시작자세로 돌아오되, 홈으로 완전히 돌아오지는 않는다.

1. 시작자세 - 10~20회 반복

둥근 등 무릎 스트레칭에서 전환한다. 캐리지를 밖으로 완전히 밀어주고 무릎을 캐리지에서 들어 올리면서 단번에 플랭크 자세로 밀어낸다.

시작자세에서 숨을 들이쉰다.

2. 숨을 내쉰다

요추 굴곡을 유지하면서 캐리지를 홈으로 당기고 무릎은 흉부 쪽으로 가져온다. 하복부를 깊숙이 집어넣는다.

상급, 무릎 스트레칭 시리즈

기구 셋업

스프링: 1 빨강 & 1 파랑

바: 낮게 줄: N/A

라이저: N/A 머리받이: N/A

기능과 대상 근육

- 스키 타는 사람들에게 좋다!
- 척추 신근 및 고관절 굴근 강화
- 견갑골 안정화, 대퇴사두근 및 하부 복근 단련

요령 및 주의사항

- 동작을 고관절과 무릎관절로 제한한다. 상체는 안정적으로 유지한다.
- 다리를 펴줄 때 발꿈치를 어깨받이 쪽으로 밀어주어 슬괵근과 둔근을 사용한다.
- 견갑골이 안정되고 턱이 이완된 상태를 유지한다.
- 팔꿈치를 과신전시키지 않는다.
- 무릎은 캐리지와 최대한 가깝게 유지한다. 무릎을 낮출수록 더 많은 운동이 된다.
- 하부 척추는 둥글지만 상부 척추는 곧게 펴져야 한다.
- **금기사항**: 손목 및/혹은 어깨 부상, 슬개골 활주(Patellar Tracking)부상, 골다공증

변형 동작 및 연계 동작

- **수정 동작**: 코끼리 자세로 골반을 높이 둔 채 운동한다(등 상부 근육을 덜 요한다).
- **연계 동작**: 플랭크, 무릎 스트레칭, 코끼리

상상하기 _ 무릎이 트랙 안에 있다. 두 개의 라인에서 앞뒤로 미끄러지고 있다.

엘리 _ "뉴욕에서 한 번은 그들이 이 동작을 내 나이만큼 반복하게 한 적이 있다…."

반대 방향 무릎 스트레칭 시리즈

반대 방향(라이저 방향) 무릎 스트레칭은 무릎에 하중을 훨씬 덜 실어주기 때문에, 전형적인 무릎 스트레칭의 좋은 대안 동작이다. 이 동작들은 무릎을 스트레칭 시키기보다는 복근과 엉덩이 굴근(고관절 굴근)을 강화하므로, 이 시리즈의 이름은 조금 오해의 소지가 있다. 리포머 레퍼토리 중 가장 하중이 적은 척추 굴곡 동작들이며, 그래서 임산부들이나 척추 부상이 있는 사람들에게 좋다. 복사근 변형 동작은 척추측만증과 골반 불균형에 좋다.

전형적인 '무릎 스트레칭들'이나 '반대 방향 무릎 스트레칭들' 사이에서 선택하도록 한다. 한 시간 운동하면서 둘 다 하지 않는다!

반대 방향 무릎 스트레칭
둥근 등
편평한 등
복사근

1. 시작자세 - 6~8회 반복

리포머의 뒤쪽을 향해 네발자세를 취하고, 무릎은 어깨받이에 대고, 손은 리포머의 틀을 잡고, 손가락은 틀 바깥에 둔다. 어깨는 손 바로 위로 두고 엉덩이는 무릎 바로 위로 둔다. 등 상부를 살짝 우묵하게 만들어 전거근의 사용을 촉진한다.

시작자세에서 숨을 들이쉰다

2. 숨을 내쉰다

고양이가 다리 사이로 꼬리를 당기듯 동작을 시작하고, 꼬리뼈 컬을 시작한 후 복부를 척추 쪽으로 깊게 당기며, 꼬리뼈에서부터 머리까지 순차적으로 등을 둥글게 만들어 무릎을 손 쪽으로 당긴다. 캐리지가 움직이는 이유는 팔을 당기기 때문이 아니라 척추를 둥글게 만들기 때문이다. 발꿈치로 앉게 될 때까지 계속 당긴다.

3. 숨을 들이쉰다

캐리지를 홈으로 다시 제어하며 가져오며, 둥글게 만든 척추를 머리에서부터 꼬리뼈까지 펴주면서 시작자세로 돌아온다.

초/중급, 반대 방향 무릎 스트레칭 시리즈

기구 셋업

스프링: 1 노랑 또는 1 파랑

바: N/A	줄: N/A
라이저: N/A	머리받이: N/A

기능과 대상 근육

- 어깨 안정화
- 복근 강화
- 척추 신근 스트레칭

요령 및 주의사항

- 팔로 당기지 않는다. 이는 잘못된 방식이다.
- 척추를 순차적으로 움직일 때 양방향의 가동범위 끝에서 제어력을 잃지 않도록 한다.
- 어깨를 안정적으로, 귀에서 멀리 유지한다.

변형 동작 및 연계 동작

- **변형 동작:** 펄스 동작: 발꿈치로 앉은 채 깊은 C 곡선으로 시작한다. 움직이는 거리의 3분의 1 정도로 되돌아오고, 다시 리듬을 타면서 C 곡선을 만들며, 매번 리듬을 탈 때마다 복부를 깊게 집어넣는다. 8회 반복한다.
- **연계 동작:** 매트의 사냥하는 고양이
- **금기사항:** 무릎 부상

상상하기 _ 움직임을 시작하기 위해 꼬리를 다리 사이로 당겨주고 있다.

엘리 _ "임산부 교습생들이나 꼬리뼈 부상 또는 디스크 탈출이 있는 교습생들에게 아주 좋은 복근 운동이다. 왜일까? 많은 하중이 실리는 굴곡이 아니기 때문이다."

초/중급, 반대 방향 무릎 스트레칭 시리즈

편평한 등(초/중급)

숨을 내쉬고 다리를 손 쪽으로 당기면서 척추 중립과 상체 안정성을 유지하고 대퇴골을 굽히되 골반은 가만히 유지한다. 가동범위는 작게 한다.

요근의 고관절 굴곡 동작에 집중하려면 무릎을 엉덩이 바로 아래에 두고 허벅지 안쪽 사이에 작은 공을 넣어준다.

편평한 등 1

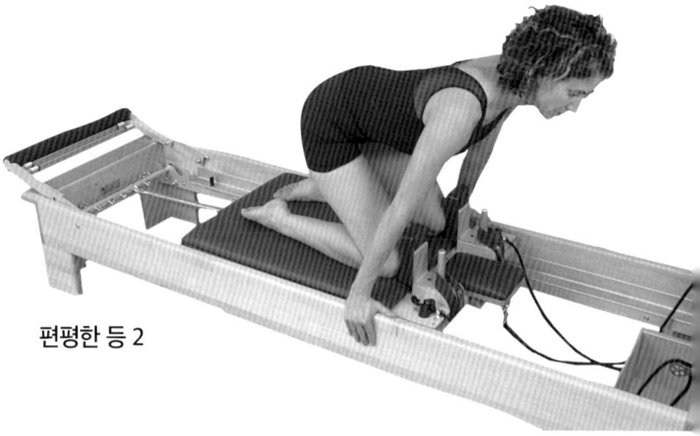

편평한 등 2

복사근(초/중급)

양손을 틀의 한쪽으로 두고 손가락은 틀의 바깥쪽을 향하게 한다. 양손은 어깨 아래로 놓고 8"(20cm) 정도 벌려 캐리지 가까이 둔다. 척추는 손 쪽으로 구부리면서 비틀어준다. 등 상부를 살짝 우묵하게 만들어 전거근의 활용을 촉진하되, 목의 뒤쪽은 길게 유지한다. 숨을 내쉬면서 복부를 집어넣고 꼬리뼈를 몸통 바로 밑으로 당겨주면서 요추를 둥글게 만들어 캐리지를 홈에서 멀리 움직이게 한다. 손 쪽으로 척추 회전을 키워주면서 등의 반대쪽을 스트레칭 시킨다. 이 동작은 복근으로 카누의 노를 젓는 것처럼 느껴진다. 기억한다: 척추측만증에 아주 좋다!

복사근 1

복사근 2

무릎으로 선 자세 시리즈

무릎으로 선 자세 시리즈는 교습생의 자세 확인이 잘 된다. 이는 무릎으로 선 자세가 불안정하기 때문이다. 필라테스의 무릎으로 선 자세 동작들은 항상 파워하우스를 활용해 수행한다. 즉 대퇴골은 고관절 소켓에서 앞쪽으로 밀어주고(슬괵근과 둔근을 사용), 복부는 안으로 집어넣으며, 몸통은 살짝 앞쪽으로 기울여 코어 강화를 증진시킨다.

한 시간 운동하면서 무릎으로 선 자세 동작을 4개 이상 하지 않는다. 이 동작들을 너무 많이 하면 무릎 부상을 당할 수 있다. 무릎 문제를 조심하도록 한다! 이 동작들은 대부분 캐리지 위에 다리를 교차시켜 앉거나 롱 박스에 다리를 벌리고 앉아서도 수행할 수 있다. 민감한 무릎 아래에 패딩(베개 등)을 추가해도 된다. 일부 동작들은 보기보다 훨씬 더 어렵다(팔로 원 그리기, 경례). 조심한다!

중급	상급	최상급
흉부 확장	팔로 원 그리기	무릎으로 선 자세 후굴
라 크로아	경례	
회전		

중급, 무릎으로 선 자세 시리즈

기구 셋업
스프링: 1 빨강 또는 1 파랑

바: N/A 줄: 기준 길이

라이저: 아래로 머리받이: N/A

기능과 대상 근육
- 균형감 향상
- 슬괵근, 둔근 및 복근 단련
- 광배근, 삼두근 및 회전근개 강화

요령 및 주의사항
- 고관절을 굴곡시키지 않는다. 슬괵근으로부터 앞쪽으로 대퇴골을 제대로 밀어주어 무릎에서부터 머리 꼭대기까지 하나의 긴 라인을 유지한다.
- 무릎으로 선 자세에서는 시작자세로 돌아올 때 안정성을 유지하는 것이 더 어렵다. 교습생을 지지해준다.
- 팔을 움직이는 동안 척추를 늘여주는 것에 집중한다. 보이지 않는 상상 속의 실을 느낀다.
- 목을 이완시켜 길게 유지한다. 거북목을 해서는 안 된다.
- 무릎으로 선 자세가 슬개골에 통증을 일으키는 경우에 교습생의 무릎 아래에 패드를 받쳐준다. 도움이 안 된다면 앉아서 하는 버전을 수행한다.
- **동작 수행의 장애**: 약한 둔근, 균형감 저하
- **금기사항**: 일부 무릎 부상들(무릎으로 선 자세가 관절을 압박한다)

변형 동작 및 연계 동작
- **수정 동작:** 무릎을 어깨받이에 대고 무릎으로 선 자세에서 흉부 확장
- **연계 동작:** 롱 박스에 앉아서 하는 흉부 확장

엘리 _ "이것이야말로 진정한 '완벽한 정렬' 운동이다."

흉부 확장 Chest Expansion

1. 시작자세 - 4회 반복
무릎으로 선 자세에서 발목을 굴곡시켜 발가락이 캐리지의 앞쪽 끝부분을 잡게 한다. 손 끈을 잡고 새끼손가락이 뒤로 향하게 한다. 몸을 살짝 앞쪽으로 기울여 슬괵근과 둔근을 활용한다.

숨을 들이쉬면서 척추를 길게 늘여준다.

2. 숨을 내쉰다
복근으로 몸통을 안정화하고 팔을 옆구리와 평행이 될 때까지 뒤로 당겨준다(또는 조금 더 멀리). 어깨가 '미소를 지으며' 열리는 것을 느낀다. 어깨관절 소켓에서 상완골두를 뒤로 당겨준다.

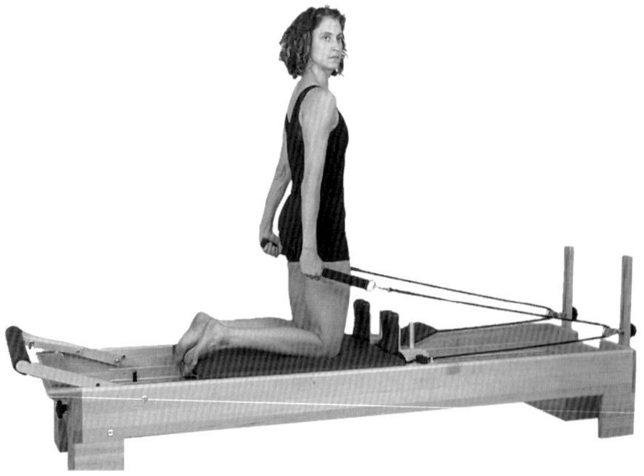

3. 호흡을 계속한다
좌우로 바라본 다음 정면을 바라본다. 팔을 시작자세로 되돌리면서 몸을 뒤로 기울이거나 엉덩이를 구부리지 않는다.

중급, 무릎으로 선 자세 시리즈

요령 및 주의사항의 자세한 내용은 90 및 91페이지의 앉아서 하는 롱 박스 동작을 참고한다.

라 크로아

라 크로아

무릎으로 선 자세에서 발을 굴곡시켜 발가락이 캐리지의 앞쪽 끝부분을 잡게 한다. 줄은 교차시키고, 손은 손 끈을 잡고, 팔꿈치는 구부려 양옆으로 열어주고, 팔로 다이아몬드 모양을 만든다. 몸을 살짝 앞쪽으로 기울여 슬괵근과 둔근을 활용한다. 복부를 척추 쪽으로 당겨주어 흉곽을 안정화하고 견갑골을 부드럽게 조여주되, 팔의 다이아몬드 모양을 유지한다.

능형근을 이완시키고 견갑골이 밀려 서로 떨어지게 하면서 시작자세로 돌아온다.

회전

회전

무릎으로 선 자세에서 발을 굴곡시켜 발가락이 캐리지의 앞쪽 끝부분을 잡게 한다. 줄은 교차시키며, 손 끈은 손바닥을 위로 해서 잡고 손 끈 끝은 엄지손가락 옆에 둔다. '히치 하이커 홀드'이다. 팔꿈치는 90도로 구부려 옆구리에 붙인다. 몸을 살짝 앞쪽으로 기울여 슬괵근과 둔근을 활용한다. 복부를 척추 쪽으로 당겨서 흉곽을 안정화한다. 상완골을 뒤로 돌려주어 아래팔이 양옆으로 회전하도록 해주되, 아래팔은 바닥과 평행으로 유지한다. 팔꿈치는 옆구리에 붙인 상태를 유지한다. 팔을 제어하며 천천히 되돌려 시작자세로 돌아온다.

상급, 무릎으로 선 자세 시리즈

기구 셋업
스프링: 1 빨강 또는 1 파랑
바: N/A　　　　줄: 기준 길이
라이저: 아래로　　　　머리받이: N/A

기능과 대상 근육
- 균형감 및 제어력 향상
- 복근, 둔근 및 슬괵근 단련
- 삼각근 강화, 견갑골 안정화

요령 및 주의사항
- 다리 뒤쪽을 단련시키고 동작을 극대화하려면 몸을 앞쪽으로 최대한멀리 제어하면서 기울인다. 복근이 몸통을 받쳐주는 것을 느낀다.
- 완전한 원 그리기를 하기 전에 이 자세에서 2~3회 여왕 팔 뻗기 동작으로 준비운동을 한다.
- 팔을 열어주고 양옆으로 내려줄 때 몸통 앞으로 팔을 유지한다.
- 팔로 원 그리기를 하는 내내 끈 안에 있는 손의 압력을 고르게 유지한다. 저항을 이용하여 안정화를 돕는다.
- 제어력을 가지고 부드럽게 움직인다. 빠르고 급격한 움직임은 몸통을 불안정하게 한다.
- **금기사항**: 일부 무릎 부상들(무릎으로 선 자세가 관절을 압박한다)

변형 동작 및 연계 동작
- **연계 동작**: 여왕, 흉부 확장(무릎으로 선 자세), 앞 노젓기(수정 동작), 제공하기

상상하기 _ 몸 앞쪽으로 불어오는 강력한 바람에 의해 받쳐지고 있다. 바람 쪽으로 몸을 기울인다.

엘리 _ "안정화를 돕기 위해 발꿈치를 '브레이크'처럼 어깨받이 쪽으로 눌러준다."

팔로 원 그리기　Arm Circles

1. 시작자세 - 각 방향으로 3회 반복
리포머의 앞쪽 풋바를 향해 무릎으로 선 자세에서 발은 어깨받이에 대고 발가락은 앞쪽으로 당긴다. 발꿈치를 어깨받이 쪽으로 눌러주어 슬괵근과 둔근을 활용한다. 몸을 살짝 앞쪽으로 기울인다. 팔은 양옆으로 두고, 손은 끈에 넣고, 손바닥은 위로 향하게 하고, 손목은 길게 한다.

시작자세에서 숨을 들이쉰다.

2. 숨을 내쉰다
복부를 척추 쪽으로 당기고, 둔근과 슬괵근을 사용하며, 견갑골을 안정화한 채, 팔을 앞쪽으로 그리고 머리 위로 밀어낸다(여왕 뻗기). 손바닥은 위로 향한 상태를 유지하며, 복부를 집어넣으며 견갑골로부터 움직임을 느낀다.

3. 숨을 들이쉰다
팔을 옆으로 밖을 향해 열어주면서 손바닥이 앞을 향하게 하고 손을 옆으로 내리면서 시작자세로 돌아온다. 팔을 내리면서 몸을 앞쪽으로 기울인 자세를 유지한다.

2회 더 반복한 다음 팔로 원 그리기의 방향을 바꿔준다.

유의사항: 반대 방향 팔로 원 그리기에서 몸 앞으로 팔을 내려줄 때 손바닥을 위로 향하게 하여 흉부의 열림과 견갑골의 안정화를 촉진한다.

수정 동작: 오퍼링 1

수정 동작: 오퍼링 2

수정 동작: 오퍼링(중급)

팔꿈치는 양옆으로 두고 아래팔은 바닥과 평행하게 한 채 시작한다.

파티 손님에게 마가리타가 올려진 쟁반을 제공하듯 팔을 앞쪽으로 뻗는다.

앞쪽으로 뻗을 때 몸을 뒤로 기울이지 않도록 한다.

팔을 시작자세로 되돌린다.

상급, 무릎으로 선 자세 시리즈

기구 셋업

스프링: 1 빨강 또는 1 파랑

바: N/A

줄: 기준 길이

라이저: 아래로

머리받이: N/A

기능과 대상 근육

- 균형감 및 제어력 향상
- 삼두근 및 삼각근 강화
- 복근, 둔근, 슬괵근 및 중부 승모근 단련

요령 및 주의사항

- 동작을 시작할 때 캐리지는 홈 위치에 있지 않을 것이다.
- 제어력을 가지고 부드럽게 움직인다. 빠르고 급격한 움직임은 몸통을 불안정하게 한다.
- 이는 불안정한 자세이므로 교습생을 지지해준다.
- 견갑골을 안정적으로 유지하는 중부 승모근에 집중한다.
- 팔꿈치를 구부릴 때 끈 안 손의 압력을 유지하여 안정화한다.
- 슬개골에 가해지는 압력을 줄이려면 몸을 앞쪽으로 기울이지 않고 똑바로 세워 무릎으로 선 자세를 취한다.
- **동작 수행의 장애**: 긴장된 광배근, 약한 둔근, 넘어지는 것에 대한 두려움
- **금기사항**: 일부 무릎 부상들(무릎으로 선 자세는 관절을 압박한다)

변형 동작 및 연계 동작

- **변형 동작**: 머리 밀기: 머리를 앞쪽으로 숙이고 손을 머리 뒤로 둔 자세에서 필라테스 여신에게 경례를 한다(머리 뒤쪽을 밀어 올리는 것처럼).
- **연계 동작**: 롱 박스 위에 앉아 하는 경례, 흉부 확장(무릎으로 선 자세)

상상하기 _ 당신은 뱃머리에 조각된 작은 조각상이며, 당신이 몸을 앞쪽으로 기울일 때 배 전체가 당신을 받쳐준다.

엘리 _ "두렵다!"

경례 Salute

1. 시작자세 - 각 방향으로 4회 반복

풋바를 향해 무릎으로 선 자세에서 발은 어깨받이에 대고 발가락은 앞쪽으로 당긴다. 손을 끈에 끼운 다음 발꿈치를 어깨받이 쪽으로 눌러주어 슬괵근과 둔근을 활용하고 몸을 최대한 멀리 앞쪽으로 기울인다. 손을 끈에 끼우며, 팔꿈치를 구부리고 집게손가락을 눈썹에 닿게 해서 이마쪽으로 경례를 한다. 손바닥은 바깥을 향한다.

시작자세에서 숨을 들이쉰다.

2-3. 숨을 내쉰다/들이쉰다

숨을 내쉬면서 복부를 척추 쪽으로 당겨주고, 발꿈치를 어깨받이 쪽으로 밀어 둔근과 슬괵근을 활용하며, 견갑골을 안정화하면서, 팔꿈치를 펴주되 팔을 몸과 일렬로 유지한다. 숨을 들이쉬면서 팔꿈치를 구부리고 손을 다시 이마로 가져오되 몸의 경사를 유지한다.

변형 동작: 머리 밀기

무릎으로 선 자세 후굴 Kneeling Backbend

1. 시작자세 - 팔굽혀펴기 5회로 한 번

무릎을 어깨받이에 대고 발꿈치쪽으로 앉는다. 한쪽 팔을 뒤로 뻗어 풋바 아래쪽을 잡고 손바닥은 위로 향하게 한다. 여전히 발꿈치 앉은 자세에서 캐리지를 최대한 멀리 밖으로 밀어준다.

시작자세에서 숨을 들이쉰다.

2. 숨을 내쉰다

골반을 아래로 당긴 상태를 유지하면서 몸통을 펼쳐 뒤로 풋바를 바라보고 반대쪽 손으로 풋바 아래쪽을 잡는다.

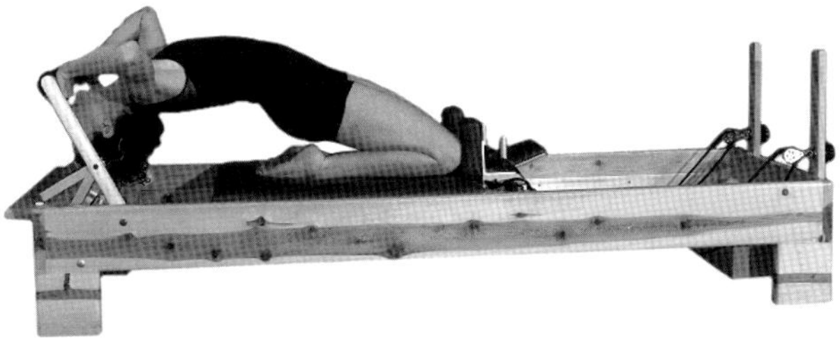

3. 호흡을 계속한다

팔꿈치를 양옆으로 구부려 머리가 풋바 아래로 오도록 하면서 복부를 안으로 집어넣고 둔근을 활용해 아래로 당겨준 골반을 유지한다. 팔꿈치를 구부리고 펴주면서 5회 팔굽혀펴기를 한다.

4. 숨을 내쉰다

마무리하기 위해 5번째 팔굽혀펴기를 한 후 몸통을 들어 올리면서 한쪽 팔을 천장으로 높이 뻗으며 풀어주고 캐리지가 홈으로 오도록 해준다.

최상급, 무릎으로 선 자세 시리즈

기구 셋업

스프링: 2 빨강 또는 1 빨강 & 1 파랑

바: 높게	줄: N/A
라이저: N/A	머리받이: N/A

기능과 대상 근육

- 둔근, 허리, 어깨 및 팔 강화
- 복근, 고관절 굴근, 흉부, 광배근 및 흉근 스트레칭

요령 및 주의사항

- 하체를 안정적으로 유지해 팔굽혀펴기의 받침점이 허리가 아니라 팔과 어깨에 오도록 한다.
- 허리에 가해지는 압박을 풀어주도록 도우려면 발꿈치로 앉아 있고 둔근을 사용해 골반을 아래로 당긴다고 계속 생각한다.
- **금기사항**: 일부 무릎 부상들(무릎으로 선 자세가 관절을 압박 한다), 척추 협착증

변형 동작 및 연계 동작

- **연계 동작:** 스프링보드나 캐딜락 위에서 하는 허벅지 스트레칭. 고관절 굴근 스트레칭이면 어느 동작이든 이 동작을 위해 몸을 준비시켜 주는 데 도움이 될 것이다.

상상하기 _ 풋바로 까꿍 놀이를 하고 있다.

엘리 _ "이 동작은 필라테스 X 파일의 일부분이다."

무릎으로 선 자세 측면 팔 시리즈

대부분의 필라테스 동작들처럼 무릎으로 선 자세 측면 팔 시리즈는 보기보다 더 어려우며, 리포머 위에서 팔을 따로 단련시키는 유일한 시리즈이다. 나는 리포머에 노랑 스프링들을 설치하기까지는 이 동작들을 할 수가 없었는데, 이 동작들이 굉장한 어깨 및 코어 안정성을 요하기 때문이다. 이 시리즈를 하는 데 곤란을 겪는다면 손 끈을 늘려주거나, 스프링 바를 두 번째 기어로 넣거나, 줄을 라이저 상단으로 올려 저항을 더욱 줄여줄 수 있다. 이 시리즈를 수행할 때에는 손 끈을 빼고 핸들로 교체하도록 한다.

무릎으로 선 자세 측면 팔 시리즈

오버헤드
한쪽 팔 회전
스와카데
측굴(계단 아래 페인트칠)

1. 시작자세 - 4~8회 반복

캐리지 위에서 측면을 향해 무릎으로 선 자세에서 무릎을 엉덩이 바로 아래에 둔다. 라이저 쪽 손의 엄지와 집게손가락 사이로 핸들을 잡는다. 팔은 옆으로 내밀어 90도로 구부리되, 약간 몸 앞으로 그리고 약간 어깨 아래로 둔다. 손바닥은 몸 쪽으로 향하고 손가락은 천장 쪽으로 길게 펴준다.

시작자세에서 숨을 들이쉰다.

2-3. 숨을 내쉰다/들이쉰다

숨을 내쉬면서 복부를 척추 쪽으로 당겨 흉곽을 안정화하고 둔근을 활용하여 골반을 안정화한 채 팔꿈치를 펴면서 팔을 천장 쪽으로 곧게 올린다. 견갑골은 팔이 들어 올려질 때 등을 따라 아래로 내려준다. 팔꿈치를 구부려 시작자세로 돌아온다.

중급, 무릎으로 선 자세 측면 팔 시리즈

기구 셋업

스프링: 1 노랑, 필요에 따라 두 번째 기어

바: N/A	줄: 기준 길이 또는 더 길게
라이저: 아래로	머리받이: N/A

기능과 대상 근육

- 어깨 외전근 강화
- 어깨 및 흉곽 안정성 익히기
- 복근 및 둔근 단련

요령 및 주의사항

- 목이 아니라 어깨로부터 팔을 올린다. 팔을 올릴 때 견갑골을 아래로 유지한다.
- 캐리지가 움직이는 동안 몸이 흔들리거나, 비틀리거나, 기울어지지 않도록 한다.
- 슬괵근과 둔근을 사용해 대퇴골이 계속 앞쪽으로 누르도록 하며, 엉덩이를 평행으로 유지한다.
- 팔이 올려질 때 상부 승모근이 사용되겠지만, 계속 팔을 몸통과 연결시킨다.
- 팔을 올리기 위해 흉곽을 들어 올리지 않는다.
- 견갑골의 안정화를 유지할 수 있는 가동범위로만 움직여준다.
- **동작 수행의 장애**: 긴장된 상부 승모근, 긴장된 광배근
- **금기사항**: 일부 무릎 부상들(무릎으로 선 자세가 관절을 압박한다)

변형 동작 및 연계 동작

- **수정 동작**: 무릎으로 선 자세로 골반과 흉곽을 안정화하는 것이 어렵거나 고통스럽다면 측면을 향해 다리를 교차시킨 자세로 앉는다.
- **수정 동작**: 스프링 세팅이 너무 버겁다고 느껴지면 줄을 늘려주고/또는 스프링들을 두번째 기어로 옮겨준다
- **연계 동작**: 캐딜락의 한쪽 광배근 당기기

상상하기 _ 만인이 보도록 횃불을 올리는 자유의 여신상이다.

엘리 _ "견갑대를 안정적으로 유지할 수 있는 높이로만 팔을 들어 올린다. 어깨는 올라가지 않아야 한다."

중급, 무릎으로 선 자세 측면 팔 시리즈

기구 셋업
스프링: 1 노랑, 필요에 따라 두 번째 기어

바: N/A　　줄: 기준 길이 또는 더 길게

라이저: 아래로　　머리받이: N/A

기능과 대상 근육
• 복근 및 둔근 단련
• 극하근, 소원근 및 삼각근 강화

요령 및 주의사항
• 팔꿈치를 펴면서 팔을 옆으로 더 열어주지 않는다.
• 움직임을 분리해 정확하게 유지한다.
• 시작자세로 돌아갈 때 어깨가 안으로 돌아가거나 내회전되지 않게 한다.
• **금기사항**: 일부 무릎 부상들(무릎으로 선 자세가 관절을 압박한다)

변형 동작 및 연계 동작
• **연계 동작**: 회전

상상하기 _ 어깨를 벗겨내듯이 열어주고 있다.

엘리 _ "이는 단연 최고의 어깨 안정성 동작이다…."

한쪽 팔 회전 One Arm Rotator

1. 시작자세 - 4회 반복
캐리지 위에서 측면을 향해 무릎으로 선 자세에서 무릎을 어깨받이 옆에, 엉덩이 바로 아래에 둔다. 풋바 쪽 손으로 핸들을 잡고 팔꿈치는 90도로 구부려 몸통에 닿게 한다. 손은 엄지를 위로 해서 핸들을 감싸며 부드럽게 주먹을 쥔다. 주먹은 리포머의 측면을 향하게 한다.

시작자세에서 숨을 들이쉰다.

2-3. 숨을 내쉰다/들이쉰다
숨을 내쉬면서 복부를 척추 쪽으로 당겨 흉곽을 안정화하고, 둔근을 활용하여 골반을 안정화한 채 아래팔을 측면으로 약 50~70도 열되(상완골을 외회전시킨다) 팔꿈치는 몸통에 닿게 한다. 숨을 들이쉬고 자세를 유지한다.

4-5. 숨을 내쉰다/들이쉰다
숨을 내쉬면서 견갑골을 척추 쪽으로 당기고 천천히 팔꿈치를 펴면서 팔을 옆으로 치듯이 뻗어준다. 숨을 들이쉰다. 팔꿈치를 몸 쪽으로 구부린 다음 상완골을 내회전시켜 팔을 다시 시작자세로 가져온다.

중급, 무릎으로 선 자세 측면 팔 시리즈

기구 셋업
스프링: 1 노랑, 필요에 따라 두 번째 기어
바: N/A　　줄: 기준 길이 또는 더 길게
라이저: 아래로　　머리받이: N/A

1. 시작자세 - 4회 반복
캐리지 위에서 측면을 향해 무릎으로 선 자세에서 무릎을 어깨받이 옆에, 엉덩이 바로 아래에 둔다. 풋바 쪽 손으로 핸들을 잡고, 팔꿈치는 구부리며, 아래팔은 마치 복부를 잡고 있듯이 몸통을 가로질러 놓는다(사진 없음).

시작자세에서 숨을 들이쉰다.

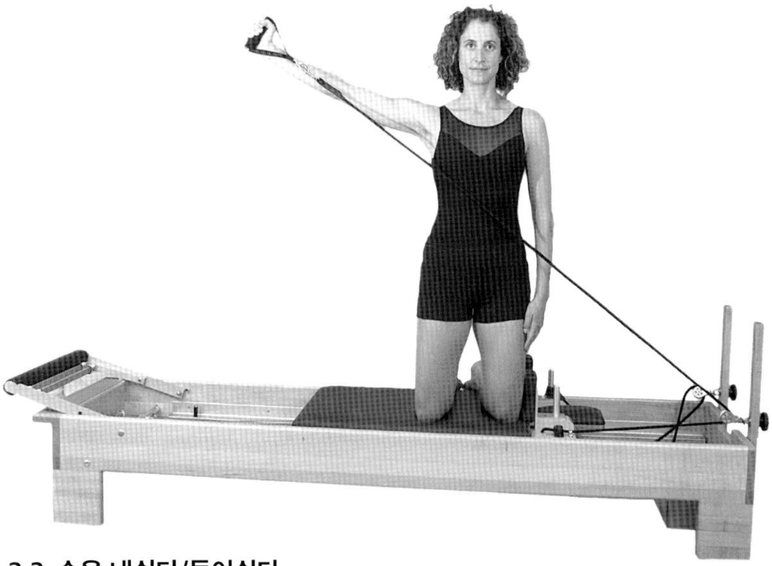

2-3. 숨을 내쉰다/들이쉰다
복부를 척추 쪽으로 당겨 흉곽을 안정화하고 둔근을 활용하여 골반을 안정화한다. 팔꿈치를 구부린 채 위팔을 대각선으로 위쪽 및 옆쪽으로 당겨올리되, 어깨에서부터 움직임을 시작한다. 팔꿈치를 어깨 위로 위치시킨 채 손목을 구부린 상태를 유지하면서 팔꿈치를 펴서 하나의 긴 대각선을 만든다. 팔꿈치가 완전히 신전되었을 때 손목을 펴준다. 검을 완전히 뽑은 것이다. 이렇게 생각한다: "팔꿈치, 손목, 손."
숨을 들이쉰다. 팔 동작을 역순으로 하여 팔을 다시 시작자세로 가져온다.
손을 몸 쪽으로 구부린 다음 손목, 그 다음 팔꿈치를 구부린다.

기능과 대상 근육
- 삼각근 강화
- 손목 강화 및 스트레칭
- 어깨 안정화와 함께 팔의 순차적인 움직임 익히기

요령 및 주의사항
- 움직임을 부드럽게 유지하되, 손목의 긴장을 방지하기 위해 손목 움직임을 빠르게 한다.
- "팔꿈치. 손목. 손. 손. 손목. 팔꿈치." 이렇게 신호를 준다.
- 슬괵근과 둔근을 활용해 대퇴골이 계속 앞쪽으로 누르도록 하며, 엉덩이를 평행으로 유지한다.
- **금기사항**: 손목 문제, 손목 터널 증후군, 무릎 문제

변형 동작 및 연계 동작
- **연계 동작**: 한쪽 팔 회전

상상하기 _ 검을 천천히 칼집에서 빼내고 있다.

수지 _ "이는 손목을 단련시키기 때문에 테니스나 골프를 하는 교습생들에게 도움이 되는 동작이다."

엘리 _ "스와카데는 플랭크 시리즈 후에 손목을 스트레칭 시켜 주는 데 좋은 동작이다."

중급, 무릎으로 선 자세 측면 팔 시리즈

기구 셋업
스프링: 1 노랑, 필요에 따라 두 번째 기어
바: N/A 줄: 기준 길이 또는 더 길게
라이저: 아래로 머리받이: N/A

기능과 대상 근육
- 손목 스트레칭
- 삼두근 및 광배근 강화
- 요방형근 및 복사근 스트레칭
- 팔의 순차적인 움직임 및 어깨 안정화 익히기

요령 및 주의사항
- 어깨는 아래로 유지한다.
- 목은 척추의 곡선을 따라가도록 한다.
- 상완골과 어깨는 움직이지 않는다. 팔꿈치 신전이라고 생각한다.
- 엉덩이를 평행으로 유지한다. 이를 위해 둔근을 조여주고 엉덩이, 특히 바깥쪽 엉덩이를 앞쪽으로 밀어준다.
- **금기사항**: 불안정한 어깨, 민감한 무릎

변형 동작 및 연계 동작
- **변형 동작:** 아래팔의 다른 근육들을 단련시키기 위해 손바닥을 위로 향하게 해서 시작한다.
- **연계 동작:** 한쪽 팔 회전, 스와카데, 캐딜락의 측면 스트레칭

상상하기 _ 계단의 밑을 페인트칠하고 있다.

엘리 _ "어깨를 과도하게 스트레칭 시키지 않기 위해 견갑골을 고정시킨 상태를 유지하도록 한다."

변형 동작: 손바닥을 위로 향하게 한 계단 아래 페인트칠

측굴(계단 아래 페인트칠) Sidebend(Painting Under the Stairs)

1. 시작자세 - 4회 반복
캐리지 위에서 측면을 향해 무릎으로 선 자세에서 무릎을 엉덩이 바로 아래에 위치시키고, 어깨받이에서 6~10인치(15~25cm) 거리에 둔다. 몸을 라이저를 향해 측면으로 구부려 한쪽 손을 어깨받이 위에 두고 손가락이 몸 반대쪽으로 향하게 한다. 반대쪽 손은 핸들을 잡고, 팔은 머리 위로 두며, 팔꿈치는 구부려 위로 천장을 향하게 한다. 손바닥은 머리를 향하게 한다.

시작자세에서 숨을 들이쉰다.

2-3. 숨을 내쉰다/들이쉰다
측굴 자세를 유지하고 어깨가 등에 붙어 있는 상태를 유지하면서 팔을 머리 위로 펴준다. 복근과 둔근을 활용하여 유지한다. 숨을 들이쉰다. 측굴 자세를 유지하면서 팔 동작을 역순으로 하여 시작자세로 돌아온다.

다리 시리즈와 긴 척추 스트레칭

다리 시리즈에서는 다리의 움직임이 골반/척추 중립의 안정성을 강화하면서 슬괵근과 내전근을 부드럽게 단련시킨다. 안정성을 고려한 가동범위 내에서 운동한다. 근력과 안정성이 증가하면서 가동범위 또한 증가할 것이다. 평행 다리 운동은 특히 무릎 및 고관절 재활에 좋다. 긴 척추 스트레칭은 하중이 실리는 굴곡 동작이므로 디스크 기능장애나 골다공증이 있는 교습생에 주의하도록 한다. 시작 전에 끈을 늘려주는 것을 잊지 말고 끝나고 나면 끈을 다시 기준 길이로 되돌려준다.

다리 시리즈

평행으로 다리 당기기
턴 아웃/턴 인으로 다리 당기기
열고 닫기
열고 닫기: 턴 아웃 & 인
직사각형/원/타원
할리우드 다리
다이아몬드 당기기
3방향 엉덩이 스트레칭

긴 척추

긴 척추 스트레칭

초급, 다리 시리즈

기구 셋업
스프링: 2 빨강, 또는 1 빨강 & 1 파랑
바: 아래로 줄: D-링이 어깨받이와 평행이 되게 길이 조절
라이저: 위로 또는 아래로 머리받이: 위로

기능과 대상 근육
- 골반과 대퇴골의 분리 인식
- 다리가 위아래로 움직이는 동안 골반 안정성을 익힌다.
- 슬괵근(다리가 캐리지 쪽으로 당겨질 때)과 내전근(다리를 평행으로 유지하거나 고관절이 턴 아웃 자세일 때 다리를 모아준다)을 강화한다.

요령 및 주의사항
- 등 근육으로 다리 당기기를 시작하지 않는다. 골반/척추 중립을 유지한다.
- 가동범위를 작게 유지하고 교습생의 요추 아래에 손을 넣어 교습생의 척추 중립을 확인한다.
- 평행 자세로 운동할 때 무릎을 1~2도 구부린 상태를 유지하여 관절의 과신전을 방지한다.
- 발이 아니라 대퇴골의 상단으로부터 당기기를 시작한다. 내측 슬괵근에 집중한다.
- 후방 골반의 경우: 골반이 아래로 당겨지지 않도록 하려면 다리가 시작자세로 돌아오는 동안 치골이 아래로 회전한다고 생각한다.
- 전방 골반의 경우: 다리가 아래로 당겨질 때 캐리지와 연결된 상태를 유지하는 천골의 상단 부분에 집중한다. 천골이 불안정해지기 직전이 움직임의 끝부분이다.
- 일반적인 슬괵근 유연성은 80도로 구부리는 고관절 굴곡이므로, 대부분의교습생들은 중립을 유지하며 다리를 90도로 가져오지 못할 것이다
- 손을 교습생의 요추 아래에 넣어 척추 중립과 척추 신근을 확인하고/또는 손을 하복부 위에 대어 교습생의 복부 집어넣기를 확인한다.
- 발은 이완된 상태를 유지한다. 세우거나 굴곡시키지 않는다.
- **금기사항**: 급성기의 슬괵근 당김, 좌상, 또는 파열

변형 동작 및 연계 동작
- **수정 동작:** 교습생의 체구가 작거나 교습생이 중립을 유지하는 것을 어려워한다면 1 빨강 & 1 파랑 스프링(또는 더 약하게)을 사용한다.
- **수정 동작:** 골반 안정성에 집중하려면 허벅지에 끈을 사용한다.

상상하기 _ 바비 인형의 골반과 다리 - 그녀의 골반은 다리와 함께 움직일 리가 없다.

엘리 _ "평행 다리 운동은 무릎 재활에 매우 좋다!"

평행으로 다리 당기기 Leg Pulls in Parallel

1. 시작자세 - 각 자세로 4~8회 반복
평행인 경우: 끈을 발의 족궁(arches of feet, 발아치)에 두르고, 다리는 평행으로 두고 고관절을 굴곡시켜 발꿈치를 좌골과 일렬로 만들어주며, 척추는 중립을 유지한다. 무릎은 아주 부드럽게 약간만 구부려준다. (발꿈치가 모아져 있으면 무릎관절이 과신전 되지 않는다.)

시작자세에서 숨을 들이쉰다.

2-3. 숨을 내쉰다/들이쉰다
복부를 척추 쪽으로 당겨주고 골반/척추 중립을 잃지 않으면서 다리를 캐리지 쪽으로 당겨 내린다. 캐리지와 연결된 상태를 유지하는 천골의 상단 부분에 집중한다. 골반을 아래로 당기지 않으면서 제어하며 다시 시작자세로 돌아온다. 꼬리뼈를 캐리지로 안착시킨다.

초급, 다리 시리즈

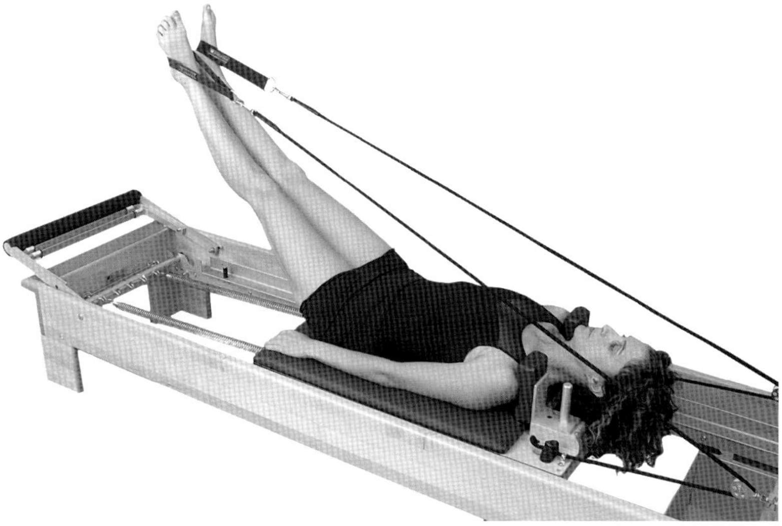

턴 아웃으로 다리 당기기

턴 아웃으로 다리 당기기

고관절을 턴 아웃 시키고 발은 필라테스 'V'를 만든다. 발꿈치를 모으고 무릎을 편 상태를 유지한다. 발꿈치가 모아져 있으면 무릎관절이 과신전될 수 없다.

턴 인으로 다리 당기기

턴 인으로 다리 당기기

다리는 평행으로 두고, 발꿈치는 좌골과 일렬로 만들며, 대퇴골을 내회전시켜 발가락이 서로 닿게 한 채 시작한다(발목관절에서 턴 인 시키지 않는다).

초급, 다리 시리즈

기구 셋업
스프링: 2 빨강, 또는 1 빨강 & 1 파랑
바: 아래로 줄: D-링이 어깨받이와 평행이 되게 길이 조절
라이저: 위로 또는 아래로 머리받이: 위로

기능과 대상 근육
- 내전근 강화
- 다리로 원 그리기와 할리우드 다리를 위한 연계 동작
- 관상면에서 골반과 대퇴골의 분리 인식
- 골반을 안정화하면서 가능한 고관절 가동범위의 끝부분을 찾는다.
- 복근과 심부 척추 근육들이 골반과 척추를 안정화한다.

요령 및 주의사항
- 가동범위 내내 다리는 45도로 유지한다. 다리가 처지거나 올라간다면 다리 내전근이 스프링의 저항에 대항해 작용하고 있지 않은 것이다. 다리가 움직이는 동안 캐리지도 또한 움직여야 한다.
- 골반 회전에 주의하고 내복사근을 사용하여 골반을 안정화한다. 골반 회전의 또 다른 지표는 다리의 높이가 서로 다른 것이다.
- 다리가 외전될 때 골반을 아래로 당기지 않는다.
- 내전근이 긴장되면 동작에서 가동범위가 줄어들 것이므로, 동작을 수행하기 전에 내전근을 스트레칭 시킨다. 긴장된 근육들은 일반적으로 약하다.

상상하기 _ 두 개의 큰 유리 접시가 발을 샌드위치처럼 압착하고 있어 다리가 오직 열리고 닫힐 수만 있다. 올라갈 수가 없다.

엘리 _ "다리를 열어주면서 척추와 골반은 안정적으로 유지한다. 이것이 이 동작에서 힘든 부분이다."

열고 닫기 Open & Close

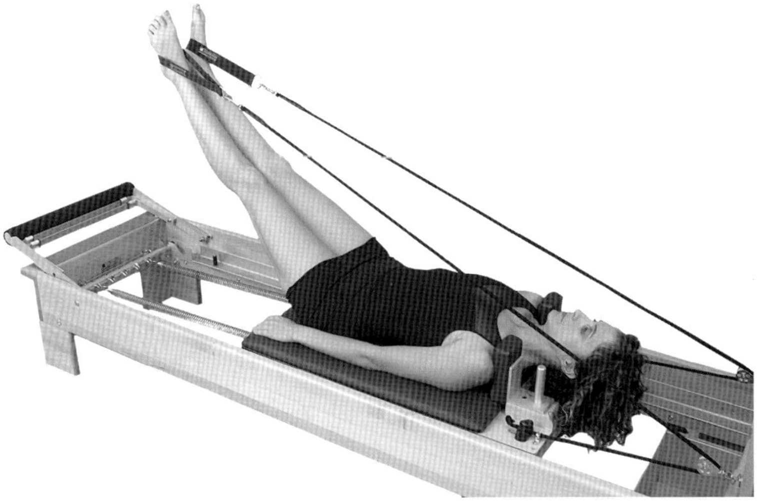

1. 시작자세 - 4~8회 반복
발은 끈에 넣고, 무릎은 펴주며, 고관절은 턴 아웃 시키고, 상체는 이완시킨 채 몸통을 안정적으로 유지한다. 골반/척추 중립을 잃지 않으면서 고관절을 45도 정도로 구부린다.

시작자세에서 숨을 들이쉰다.

2. 숨을 내쉰다
발을 굴곡시키고 골반/척추 중립을 잃지 않으면서 다리를 최대한 멀리 열어준다. 캐리지가 움직여야 한다.

3. 숨을 들이쉰다
발을 세우고 다리를 다시 시작자세로 당긴다.

열고 닫기: 턴 아웃 & 인 Open & Close: Turn Out & In

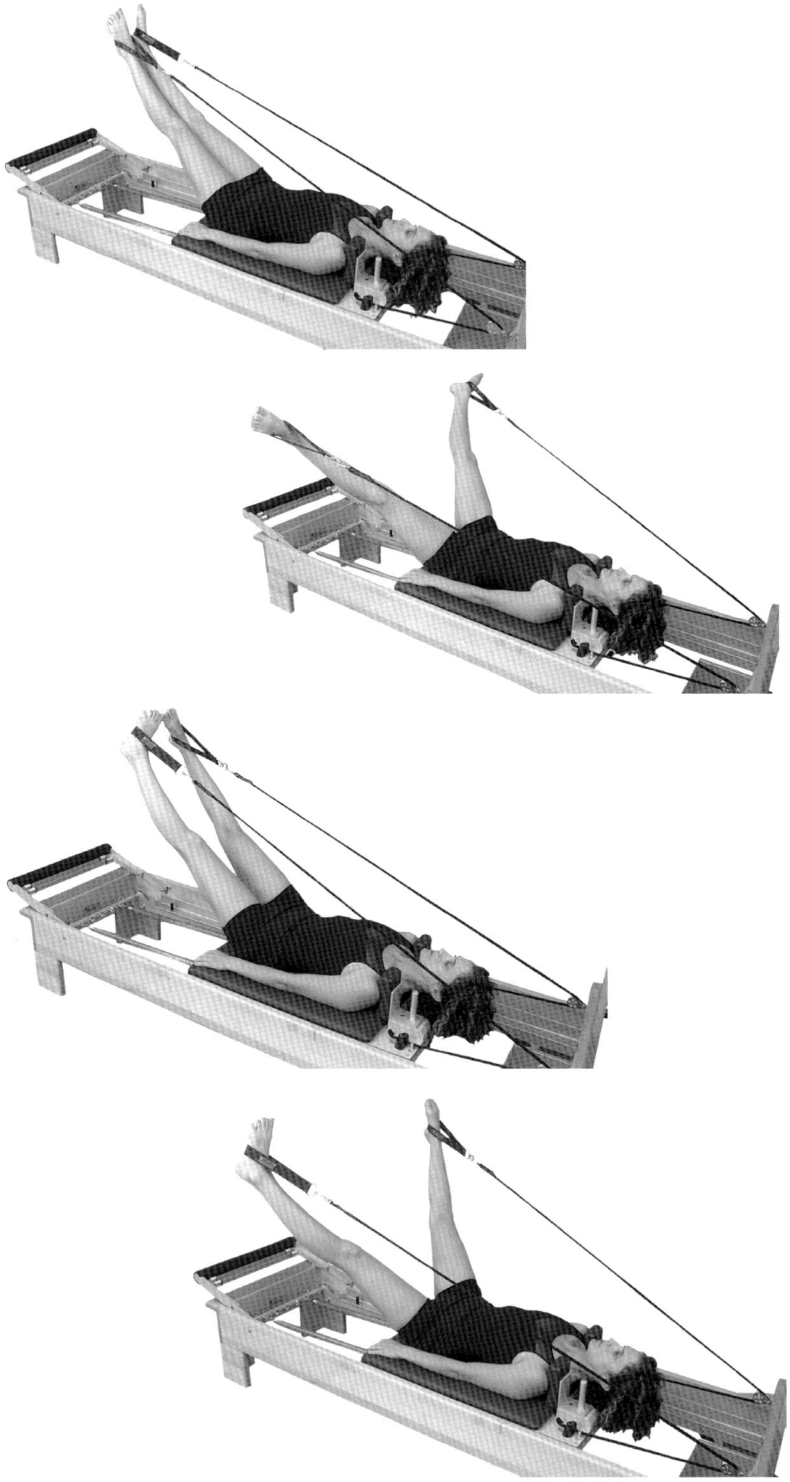

열고 닫기: 턴 아웃 & 인

열고 닫기: 턴 아웃 & 인

고관절을 턴 아웃 시킨 채 다리를 열고 외전 범위의 끝에서 고관절을 턴 인 시켜 회전시켜 다리를 닫는다. 또한 동작을 반대로 수행하는데, 외전시킬 때 다리를 턴 인 시킨 채 시작하고 고관절을 턴 아웃 시킨 채 다리를 닫는다.

고관절을 부드럽게 해주면서 고관절 외회전근을 스트레칭 시키는 좋은 방법이다.

초급, 다리 시리즈

기구 셋업
스프링: 2 빨강, 또는 1 빨강 & 1 파랑

바: 아래로　　　줄: D-링이 어깨받이와 평행이 되게 길이 조절

라이저: 위로 또는 아래로　　머리받이: 위로

기능과 대상 근육
- 슬괵근 및 내전근 강화, 턴 아웃 자세에서 고관절 회전근 강화
- 고관절이 여러 평면에서 움직일 때 골반과 대퇴골의 분리를 인식한다.
- 고관절이 넓은 가동범위로 움직이는 동안 복근과 심부 척추 근육들이 골반과 척추를 안정화한다.

요령 및 주의사항
- 가동범위는 턴 아웃 자세에서 더 크다. 원이 직사각형보다 더 클 것이다.
- 평행 자세일 때 천장을 향해 곧게 뻗은 상태를 유지하는 무릎에 집중한다.
- 턴 아웃 자세일 때 고관절의 턴 아웃을 키워주고 유지하기 위해 대퇴골이 다리 바깥쪽을 감싸는 것을 느낀다. 교습생의 골반이 불안정하면 턴 아웃 자세로 운동할 때 가동범위를 작게 유지한다.
- 대퇴골의 상단으로부터 움직이는 것에 집중한다. 발보다 몸의 중심부에 더 가까운 부분부터 움직인다.
- 움직임을 정확하게 유지하고 직사각형의 직각과 원의 곡선을 정확히 구분하도록 한다.
- 턴 인 자세일 때 가동범위는 원보다는 타원과 더 비슷할 것이다.

변형 동작 및 연계 동작
- 연계 동작: 다리 당기기

상상하기 _ 발이 연필 흑심의 뾰족한 부분이며 공중에서 모양들을 그리고 있다.

엘리 _ "다리를 내리거나 열 때 복부를 부풀리지 않는다!"

직사각형

1. 시작자세 - 각 방향으로 4회 반복
끈을 발의 족궁에 두르고 다리는 모아 평행으로 둔다. 척추는 중립 자세이고 고관절은 굴곡시킨다. 무릎은 과신전 하지 않는다.

시작자세에서 숨을 들이쉰다.

2. 숨을 내쉰다
복부가 척추 쪽으로 당겨져 골반 중립을 유지하는 것을 느낀다. 다리는 중심부를 통해 아래로 당긴 다음 엉덩이 너비만큼 벌려 열어준다.

3. 숨을 들이쉰다
다리를 올린 다음 중립을 잃지 않으면서 시작자세로 닫아준다.

4회 반복한 다음 방향을 바꾼다.

원

원
고관절을 턴 아웃 시키고 발은 필라테스 'V'로 둔다. 중심선을 따라 위아래로 움직일 때 발꿈치는 모으고 무릎은 펴주며 허벅지 안쪽은 조인 상태를 유지한다. 발꿈치가 모여져 있으면 무릎관절이 과신전될 수 없다.

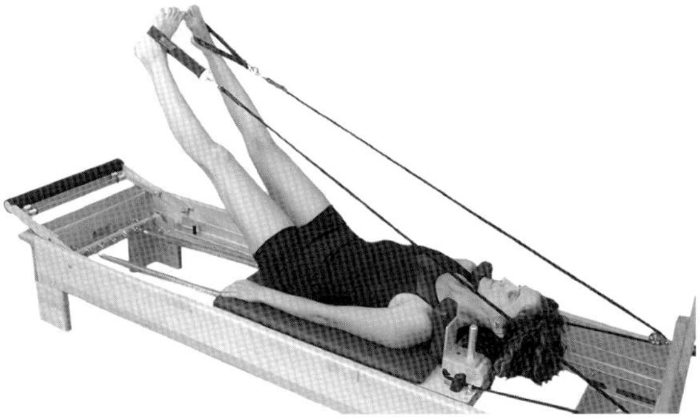

타원 1

타원 2

타원
다리는 평행으로 두고, 발은 굴곡시키고, 발꿈치는 좌골과 일렬로 두고, 발가락이 서로 닿을 때까지 고관절을 턴 인 시킨(발목관절에서 턴 인 시키지 않는다) 상태로 시작한다.

할리우드 다리 Hollywood Legs

기구 셋업
스프링: 2 빨강, 또는 1 빨강 & 1 파랑
바: 아래로 줄: D-링이 어깨받이와 평행이 되게 길이 조절
라이저: 위로 또는 아래로 머리받이: 위로

기능과 대상 근육
- 하체의 대측성 패턴 습득
- 복근, 특히 복사근, 심부 척추 근육 및 내전근 강화

요령 및 주의사항
- 중심부의 제어력 및 감각을 강조하기 위해 항상 발꿈치를 함께 가져간다.
- 다리는 같은 속도의 움직임을 유지한다.
- 곧게 뻗은 다리가 골반이 아래로 당겨지는 자세로 만드는 것을 방지하기 위해 가동범위는 작게 한다.
- 곧게 뻗은 다리의 무게가 골반을 중심부에서 당겨내는 힘에 대항하기 위해 반대쪽 내복사근을 사용해 골반을 수평으로 유지한다.
- 교습생이 스스로 골반(전상장골극) 위에 손을 놓게 하여 골반 안정성을 확인하게 한다.
- 늘 그렇듯이 교습생이 골반을 안정화하지 못한다면 가동범위를 작게 한다.

변형 동작 및 연계 동작
- **변형 동작:** 바로 누운 자세 시리즈의 일부로 할리우드 다리 동작을 수행할 수 있다. 줄이 짧을수록 골반을 안정화하기가 어려워진다 (라이저를 내린 상태로 더 짧은 줄을 사용하면 스프링의 저항이 강해진다).
- **연계 동작:** 개구리 자세로 열고 닫기. 이 동작을 시도하기 전에 개구리 동작을 몇 번 해주면 도움이 된다.

상상하기 _ 당신은 공연을 하고 있다. 카메라는 위에서 촬영하고 있다. 하지만 카메라는 골반에서 아주 미세한 불안정성도 다 찾아낼 수 있다. 그러니 골반을 수평으로 유지하라.

엘리 _ "내복사근 하나가 아주 약한 교습생들에게 좋은 동작이다. 교습생들은 골반이 회전하는 것을 방지하기 위해 그 내복사근이 어떻게 작용하는지를 정확히 느낄 수 있다."

1. 시작자세 - 4~8회 반복(각 1회는 양쪽 다 포함한다)
발을 끈에 넣고, 무릎은 펴주고, 고관절은 턴 아웃 시키고, 상체는 이완시킨 채 몸통을 안정적으로 유지한다. 골반/척추 중립을 잃지 않으면서 고관절을 약 45도로 굴곡시킨다.

시작자세에서 숨을 들이쉰다.

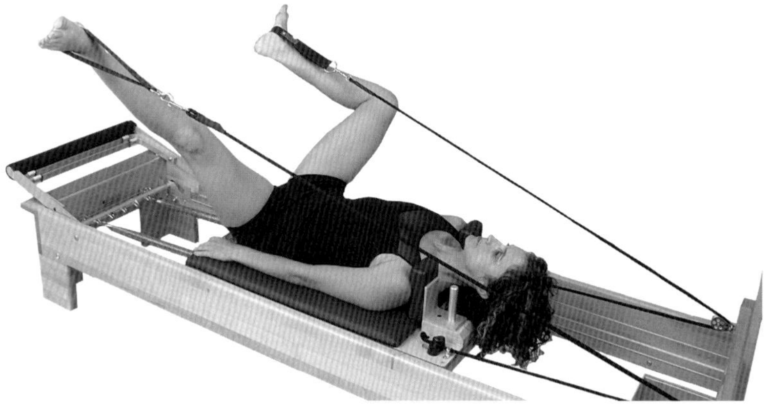

2. 숨을 내쉰다
복부를 척추 쪽으로 당겨 골반/척추를 안정화하고 한쪽 다리를 개구리 자세로 구부린다. 발꿈치는 몸의 중심선과 가깝게 유지하면서 반대쪽 다리를 옆으로 열어준다.

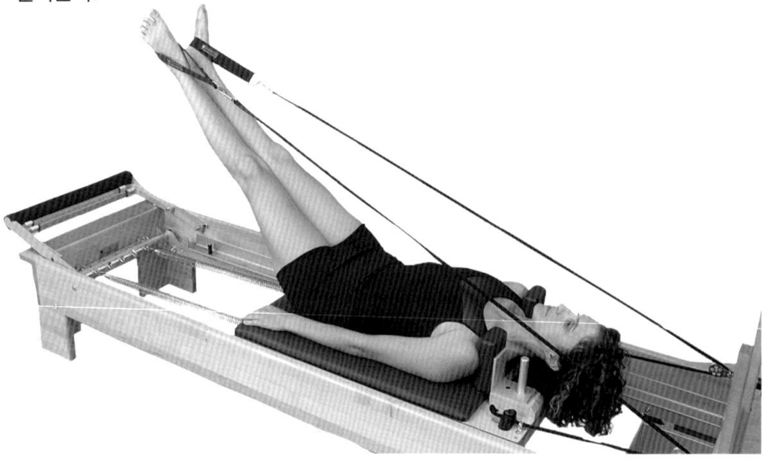

3. 숨을 들이쉰다
다리를 펴면서 반대쪽 다리를 다시 중심선으로 당겨주고 발꿈치가 닿도록 해준다. 반대쪽으로 반복한다.

1. 시작자세 - 4~8회 반복

발을 끈에 넣고, 발꿈치는 붙여주며, 발은 굴곡시킨다. 고관절은 턴 아웃 시켜 굴곡시키고 무릎은 구부려 다이아몬드 모양으로 열어준다. 척추는 중립을 유지한다.

시작자세에서 숨을 들이쉰다.

2-3. 숨을 내쉰다/들이쉰다

숨을 내쉬면서 복부를 척추 쪽으로 당기고 골반 및 척추 중립을 유지하면서 다리를 캐리지 쪽으로 당겨 내린다. 숨을 들이쉬면서 다리를 제어하며 다시 시작자세로 되돌린다.

상급 변형 동작: 공중부양 다이아몬드 당기기
머리받이는 아래에 둔다!

중급, 다리 시리즈

기구 셋업

스프링: 2 빨강, 또는 1 빨강 & 1 파랑
바: 아래로 줄: D-링이 어깨받이와 평행이 되게 길이 조절
라이저: 위로 또는 아래로 머리받이: 위로 또는 아래로

기능과 대상 근육

- 고관절 외회전근 강화
- 골반과 대퇴골의 분리 인식
- 다리가 위아래로 움직이는 동안 골반 안정화 익히기
- 슬괵근은 고관절을 신전시키면서 무릎을 구부려 이중 작용을 하는 반면, 외측 슬괵근인 대퇴이두근은 고관절의 턴 아웃을 도와주며 삼중 작용까지 한다.

요령 및 주의사항

- 다리 자세는 개구리 스쿼트와 펴진 다리의 중간쯤이다.
- 다리 밑으로부터 당기기를 시작한다.
- 엉덩이의 뒤쪽으로부터 무릎을 열어주고 허벅지의 상단을 감싸는 감각을 느낀다.
- 다이아몬드 당기기를 시작하는 동안 골반은 안정적으로 유지한다. 고관절을 턴 아웃 시킨 자세에서는 골반을 당기기가 쉬워진다.
- 교습생이 안정성을 유지하지 못한다면 가동범위를 작게 한다.

변형 동작 및 연계 동작

- **상급 변형 동작:** 공중부양 다이아몬드 당기기: 다리를 다이아몬드 모양으로 만들고 캐리지를 향해 아래로 당긴다. 숨을 내쉬면서 둔근을 활용하고 다리의 다이아몬드 모양을 유지하면서 골반을 공중부양 시킨다. 등 상부로부터 접어주면서 올리고 내리는 동작을 반복한다. **주의:** 공중부양이 추가되면 머리받이가 아래에 있도록 한다!
- **연계 동작:** 개구리, 다리 당기기

상상하기 _ 팬티 라인 근육들을 수축시켜 다리를 움직이고 있다.

엘리 _ "필라테스를 이해시키는 하나의 포인트로 자주 쓰이는 '올라간 둔부(힙업 동작)'를 만드는 데 좋은 동작이다."

중급, 다리 & 긴 척추 시리즈

기구 셋업
스프링: 2 빨강, 또는 1 빨강 & 1 파랑
바: 아래로　　줄: D-링이 어깨받이와 평행이 되게 길이 조절
라이저: 위로 또는 아래로　　머리받이: 아래로

기능과 대상 근육
- 척추기립근 스트레칭
- 둔근, 슬괵근 및 복근 강화
- 척추의 순차적인 움직임과 공중부양의 개념 익히기

요령 및 주의사항
- 목쪽으로 굴러 올라가지 않는다. 체중을 등 상부/견갑골에 실어 균형을 잡는다.
- 굴러 내려오는 동안 척추를 늘여주면서 스트레칭 시킨다.
- 골반을 내릴 때 발을 끈 안으로 제대로 밀어준다.
- 척추를 통해 굴러 내려올 때 고관절이 꺽이지 않게 한다.
- 굴러 오르내릴 때 목을 긴장시키거나 어깨를 구부리지 않는다.
- **동작 수행의 장애**: 약한 둔근, 긴장된 척추기립근, 긴장된 슬괵근
- **금기사항**: 디스크 기능장애, 골다공증, 목 문제/부상

변형 동작 및 연계 동작
- **수정 동작**: 척추를 통해 굴러 내려올 때 고관절의 각도를 유지하기 위해 허벅지 상단에 손을 얹는다.
- **연계 동작**: 직사각형, 공중부양 베리테, 짧은 척추 스트레칭

상상하기 _ 굴러 내려올 때 척추는 보이지 않는 힘에 의해 견인되어 당겨지고 있다. 견인력이 매우 강해 매번 반복 후 골반이 풋바에 1인치씩 더 가까워진다.

엘리 _ "짧은 척추 스트레칭에 비해 긴 척추 스트레칭은 보다 활동적이고 보다 하중이 실리는 스트레칭이다…조심하라!"

1. 시작자세 - 4회 반복(각 방향으로 2회 반복)
캐리지 위에 바로 누운 자세에서 발을 끈에 넣는다. 다리는 곧게 뻗어 턴 아웃 시키고 발꿈치는 필라테스 'V'로 붙여준다. 고관절을 약 45도로 굴곡시키거나, 복횡근을 활용하면서 척추/골반 중립을 유지할 수 있는 한도에서 가장 낮은 각도로 굴곡시킨다. 상체는 이완시키고 팔은 양옆으로 둔다.

시작자세에서 숨을 들이쉰다.

2. 숨을 내쉰다
복부를 척추 쪽으로 당기고 엉덩이를 접어 다리를 몸통 쪽으로 가져온다. 고관절이 90도로 굴곡되었을 때 둔근을 활용하고 허벅지 안쪽을 서로 조여 골반을 공중으로 뜨게 하며, 척추를 통해 순차적으로 굴러 올라가고 캐리지를 홈으로 부드럽게 가져온다. 체중은 목이 아니라 견갑골 사이에 실어 균형을 잡아야 한다.

3. 숨을 들이쉰다

등을 넓게 하고 다리를 어깨너비만큼 열어준다.

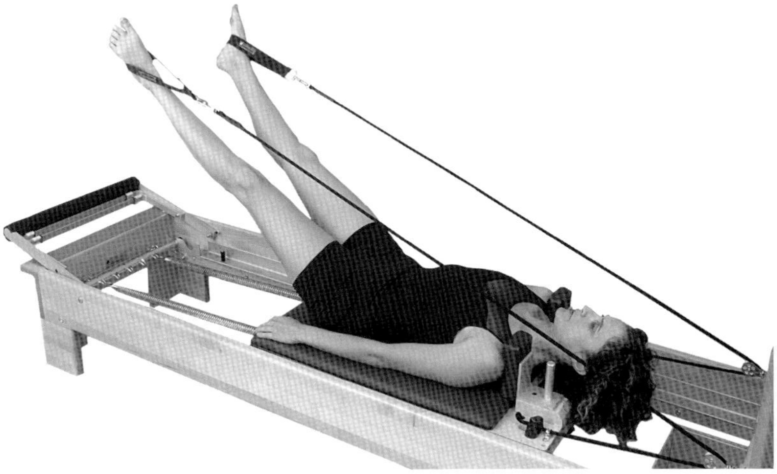

4. 숨을 내쉰다

복근의 활용을 심화시키고 분절하면서 내려오며, 캐리지를 홈에서 멀리 움직여주면서 몸의 모양을 유지한다. 즉 고관절을 약간만 굴곡시켜 척추를 통해 순차적으로 굴러 내려간다. 다리 뒤쪽을 활용해 발을 끈 안으로 밀어주어 고관절 및 골반 안정성을 촉진한다. 골반이 캐리지 위에서 중립을 이루고 나면 슬괵근을 사용하여 다리를 아래로 당기고 모아 시작자세로 돌아온다.

2회 반복 후 다리의 자세를 반대로 한다. 다리를 어깨너비로 연 채 공중으로 뜨게 하고 다리를 모은 채 분절하면서 내려온다.

초급 변형 동작: 허벅지 밀기
등에서 하중을 어느 정도 덜어주기 위해 팔의 힘으로 허벅지를 앞쪽으로 눌러줘도 된다.

초급 변형 동작: 허벅지 밀기

상급 변형 동작: 상급 긴 척추 스트레칭
엉덩이를 천장으로 높이 곧게 공중부양 시켜 캐리지가 홈에 닿기 전에 멈추게 한다. 몸의 형태를 유지하려 하면서 척추를 껍질 벗기듯 굴려 내린다. 다리를 몸 앞으로 둔 채 기울일수록 동작은 제어력 운동에 가까워지고 스트레칭에서는 멀어진다.

상급 변형 동작: 상급 긴 척추 스트레칭
공중부양으로 캐리지를 멈추게 한다!

변형 동작: 높은 개구리 (상급)
상급 공중부양 자세에서 무릎을 개구리 스쿼트 자세로 구부려주며, 발꿈치는 붙인 상태를 유지하고 무릎은 최대한 열어준다. 이어서 다리를 다시 천장 쪽으로 곧게 뻗어 올린다. 5~8회 반복한다. 척추에 가해지는 하중을 줄이려면 손을 엉덩이에 갖다 대어 팔꿈치로 체중을 받쳐준다

변형 동작: 높은 개구리

초급, 다리 시리즈

기구 셋업
스프링: 2 빨강, 또는 1 빨강 & 1 파랑
바: 아래로 줄: D-링이 어깨받이와 평행이 되게 길이 조절
라이저: 위로 또는 아래로 머리받이: 위로

기능과 대상 근육
- 슬괵근, 장경인대(IT Band) 및 내전근 스트레칭

요령 및 주의사항
- 이는 매트 운동에서 3방향 엉덩이 스트레칭과 비슷하지만, 끈이 다리를 위로 들어주어 상체가 이완될 수 있다.
- 슬괵근 스트레칭을 위해서는 좌골을 계속 안착시키는 데 집중하여 슬괵근 스트레칭을 극대화한다.
- 장경인대 스트레칭을 위해서는 엉덩이를 수평으로 유지하고 스트레칭 하는 다리의 골반 측면을 무겁게 만드는 데 집중한다.
- 장경인대 스트레칭은 좌골신경을 스트레칭 시키는 데 아주 좋다.

상상하기 _ 좌골이 캐리지 바닥에 고정되어 있다.

엘리 _ "엉덩이를 스트레칭 시켜주는 좋은 방법이다."

1. 시작자세 - 각 다리로 1회 반복

리포머 위에 바로 누운 자세에서 한쪽 발을 풋바 위에 평행으로 둔다. 반대쪽 발을 끈에 넣고 고관절을 최대한 굴곡시키면서 척추/골반 중립을 유지한다. 무릎은 곧게 펴고 아래쪽 발은 굴곡시킨다.

시작자세에서 숨을 들이쉰다.

2. 호흡을 계속한다
3~5회 길게 호흡하면서 시작자세를 그대로 유지하고 슬괵근을 늘여주는 것에 집중해 좌골과 무릎 사이의 거리를 최대한 멀게 한다. 양 발꿈치를 통해 뻗어 스트레칭을 키워준다. 스트레칭을 더욱 키워주려면 골반/척추 중립을 유지하면서 아래쪽 다리의 무릎을 구부린다.

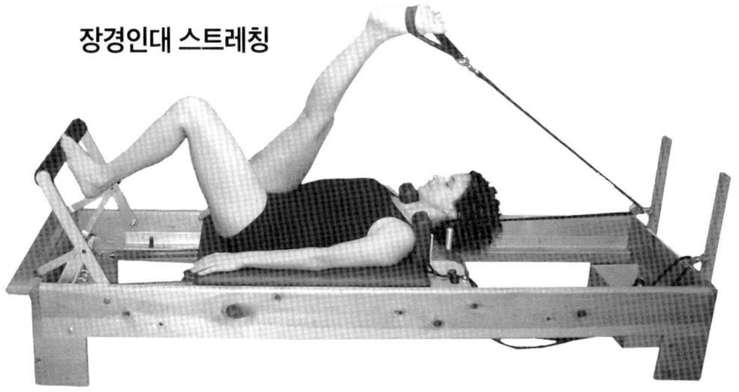

3. 호흡을 계속한다
발을 굴곡시키고 스트레칭 하는 위쪽 다리를 고관절로부터 턴 인 시킨 다음 천천히 몸 위로 최대한 멀리 가로지르게 하되, 골반 양쪽의 무게가 동등하게 캐리지 위에 실린 상태를 유지한다. 무릎은 곧게 유지하고 발은 낫 모양으로 만들어(발목을 회외시켜) 종아리 외측(비골근)의 스트레칭을 키워준다. 3~5회 길게 호흡하며 그대로 유지한다.

4. 호흡을 계속한다
양발을 끈에 넣는다. 다리를 옆으로 열어주되(발레 2번 자세), 양쪽 엉덩이를 평행으로 유지한다. 3~5회 길게 호흡하며 스트레칭을 그대로 유지한다.

다리를 바꿔주고 반대쪽에서 슬괵근 및 장경인대 스트레칭을 반복한다.

상급

기구 셋업

스프링: 1 노랑 & 1 파랑

바: 높게	줄: N/A
라이저: N/A	머리받이: N/A

기능과 대상 근육

- 균형감 및 협응력 향상
- 복근, 둔근, 종아리, 삼각근, 광배근 및 흉근 단련

요령 및 주의사항

- 어깨 및 발목의 움직임을 분리하는 데 초점을 둔다.
- 에너지가 머리 꼭대기에서 발산되는 것을 느낀다. 목은 길게 유지한다.
- 골반이 가라앉지 않게 한다. 둔근과 복근을 제대로 활용한다.
- 어깨는 귀에서 멀리 유지한다. 견갑골은 등을 따라 아래로 내린다.
- 허리를 과신전시키지 않으면서 다리를 최대한 높이 올린다.
- 허벅지 안쪽을 서로 조여 내전근을 활용한다.
- **동작 수행의 장애**: 약한 상체
- **금기사항**: 어깨 부상, 손목 문제(손목 터널 증후군, 반복사용 스트레스 증후군)

변형 동작 및 연계 동작

- **수정 동작**: 필요에 따라 자세 사이에 '솟구치는 세우 자세에서 플랭크로' 동작을 사용하여 등을 이완/스트레칭 시킨다.
- **연계 동작**: 플랭크, 매트의 앞 컨트롤

상상하기 _ 몸이 단단한 널빤지이고 누군가가 등에 올라선다고 해도 몸이 그 무게를 견딜 수 있다.

엘리 _ "여기서는 모든 것이 단련된다: 코어, 상체, 다리, 엉덩이. 하지만 여전히 복근으로 움직임을 제어한다."

1. 시작자세 - 팔만 움직여 3회, 다리만 움직여 3회, 측면을 번갈아가며 총 6회

기구의 뒤쪽 라이저를 향해 엎드린 자세에서 손은 어깨받이 위에 올리고 손가락은 라이저를 향하게 한다. 캐리지를 움직이지 않으면서 발을 풋바 위에 올린다. 무릎은 홈에 머무르기 위해 처음에는 구부려질 것이다. 발은 작은 필라테스 'V'로 만들고 발꿈치는 붙여준다. 플랭크 자세로 들어오면서 캐리지를 밖으로 밀어준다.

2. 호흡을 계속한다

팔로 캐리지를 밖과 안으로 밀어주되, 플랭크 자세를 유지하고 발은 움직이지 않는다. 캐리지는 움직이지만 몸은 움직이지 않는다. 호흡마다 시작자세로 돌아온다. 3회 반복한다.

3. 호흡을 계속한다

플랭크 자세와 손 위로 있는 어깨 위치를 유지하면서 발을 세웠다가 굴곡시켜 캐리지를 밖과 안으로 밀어준다. 발목이 캐리지를 움직이는 것이다. 허벅지 안쪽은 계속 활용한다. 3회 반복한다.

4. 호흡을 계속한다

계속해서 발목을 움직이면서 둔근을 사용해 오른발을 바에서 들어 올린다(요추를 과신전시키지 않는다). 발을 세우면서 몸이 앞쪽으로 가고 발을 굴곡시키면서 몸이 뒤쪽으로 간다(양발을 동시에 세우고 굴곡시킨다). 캐리지를 움직이면서 다리 높이를 유지한다. 캐리지가 움직일 때 손 위로 정렬된 어깨 위치를 유지한다. 세우고/굴곡시키기를 3회 반복한 다음 다리를 바꿔준다. 완전한 동작을 3회 반복한다.

동작을 끝내려면 몸을 솟구치게 하여 캐리지를 홈으로 가져오고 캐리지를 움직이지 않으면서 캐리지로 내려온다. 손을 풀어주고 앞으로 굽히기 자세로 몸 뒤쪽을 스트레칭 시킨다(필요에 따라 무릎을 굽혀준다). "아니"라고 하듯 머리를 흔들어주고 "맞아"라고 하듯 머리를 끄덕여 목도 풀어준다.

상급

기구 셋업
스프링: 1 노랑 & 1 파랑

바: 높게 줄: N/A

라이저: N/A 머리받이: N/A

기능과 대상 근육
- 슬괵근 스트레칭
- 삼두근, 광배근 및 고관절 굴근 강화
- 복근, 둔근 및 내전근 단련, 견갑골 안정화

요령 및 주의사항
- 다리를 들어 올리면서 캐리지를 밖으로 움직인다. 다리가 들리는 동안 허벅지 안쪽에 집중한다.
- 어깨는 아래로 유지한다. 손바닥 아래로 어깨받이를 제대로 눌러주고 광배근으로 어깨를 받쳐준다.
- 동작 내내 꼬리뼈 컬을 유지한다. 깊은 복부 집어넣기이다.
- 슬괵근과 종아리를 제대로 스트레칭 시키려면 다리를 완전히 들어 올린 높이에서 발을 굴곡시켜야 한다.

  금기사항: 어깨 부상, 손목 문제(손목 터널 증후군, 반복사용 스트레스 증후군)

변형 동작 및 연계 동작
- **변형 동작**: 다리가 캐리지에서 들릴 때 원을 그리도록 한다. 처음엔 바깥으로, 다음엔 안으로.
- **연계 동작**: 매트의 뒤 컨트롤 & 역 플랭크

상상하기 _ 캐리지를 뒤로 보낼 때 다리가 아무 저항 없이 날아오른다.

엘리 _ "나는 교습생들이 이 동작을 수행하는 동안 자넷 잭슨의 노래 컨트롤을 불러준다."

1. 시작자세 - 측면을 번갈아가며 6회

리포머에 오른다: 손, 발, 손, 발 순이다. 손은 어깨받이 위에 두고, 손가락은 골반을 향하게 하고, 족궁은 풋바 위에 얹고, 발은 평행으로 두고, 발목과 무릎은 붙여주고, 허벅지 안쪽은 서로 당겨준다. 복근과 둔근을 사용해 요추를 꼬리뼈 컬로 둥글게 만든다.

시작자세에서 숨을 들이쉰다.

2. 숨을 내쉰다

팔을 사용해 캐리지를 밖과 안으로 4회 밀어주면서 시작하며, 매번 시작자세로 돌아온다. 움직임은 부드럽고 흔들리는 특징을 지녀야 한다.

3-4. 숨을 들이쉰다/내쉰다

숨을 들이쉬고 이 흔들리는 움직임을 유지하며 캐리지를 밖으로 밀어주면서 오른발을 풋바에서 떼어 다리를 몸 쪽으로 가져오고 발을 굴곡시킨다. 숨을 내쉬며 다리를 뻗고 발을 세우면서 캐리지를 다시 홈으로 제어하며 가져오고 가볍게 발을 풋바 위에 올려 시작자세로 돌아온다. 6회 반복하고 매번 다리를 교대해준다.

숏 박스 시리즈

숏 박스 시리즈는 보통 스프링 아래에 밀어 넣어져 있거나 숨겨져 있는 발 끈을 사용하게 되기 때문에 재미있다. 박스는 캐리지 위에 가로로 놓여 있고 뒤쪽이 어깨받이와 접해 있다. 키가 5'6"(170cm) 이상인 교습생인 경우에 박스의 뒤쪽 안에 어깨받이를 넣어준다. (이때 박스를 안정되게 하려면 끈적끈적한 패드를 박스 밑에 넣어도 된다.) 박스의 앞에 막대기를 항상 준비해놓는다.

초급

둥근 등 롤-다운
체육관의 나이 많은 아저씨
막대기를 이용한 트위스트
위쪽 & 바렐 밖으로

중급

편평한 등 경첩
트위스트 둥근 등
편평한 등 트위스트
나무 오르기

상급

둥근 등 롤-다운 변형 동작
물고기 창 찌르기/지구 한 바퀴 동작
측면 윗몸일으키기/트위스트 & 허공에 맴돌기

초급, 숏 박스 시리즈

기구 셋업
스프링: 모두, 두 번째 기어로
바: 아래로 / 줄: N/A
라이저: N/A / 머리받이: N/A

기능과 대상 근육
- 고관절 외전근 단련
- 복근 및 고관절 굴근 강화
- 척추의 순차적인 움직임 보강

요령 및 주의사항
- 척추를 둥글게 만들어 굴러 내려올 때 흉근을 이완시키고 어깨를 아래로 내려주며 쇄골을 넓혀준 상태를 유지한다.
- 엉덩이, 무릎과 발목을 고르게 사용해 밀어냄으로써 다리 정렬을 유지한다.
- 돌아오는 동작을 제어할 수 있는 한도에서 멀리 몸을 뒤로 굴린다. 상체를 급격히 움직여 롤-업을 시작하지 않는다.
- 턱을 흉부 쪽으로 과도하게 당기지 않는다. 감귤을 쥐어짜지 않고 살며시 조여준다.
- 숨을 들이쉴 때 흉곽이 양옆으로 확장되는 것을 느낀다 (이 때문에 손을 흉곽에 놓는다).
- **금기사항**: 디스크 기능장애, 골다공증

변형 동작 및 연계 동작
- **연계 동작**: 롤-다운

상상하기 _ 척추가 대문자 C 곡선을 이루고 있다.

엘리 _ "엉덩이와 무릎을 마침내 이완된 자세로 하게 해주기 때문에 긴장된 교습생들에게 좋다."

둥근 등 롤-다운

1. 시작자세 - 3회 반복
좌골을 박스의 앞쪽 끝부분에 둔 채 똑바로 앉는다. 발은 풋스트랩에 끼워 리포머의 나무판 부분 위에 놓고 다리는 양옆으로 열어 평행으로 둔 상태에서 풋스트랩을 밀어낸다. 무릎은 90도로 구부린다. 팔은 몸 앞에서 교차시켜 손이 흉곽의 양옆에 닿도록 한다.

시작자세에서 숨을 들이쉰다.

2. 숨을 내쉰다
복부를 깊게 수축시켜 척추 전체를 완전한 대문자 C 곡선으로 만든다.

3. 숨을 들이쉰다
척추를 한 마디씩 박스로 눌러주고 분절하면서 척추를 늘여주어 척추를 통해 순차적으로 롤-다운을 한다. 복횡근의 활용을 유지할 수 있는 한도에서 멀리 굴러 내려온다. 등 상부와 목은 굴곡을 유지한다.

4-5. 숨을 내쉰다

복근의 활용을 심화시키면서 요추를 박스로 눌러주고 척추를 맨 위에서부터 맨 아래까지 순차적으로 롤-업 해서 완전한 척추 C 곡선으로 동작을 마무리한다.

6. 숨을 들이쉰다

척추를 맨 아래에서부터 쌓아올려 똑바로 앉은 자세를 돌아온다.

상급 변형 동작: 상급 둥근 등 롤-다운 1

상급 변형 동작: 상급 둥근 등 롤-다운 2

상급 변형 동작: 상급 둥근 등 롤-다운

박스 위의 사이드 핸들을 잡고 상체를 줄곧 굴려 신전시켜 머리를 바닥으로 완전히 풀어준다. 시작자세로 돌아올 때에는 항상 턱을 흉부 쪽으로 당기는 감귤 조이기로 시작해 올라온다.

중급, 숏 박스 시리즈

기구 셋업
스프링: 모두, 두 번째 기어로
바: 아래로 줄: N/A
라이저: N/A 머리받이: N/A

기능과 대상 근육
- 복근 및 고관절 굴근 강화
- 척추기립근 단련 견갑골 안정화
- 골반과 대퇴골의 분리 인식

요령 및 주의사항
- 움직임을 작게 유지하고 근력과 신체 인식이 향상되면서 가동범위를 증가시킨다.
- 요추를 과신전시키지 않는다. 복근이 몸통을 받쳐줄 수 있는 한도에서만 멀리 상체를 뒤로 젖힌다.
- 어깨는 아래로 유지한다. 어깨를 귀 쪽으로 올리지 않아도 척추가 길어질 수 있다는 것을 기억한다.
- '고개 끄덕임'을 주의한다. 머리를 안정적으로 유지한다.

변형 동작 및 연계 동작
- **중급/상급 변형 동작**: 동작을 더 어렵게 하려면 막대기를 머리 위로 들어준다.

상상하기 _ 흉부에서 자라고 있는 장미 한 송이의 향을 맡고 있다.

엘리 _ "롤-다운의 둥근 등과 편평한 등 버전들은 목과 어깨 문제가 있는 교습생들에게 아주 좋은 복근 운동이다. 그 이유는 머리와 목을 중력 반대 방향으로 올리거나 풋바 또는 끈을 손으로 붙잡고 있지 않아도 되기 때문이다."

편평한 등 경첩 Flat Back Hinge

1. 시작자세 - 4회 반복
숏 박스 위에 앉아 발을 굴곡시켜 중족골을 풋스트랩 아래에 걸친다. 다리는 펴주고 고관절은 턴 아웃 시켜 발로 작은 필라테스 'V'를 만든다. 발에서 풋스트랩의 저항을 강하게 느낄 정도로 멀리 몸을 뒤로 옮겨준다. 머리 뒤로 손가락을 깍지끼고 팔꿈치는 넓게 벌려준다.

2. 숨을 들이쉰다
척추를 들어 올리고, 허벅지 안쪽을 서로 조이며, 가볍게 둔근을 활용해서 엉덩이에서 몸통을 뒤로 젖히되, 등은 편평하게 유지한다.

3. 숨을 내쉰다
척추를 길게 펴주는 느낌으로 편평한 등을 유지하며 시작자세로 돌아온다.

1. 시작자세 - 펄스 동작으로 8세트, 펄스 동작 없이 8세트

박스의 앞쪽에 좌골을 둔 채 똑바로 앉는다. 족궁은 리포머의 앞쪽 끝부분에 두고 다리는 양옆으로 열어 평행으로 둔 상태에서 풋스트랩을 밀어낸다. 무릎은 90도로 구부린다. 막대기를 목 뒤로 두어 어깨에 얹고 아래팔을 막대기 위에 걸쳐 손을 앞으로 떨군다.

숨을 들이쉬면서 척추를 길게 늘여준다.

2-3. 숨을 내쉰다/들이쉰다

숨을 내쉬고 골반을 평행으로 유지하면서 흉곽과 상체를 왼쪽으로 비틀어준다. 복근을 활용해서 심화시키고 작게 리듬을 타면서 비틀기를 심화시킨다. 숨을 들이쉰다. 척추를 길게 늘여주면서 중앙으로 돌아온다.

오른쪽으로 비틀어주면 1세트가 완료된다. 8세트를 하고 난 후 리듬 타기 없이 측면을 번갈아가며 부드럽게 비틀어준다.

초급, 숏 박스 시리즈

기구 셋업
스프링: 모두, 두 번째 기어로
바: 아래로 줄: N/A
라이저: N/A 머리받이: N/A

기능과 대상 근육
- 고관절 외전근 단련
- 골반을 안정화하면서 척추 회전 익히기
- 복사근과 요방형근 강화 및 스트레칭
- 트위스트 동작을 할 때 막대기를 이용하면 견갑골을 안정화하는 근육이 단련된다.

요령 및 주의사항
- 골반을 평행으로 유지하고 흉곽을 회전시킨다.
- 복근으로 척추를 길게 늘여주면 회전 동작이 수월하다.
- 목의 뒤쪽이 무너지지 않게 한다.
- 무릎의 움직임은 골반 불안정을 나타내는 증상이다.

변형 동작 및 연계 동작
- 막대기가 없다면 가슴을 열고 팔을 양옆으로 곧게 벌린 자세에서 동작을 수행한다(두번째 자세).
- **변형 동작**: 막대기 들고 트위스트: 머리 위로 막대기를 들어주고 팔은 넓게 벌려 견갑골의 안정화를 촉진한다. 숨을 들이쉬면서 척추를 길게 늘여준다. 숨을 내쉬면서 천천히 흉곽을 한쪽으로 회전시키되, 양쪽을 길게 유지한다(측면 굴곡 없이). 골반은 따라가지 않게 평행으로 유지한다. 측면을 번갈아가며 3회 반복한다.

상상하기 _ 몸통은 흠뻑 젖은 옷감이며 허리를 비틀어주면서 물을 짜내고 있다.

엘리 _ "가진 것이 빗자루뿐이라면 빗자루를 쓴다."

수지 _ "이는 허리를 날씬하게 하는 데 아주 좋은 동작이다."

변형 동작: 막대기 들고 트위스트

초급, 숏 박스 시리즈

기구 셋업
스프링: 모두, 두 번째 기어로
바: 아래로 | 줄: N/A
라이저: N/A | 머리받이: N/A

기능과 대상 근육
- 고관절 외전근 단련, 견갑골 안정화
- 복사근과 요방형근 강화 및 스트레칭
- 물고기 창 찌르기와 지구 한 바퀴 동작을 위한 연계 동작

요령 및 주의사항
- 동일한 정도의 측면 구부리기 및 늘여주기를 생각하며 스트레칭 한다.
- 양쪽 좌골은 계속 박스에 닿아 있어야 한다.
- 머리는 팔 사이에서 중심을 잡는다. 팔만 옆으로 움직이지 말고 척추를 움직인다.
- 견갑골을 안정화한다. 어깨는 귀에서 멀리 유지한다.

상상하기 _ '위쪽 & 바렐 밖으로' 동작으로 뻗어주면서 몸통 양쪽이 늘어나고 있다.

엘리 _ "세 단어로 끝내겠다. 제나. 전사. 공주."

1. 시작자세 - 양쪽으로 4회 반복
박스의 앞쪽에 좌골을 둔 채 똑바로 앉는다. 족궁은 리포머의 앞쪽 끝부분에 두고 다리는 양옆으로 열어 평행으로 둔 상태에서 풋스트랩을 밀어낸다. 무릎은 90도로 구부린다. 팔은 머리 위로 막대기를 들고 손은 넓게 벌려 어깨 안정성을 촉진한다.

숨을 들이쉬면서 척추를 길게 늘여준다.

변형 동작: 편평한 등 트위스트(중급)
여기서는 3가지 동작을 합친다: 편평한 등 경첩, 막대기 들고 트위스트와 위쪽 & 바렐 밖으로. 막대기를 머리 위로 들고 앉아 시작하며, 막대기를 '위쪽 & 바렐 밖으로' 동작으로 그리고 대각선으로 및 뒤로 뻗어준다. 엉덩이는 박스에 붙여준다. 다시 앉은 자세로 돌아오면서 숨을 계속 내쉰다. 이때 견갑골은 등을 따라 아래로 내려주고 어깨는 귀에서 멀리 유지한다. 숨을 들이쉰다. 중앙을 지나가면서 척추를 길게 늘여주고 반대쪽으로 비틀어준다. 측면을 번갈아가며 3세트 더 반복한다. 그러면 물고기 창 찌르기 동작과 연계해 사용할 수 있다.

2-3. 숨을 내쉰다/들이쉰다
숨을 내쉬고 복부를 척추 쪽으로 당겨주면서 척추를 더욱 길게 늘여주며, 왼쪽 늑골을 무너뜨리지 않으면서 왼쪽으로 측면 굴곡을 하되 좌골은 계속 박스에 닿게 한다. 숨을 들이쉰다. 척추를 길게 늘여주면서 중앙으로 돌아와 오른쪽으로 측면 굴곡을 준비한다.

1. 시작자세 - 양쪽으로 4회 반복

숏 박스 위에 앉아 발을 풋스트랩 아래에 걸친다. 다리는 펴주고 고관절은 턴 아웃 시켜 발로 작은 필라테스 'V'를 만들어준다. 필요한 만큼 멀리 몸을 뒤로 옮겨주어 발에서 풋스트랩의 저항을 강하게 느낀다. 팔은 머리 위로 막대기를 들고 손은 넓게 벌려 견갑골 안정화를 촉진한다.

2. 숨을 들이쉰다

척추를 들어 올려 왼쪽으로 비틀어주되, 골반은 따라가지 않게 평행으로 그리고 어깨는 귀에서 멀리 유지한다.

3-4. 숨을 내쉰다/들이쉰다

숨을 내쉬면서 하복부를 척추 쪽으로 당겨준다. 꼬리뼈 컬을 하여 척추를 한 번에 한 마디씩 굴려 내려주기 시작해 척추의 왼쪽이 박스에 닿도록 한다. 복횡근을 활용해서 유지할 수 있는 한도에서만 멀리 굴러 내려간다. 아래에서 숨을 들이쉰다.

5. 숨을 내쉰다

비튼 C 곡선 자세를 앉을 때까지 내내 유지하면서 순차적으로 굴러 올라온다. 올라올 때 척추를 맨 아래에서 맨 위까지 쌓아올리면서 길게 늘여주고, 흉곽은 왼쪽으로 비틀어주며, 골반은 따라가지 않게 평행으로 유지한다.

오른쪽으로 동작을 반복하고 측면을 번갈아가며 3세트 더 계속한다.

기구 셋업

스프링: 모두, 두 번째 기어로

바: 아래로	줄: N/A
라이저: N/A	머리받이: N/A

기능과 대상 근육

- 복근, 특히 복사근 강화
- 내전근, 대퇴사두근 및 하부 둔근 단련, 어깨 안정화

요령 및 주의사항

- 교습생이 허리나 요방형근에 통증을 느낀다면 가동범위를 줄이거나 복횡근을 더 활용하게 한다.
- 움직임을 정확히 하려면 호흡을 길고 부드럽게 한다.
- 척추를 제대로 길게 늘여주어 비틀고 곡선을 만든다. 생각한다: 척추 압박이 아니라 스트레칭이다.
- 몸에서 반대되는 에너지, 즉 몸통을 통해 위로 가는 에너지와 발에서 나가는 에너지를 만든다.
- **동작의 장애**: 긴장된 상부 승모근, 약한 복사근
- **금기사항**: 디스크 기능장애, 골다공증

변형 동작 및 연계 동작

- 막대기가 없다면 팔을 귀 옆으로 곧게 뻗어 올려 동작을 수행한다.

상상하기 _ 양쪽으로 당겨지고 있는 하나의 무른 사탕이다.

엘리 _ "아주 신나는 동작이다."

상급, 숏 박스 시리즈

기구 셋업
스프링: 모두, 두 번째 기어로

바: 아래로 줄: N/A

라이저: N/A 머리받이: N/A

기능과 대상 근육
• 복근, 복사근, 요방형근 및 척추기립근 강화
• 내전근, 대퇴사두근, 하부 둔근 및 고관절 굴근 단련, 어깨 안정화

요령 및 주의사항
• 양옆을 길게 유지한다. 흉곽을 무너뜨리지 않는다.
• "들어 올리기. 비틀어주기. 창 찌르기."
• 매번 숨을 들이쉴 때마다 척추를 늘여줄 기회가 주어지고 매번 숨을 내쉴 때마다 복부 집어넣기를 심화시킬 기회가 주어진다.
• 머리는 팔 사이 중앙으로 유지한다. 그저 팔을 바닥 쪽으로 움직이지 말고 엉덩이를 접으면서 몸통을 바닥 쪽으로 가져간다.
• **금기사항**: 디스크 기능장애, 골다공증

변형 동작 및 연계 동작
• 먼저 비행기 팔 자세를 익힌다. 교습생이 몸을 측면 자세로 들어 올리는 것을 돕기 위해 손을 잡아준다. 그런 다음 물고기 창 찌르기 자세로 들어간다.
• **연계 동작**: 편평한 등 트위스트

상상하기 _ 물고기를 창으로 찌르기 위해 물속으로 다이빙하지만, 다리는 보트 안에 고정되어 있다.

엘리 _ "척추는 약간 굴곡으로 유지한다. 요방형근이 아니라 복사근을 단련시켜야 한다."

물고기 창 찌르기 Spear a Fish

1. 시작자세 - 양쪽으로 4회 반복
숏 박스 위에 앉아 발을 굴곡시켜 풋스트랩 아래에 걸친다. 다리는 펴주고 고관절은 턴아웃 시켜 발로 작은 필라테스 'V'를 만들어준다. 필요한 만큼 멀리 몸을 뒤로 옮겨주어 발에서 풋스트랩의 저항을 강하게 느낀다. 팔은 머리 위로 막대기를 들고 손은 넓게 벌려 견갑골 안정화을 촉진한다.

숨을 들이쉬면서 척추를 들어 올리고 흉곽을 왼쪽으로 비틀어주되, 골반은 평행으로 그리고 어깨는 귀에서 멀리 유지한다.

2. 숨을 들이쉰다
척추를 늘여주고 오른쪽 둔근을 활성화하여 오른쪽 엉덩이를 들어 올려주고 흉곽을 왼쪽으로 비틀어주면서 몸을 왼쪽 엉덩이 쪽으로 돌리되, 척추는 길게 그리고 어깨는 귀에서 멀리 유지한다. 오른발을 왼발 위에 포개어준다. 몸통을 측면으로 구부리면서 왼쪽으로 물고기 창 찌르기를 한다. 막대기와 머리 사이에 일정한 거리를 유지한다.

3. 숨을 내쉰다
상체 전체를 들어 올려 '창'을 물 밖으로 꺼내고 시작자세로 돌아와 똑바로 앉은 자세로 마무리한다. 오른쪽으로 동작을 반복한다.

물고기 창 찌르기 단계 1 및 2 이후에 계속한다.

3. 숨을 내쉰다

물고기 창 찌르기 동작으로부터 복부를 척추 쪽으로 깊게 당겨주고 비틀린 몸을 풀면서 박스 중앙으로 돌아온다. 이때 천골은 깊게 눌러주고 요추는 굴곡시킨다. 팔은 머리 위로 유지한다.

4. 숨을 들이쉰다

몸을 오른쪽 엉덩이 쪽으로 돌리고 발을 풋스트랩 안에서 오른쪽으로 움직일 수 있게 한다. 오른쪽으로 물고기 창 찌르기를 한다. 잠시 이 자세로 멈춘다. 몸통을 리포머 위로 떠 있게 하면서 척추의 길이를 느낀다.

5. 숨을 내쉰다

상체 전체를 들어 올려 '창'을 물 밖으로 꺼내고 시작자세로 돌아와 똑바로 앉은 자세로 마무리한다. 오른쪽으로 시작하는 동작을 반복한다.

최상급, 숏 박스 시리즈

기구 셋업

스프링: 모두, 두 번째 기어로

바: 아래로 줄: N/A

라이저: N/A 머리받이: N/A

기능과 대상 근육

- 복근, 특히 복사근 및 요방형근 강화
- 제어력 향상
- 대퇴사두근, 내전근 및 단련, 견갑골 안정화

요령 및 주의사항

- 몸통이 움직일 때 이에 맞춰 풋스트랩 안에서 발도 좌우로 움직여준다.
- 동작을 수행하는 데 반동의 사용과 반동과 제어력 사이에 균형을 찾아야 한다.
- 몸을 중앙으로 돌릴 때 요추의 작은 굴곡을 유지한다(날숨과 조화를 이루면서 복근으로 돌리기를 시작한다).
- 몸을 돌리면서 몸 전체를 일체로 생각한다. 다리, 골반, 흉곽, 어깨와 머리를 함께 일체로 돌리고 비튼다.
- 몸을 중앙으로 돌릴 때 머리를 약간 앞쪽으로 유지하여 허리에 무리가 가지 않도록 한다.
- 막대기와 머리 사이에 일정한 거리를 유지한다. 팔을 움직이지 않는다.
- **금기사항**: 디스크 기능장애, 골다공증

변형 동작 및 연계 동작

- **수정 동작:** 어깨를 안정화하는 근육과 복근의 부담을 줄이기 위해 필요하다면 비행기 팔 자세로 한다.
- **연계 동작:** 물고기 창 찌르기 동작을 먼저 익히고 지구 한 바퀴 동작을 시도한다.

상상하기 _ 몸은 허리케인이고 발은 그 폭풍의 눈이다.

엘리 _ "필라테스 동작 중 반동을 사용할 수 있는 드문 동작의 하나이다. 즐겨라. 하지만 동작의 제어를 잊지 마라."

중급, 숏 박스 시리즈

기구 셋업
스프링: 모두, 두 번째 기어로

바: 아래로	줄: N/A
라이저: N/A	머리받이: N/A

기능과 대상 근육
• 슬괵근 스트레칭
• 척추기립근 강화
• 롤-다운은 고관절 굴근을 스트레칭 시키고 복근을 단련시킨다.

요령 및 주의사항
• 다리를 펴주면서 이두근을 사용하여 대퇴골을 몸 쪽으로 당겨주어 슬괵근 스트레칭을 키워준다.
• 스트레칭과 롤-다운을 하는 동안 골반을 최대한 평행으로 유지한다.
• 롤-다운을 시작할 때 몸통을 뒤로 기울이지 않고 복근을 사용하여 요추를 둥글게 한다.
• 롤-업을 제어할 수 있는 한도로만 멀리 롤-백을 한다. 근력이 증가하면서 가동범위를 늘려준다.
• 요추를 보호한다. 복횡근을 제대로 활용해서 유지한다.
• 다리를 스트레칭 시키는 동안 요추를 곧게 유지한다. 필요에 따라 몸통을 뒤로 기울여 요추 굴곡을 피한다(요추 굴곡은 척추에 많은 부담을 준다).
• 롤-다운을 할 때 필요하다면 교습생을 지지해준다.
• 어깨는 등을 따라 아래로 "철컥" 고정된다. 다리를 붙잡으면서 어깨가 앞쪽으로 돌아가지 않게 한다.
• **동작 수행의 장애**: 긴장된 슬괵근, 약한 복근
• **금기사항**: 디스크 기능장애, 골다공증

변형 동작 및 연계 동작
• **수정 동작**: 긴장된 슬괵근이 롤-다운에 장애가 된다면 위쪽 다리의 무릎을 조금 부드럽게 해준다.
• **연계 동작**: 둥근 등 롤-다운

상상하기 _ 허벅지는 나무줄기이고 발가락은 높이 있는 나뭇가지이다.

엘리 _ "이 동작은 허리와 요근을 강화하면서 슬괵근의 길이를 변화시키는 단연 최고의 동작일 것이다. 골반을 아래로 당기는 사람들에게 좋다!"

1. 시작자세 - 3회 스트레칭 & 1회 롤-다운
박스 위에 앉은 자세에서 한쪽 다리를 뻗고 발을 굴곡시켜 풋스트랩 아래에 걸친다. 다른 쪽 다리는 구부리며, 한쪽 손을 허벅지 아래로 넣어 주먹을 쥐고 반대쪽 손으로 그 손목을 잡는다. 척추는 곧게 펴주고 중립 자세를 유지한다. 어깨는 열어주고 견갑골은 등을 따라 아래로 내려준다.

시작자세에서 숨을 들이쉰다.

2-3. 숨을 내쉰다/들이쉰다
숨을 내쉬면서 복부를 척추 쪽으로 당겨주고 손으로 잡은 다리의 무릎을 펴서 슬괵근을 늘여주면서 발을 굴곡시킨다. 대퇴사두근을 활용하여 다리를 더 펴주되, 골반은 평행으로, 척추는 곧게 유지한다. 요추를 둥글게 만들지 않는다. 필요에 따라 몸통을 약간 뒤로 기울여 척추 중립을 유지한다. 숨을 들이쉬면서 무릎을 다시 구부려 시작자세로 돌아온다. 단계 2와 단계 3을 2회 더 반복한다.

4. 호흡을 계속한다
3회째 반복할 때 무릎을 편 채 발목을 세우고 굴곡시키기를 3회 한다. 그런 다음 발목으로 각 방향으로 3회 원을 그려준다. 무릎을 다시 구부려 시작자세로 돌아온다.

5. 숨을 내쉰다

손으로 잡은 다리를 한 번 더 펴준다. 나무를 오르듯이 손이 다리를 타고 올라간다. 종아리를 잡고 이두근을 사용해 팔꿈치를 양옆으로 구부리면서 대퇴골을 몸통으로 당겨 슬괵근 스트레칭을 키워준다.

6-7. 숨을 들이쉰다/내쉰다

숨을 들이쉬면서 척추를 길게 늘여주고 스트레칭을 유지한다. 숨을 내쉬면서 하복부를 척추 쪽으로 당겨주고 손이 '나무' 다리를 타고 다시 내려오게 하면서 척추를 통해 순차적으로 롤-다운을 한다. 손가락을 깍지낀 채 손으로 위쪽 허벅지를 잡는다. 복횡근의 활용을 유지할 수 있는 한도에서만 멀리 몸통을 아래로 굴린다. 몸을 펼치면서 천골이 박스에 닿은 상태를 유지하고 굴곡시킨 발의 뒤꿈치를 위로 뻗어준다.

8-9. 숨을 들이쉰다/내쉰다

숨을 들이쉬어 롤-업을 준비한다. 숨을 내쉬면서 머리와 목을 앞쪽으로 둥글게 만들어주고 척추의 맨 위에서 천골까지 순차적으로 롤-업을 시작한다. 올라간 다리의 허벅지를 밀어내어 롤-업을 돕는다. 손이 다시 '나무'를 타고 올라가면서 척추를 쌓아올리고 다리를 몸통 쪽으로 당겨 한 번 더 슬괵근 스트레칭을 해준다.

최상급 변형 동작: 후굴

롤-다운을 한 후 다리를 풀어주고 양팔을 뒤로 뻗어주어 리포머의 틀을 잡는다. 이는 고관절 굴근 스트레칭을 심화시키고 스트레칭의 안정화와 롤-업의 시작에서 모두 복근의 작용을 증가시킨다. 양팔을 뒤로 뻗을 때 다리가 내려가지 않게 한다.

후굴 1

후굴 2

상급, 숏 박스 시리즈

기구 셋업
스프링: 모두, 두 번째 기어로
바: 아래로 줄: N/A
라이저: N/A 머리받이: N/A

기능과 대상 근육
• 복사근 및 요방형근 강화

요령 및 주의사항
• 대퇴근막장근의 과사용을 피하기 위해 다리는 가능한 한 턴 아웃 시킨 상태를 유지한다.
• 머리와 목이 척추의 라인을 따라가도록 한다.
• 늘 그렇듯이 어깨는 귀에서 멀리 유지한다.

변형 동작 및 연계 동작
• **수정 동작**: 팔은 비행기 자세로
• **변형 동작**: 트위스트 & 허공에 맴돌기: 숨을 들이쉬면서 라이저 쪽으로 측면 굴곡을 한다. 숨을 내쉬고, 복부를 척추 쪽으로 당기며, 상체를 바닥 쪽으로 비틀어준다. 숨을 들이쉬고 비틀기 자세를 유지하거나 가능하다면 심화시키면서 몸통을 바닥 쪽으로 내린다. 숨을 내쉬고 복부를 척추 쪽으로 당겨 몸통을 허공에 뜨게 하고 올린다. 숨을 들이쉬고 몸통 비틀기를 풀어줘 깊은 측면 굴곡으로 마무리한다. 숨을 내쉬고 복사근과 요방형근을 사용하여 몸통을 위로 가져와 시작자세로 돌아온다.
• **연계 동작**: 위쪽 & 바렐 밖으로

상상하기 _ 리포머 틀 안에 떨어뜨린 캐시미어 스카프를 주우려 하고 있다. 척추를 조금만 더 늘여주면 잡을 수 있을 것이다

.

엘리 _ "트위스트 & 허공에 맴돌기 변형 동작은 아주 재미있고 초기 현대무용 동작처럼 느껴진다. 움직임을 시작시키는 복근에 제대로 집중한다. 마사 그레이엄을 생각한다."

측면 윗몸 일으키기 Side Sit Ups

1. 시작자세 - 3~5회 반복
측면을 향해 박스 위에 앉아 한쪽 다리를 풋스트랩에 걸어 발은 굴곡시키고, 고관절은 턴 아웃 시키며, 무릎은 천장을 향하게 한다. 다른 쪽 다리는 무릎을 구부리고 엉덩이를 측면으로 열어 다리의 외측을 박스 위에 놓는다. 척추는 곧게 펴주고, 손은 머리 뒤에 두며, 팔꿈치는 넓게 벌려준다.

2. 숨을 들이쉰다
몸통을 리포머의 라이저를 향해 옆으로 구부린다(위로 & 바렐 밖으로 동작을 생각한다).

3. 숨을 내쉰다
복부를 척추 쪽으로 깊게 당겨주고 흉곽을 골반으로 뻗어 시작자세로 돌아온다.

변형 동작: 트위스트 & 허공에 맴돌기 1

변형 동작: 트위스트 & 허공에 맴돌기 2

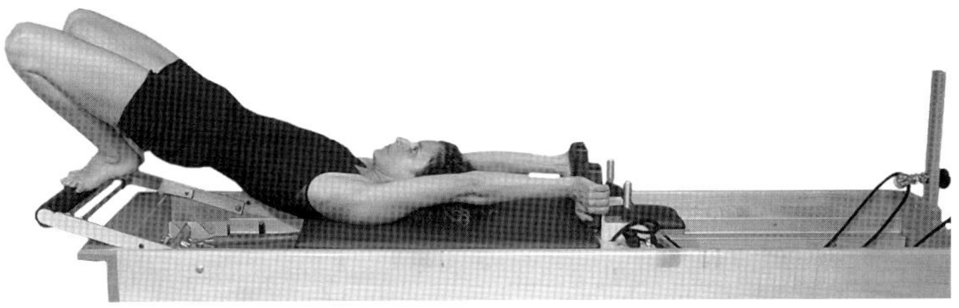

1. 시작자세 - 각 방향으로 3회 반복

캐리지 위에 바로 누워 발은 필라테스 'V' 자세로 풋바 위에 놓고(끈적끈적한 패드를 사용한다), 손은 어깨받이를 잡으며, 손가락은 밖을 향하게 한다. 몸통은 캐리지에서 살짝 들어 올리고 캐리지는 팔꿈치가 펴질 때까지 밀어낸다. 복근과 둔근을 사용하여 순차적으로 브리지 자세로 올라간다. 브리지 동작은 꼬리뼈로부터 시작해 체중이 목이 아니라 견갑골 사이에서 균형을 잡을 때까지 지속한다.

시작자세에서 숨을 들이쉰다.

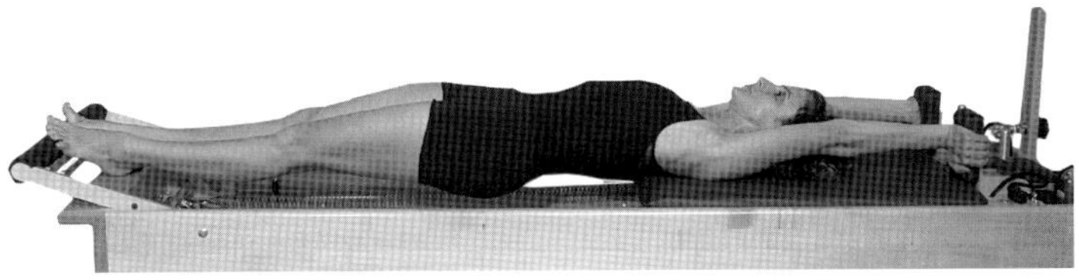

2. 숨을 내쉰다

골반을 높게 유지하면서 무릎이 펴질 때까지 또는 거의 펴질 때까지 캐리지를 밖으로 밀어준다.

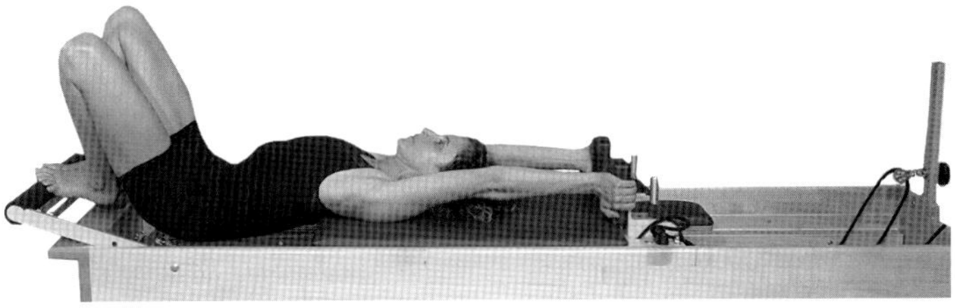

3. 숨을 들이쉰다

척추를 맨 위에서 맨 아래까지 순차적으로 분절하듯이 내려주어 골반이 캐리지 아래로 오게 하며, 무릎을 구부리고 캐리지를 홈 쪽으로 움직인다.

4. 숨을 내쉰다

홈에 가까워지면서 꼬리뼈 컬을 시작해 계속해서 골반을 들어 올려 시작자세로 돌아온다.

2회 더 반복한 다음 동작을 역으로 해준다. 골반을 내린 채 캐리지를 밖으로 밀어주고, 편 다리로 위로 브리지를 만들고, 골반을 올린 채 홈으로 오고, 스프링 쪽으로 골반을 내린다.

최상급

기구 셋업

스프링: 2 빨강(바깥 스프링)
바: 아래로 또는 낮게, 끈적끈적한 패드 사용 줄: N/A
라이저: N/A 머리받이: N/A

기능과 대상 근육

- 대퇴사두근 스트레칭
- 둔근, 슬괵근 및 삼각근 단련
- 척추를 분절하고 요추를 풀어준다.

요령 및 주의사항

- 무릎을 두 번째 발가락 위로 정렬한 다리 정렬을 유지한다.
- 롤-다운을 할 때 골반을 스프링 쪽으로 완전히 내린다. 이 때문에 바깥 스프링을 사용한다.
- 팔꿈치를 과신전시키거나 어깨를 구부려 귀 옆으로 올리지 않는다.
- 고관절을 약간만 턴 아웃 시킨다. 고관절을 억지로 비틀어 열거나 무릎을 벌리지 않는다.
- 운동 내내 척추를 받쳐주기 위해 복근을, 골반을 받쳐주기 위해 둔근을 제대로 활용한다.
- 골반이 캐리지에서 떨어졌을 때 요추 압박을 줄이기 위해 무릎은 살짝 구부려도 된다.
- 꼬리뼈로 제대로 주도하여 브리지를 시작하고 요추를 완전한 가동범위로 신전시키고 굴곡시킨다.
- **금기사항**: 무릎 부상, 디스크 기능장애, 요추 관절염, 골다공증, 손목 또는 어깨 부상

변형 동작 및 연계 동작

- **수정 동작**: 필라테스 첫 번째 자세가 무릎관절을 압박한다면 필라테스 두 번째 자세처럼 족궁을 풋바의 양끝에 두거나 무릎을 살짝 구부려 가동범위를 줄인다.
- **수정 동작**: 교습생의 어깨가 긴장되어 있다면 손을 높이 어깨받이 위에 둔다.
- **수정 동작**: 동작의 전체 가동범위에 도전하거나 교습생의 키가 5′2″(157.5cm)보다 작다면 낮은 바를 세팅한다.
- **변형 동작**: 척추 굴곡으로 롤-업을 시도해보고 골반으로부터 대퇴골을 분리해 중립으로 골반을 낮춘다.
- **변형 동작**: 대퇴사두근 스트레칭: 동작의 끝에 골반을 높이 든 상태에서 지도자가 교습생의 무릎 위에 손을 올려놓고 다리를 부드럽게 자신 쪽으로 당겨 내어 대퇴사두근을 스트레칭 시켜 준다.
- **연계 동작**: 엉덩이 들어올리기, 뱀 & 반대로

상상하기 _ 공중에서 골반으로 원을 그리고 있다.

엘리 _ "조셉 필라테스는 이 동작을 내놓기 전에 몇 가지 동작을 포기했을 거라고 생각한다."

상급

기구 셋업
스프링: 2 빨강 또는 1 빨강 & 1 파랑 또는 노랑 (무거울수록 돌아오는 게 쉬워진다)

바: 높게 | 줄: N/A

라이저: N/A | 머리받이: N/A

기능과 대상 근육
- 복근 강화
- 척추 신근, 슬괵근 및 종아리 스트레칭
- 광배근, 흉근, 삼두근 및 고관절 굴근 단련

요령 및 주의사항
- 교습생의 엉덩이를 잡아 지지함으로써 골반의 '상향' 움직임을 느낄 수 있게 돕는다.
- 생각한다: 머리를 무릎으로 가져가 올라가며, 목의 뒤쪽은 길게, 턱은 이완된 상태로 유지한다.
- 솟구친 새우 자세에서 최대한 긴장된 상태를 유지한다. 그렇지 않으면 풋바에 엉덩방아를 찧을 것이다.
- 몸을 반으로 접을 때 복근으로 이러한 굴곡을 만드는 것에 집중한다.
- 팔꿈치를 과신전시키지 않는다.
- 동작을 수행하기 전과 후에 손목을 굴곡으로 가볍게 스트레칭 시킨다.
- **동작 수행의 장애**: 긴장된 슬괵근 및/혹은 등 신근, 약한 광배근, 약한 복근
- **금기사항**: 손목 및/혹은 어깨 문제, 디스크 기능장애, 골다공증

변형 동작 및 연계 동작
- **수정 동작**: 캐리지를 홈으로 가져오는 데 어려움을 겪는다면 스프링을 추가한다.
- **수정 동작**: 체구가 작거나 복부를 더 강화하고자 하는 교습생들은 스프링을 가볍게 시작한다.

상상하기 _ 체조선수인 당신은 화려하게 솟구치는 동작들과 힘센 팔을 자랑하고 있다.

엘리 _ "헤어핀처럼 반으로 접는다."

건 스트레칭 Tendon Stretch

1. 시작자세 - 4회 반복
풋바에 앉아 손을 골반의 양옆에 둔다. 캐리지 중앙에 발을 모아주고 발꿈치는 캐리지 끝에 걸쳐 놓는다(캐리지 위에 끈적이는 패드를 둔다). 손바닥 아랫부분으로 풋바를 밀고, 무릎을 펴며, 몸을 허리에서 반으로 접어 깊이 솟구친 새우 자세를 취한다.

2. 숨을 들이쉰다
최대한 솟구친 새우 자세를 유지하면서 발꿈치를 밀어 아래로 내려감으로써 캐리지를 홈에서 멀리 밀어주고(이것이 건 스트레칭이다) 골반을 팔 사이로 내려준다. 팔꿈치는 편 상태를 유지한다.

3. 숨을 내쉰다
복부를 천장으로 당기고 손바닥 뒷부분으로 풋바를 밀면서 시작자세로 돌아온다.

최상급

기구 셋업
스프링: 1 빨강 & 1 노랑, 파랑 또는 빨강(무거울수록 돌아오기 쉬워진다)

바: 높게	줄: N/A
라이저: N/A	머리받이: N/A

1. 시작자세 - 각 측면, 각 자세 3회 반복

풋바에 앉아 왼손은 골반 밖에 두고 오른손은 다리 사이에 둔다. 왼발의 족궁은 캐리지 위에 두고 발꿈치는 캐리지 끝에 걸치며(캐리지 위에 끈적끈적한 패드를 둔다), 오른쪽 다리는 측면으로 바닥과 평행하게 들어 올린다. 왼쪽 무릎을 펴주고 몸을 반으로 접는다.

2. 숨을 들이쉰다

팔꿈치를 편 상태를 유지하고 발꿈치를 아래로 내리면서 캐리지를 홈에서 멀리 밀어주되, 몸의 자세는 그대로 유지한다.

3. 숨을 내쉰다

복부를 천장으로 당기고 손바닥 뒷부분으로 풋바를 밀면서 캐리지를 홈으로 가져오되, 몸의 자세는 그대로 유지한다.

3회 반복한 다음 다리를 뒤로 원을 그리며 돌려 아라베스크 버전으로 하되, 골반을 풋바로 낮추지 않는다(이를 지구 한 바퀴 동작이라고 부른다).

4. 호흡을 계속한다

뒤쪽 다리를 천장으로 높이 뻗어준 상태를 유지하면서 캐리지를 밖으로 밀어준 다음 제어하며 다시 홈으로 가져온다.

기능과 대상 근육
- 복근, 고관절 굴근, 광배근, 흉근 및 삼두근 단련
- 다리를 측면으로: 대퇴근막장근, 중둔근 및 소둔근 강화
- 다리를 뒤로: 뒤쪽 다리 둔근 강화, 앞쪽 다리 슬괵근 스트레칭

요령 및 주의사항
- 다리를 뒤로: 대둔근으로 뒤쪽 다리의 높이를 유지해 스플릿 자세를 만들면서 캐리지를 홈에서 멀리 움직인다. 뒤쪽 다리를 최대한 높게 유지한다.
- 한쪽 다리 변형 동작은 두 다리를 쓰는 것만큼 가동범위가 크지 않다. 이 동작은 몸을 반으로 접는 것이 아니다.
- 다리를 옆으로 뻗는 동작에는 시소 특성이 있다.
- 무릎은 계속 펴주되 과신전시키지 않는다.
- 어깨는 귀에서 멀리, 견갑골은 안정되게 유지한다.
- 목은 길게 유지한다. 목의 뒤쪽을 긴장시키지 않으며, 머리가 척추의 일부라고 생각한다.
- 다리가 뒤로 오르내리는 동작에서 필요하다면 교습생의 올린 다리를 잡아주어 다리를 들어올린 상태를 유지하도록 돕는다. 마치 원유를 퍼내는 샘(油井)에서 펌핑 하듯이 말이다.

변형 동작 및 연계 동작
- **연계 동작**: 건 스트레칭, 플랭크, 아라베스크

상상하기 _ 공중에 있는 다리가 업 스윙의 반동을 사용하여 측면에서 앞으로 전환하고 또 앞에서 측면으로 전환한다.

엘리 _ "이 동작은 남성이 안마 위에서 하는 체조 루틴을 상기시킨다."

초급

기구 셋업

스프링: 2 빨강 & 1 파랑

바: 낮게 또는 높게	줄: N/A
라이저: N/A	머리받이: 위로

기능과 대상 근육

- 복근 및 다열근 단련
- 관절의 가동범위 전체를 통해 발목 정렬 익히기
- 족저굴근과 족배굴근 강화 및 스트레칭

요령 및 주의사항

- 무릎을 펴줄 때 갑자기 펴지 않는다. 발목관절과 무릎관절을 부드럽게 다룬다.
- 발꿈치를 내릴 때 대퇴골을 내회전시키지 않는다. 하부 둔근에 힘을 준다.
- 발가락들 사이에 무게를 고르게 분배한다. 발목이 안이나 밖으로 돌아가지 않게 한다.
- 다리를 펴는 동안 무릎을 과신전시키지 않는다.
- 골반은 안정적으로 유지한다. 골반이 당겨지거나 좌우로 흔들리지 않게 한다.
- 기억한다! 한 번에 한 무릎씩만 구부린다.
- 항상 '위로' 움직이는 동작을 강조한다.

변형 동작 및 연계 동작

- 번갈아가며 하는 패턴에 익숙해지면 동작을 더 빠르게 해주고 계속해서 호흡하면서 매번 숨을 내쉴 때마다 복근의 활용을 심화시킨다.

상상하기 _ 다리가 무른 사탕으로 만들어졌기 때문에 매우 신축적이고 딱딱한 모서리 없이 늘어나고 수축한다.

엘리 _ "엉덩이를 계속 안정적으로 유지한다. 삼바 춤을 추지 않도록!"

걷기 동작 Prancing

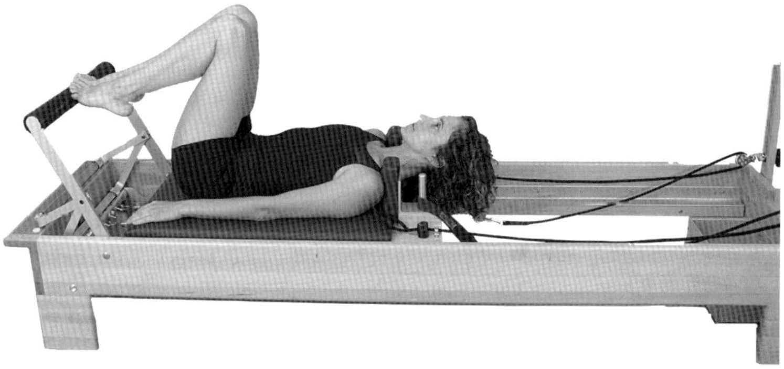

1. 시작자세 - 양쪽 번갈아가며 30회

캐리지 위에 바로 누운 자세에서 어깨는 어깨받이에 대고, 발은 평행으로 하고, 중족골은 풋바 위에 두고, 발꿈치는 높이 올린다(를르베). 팔은 양옆으로 놓는다. 골반과 척추는 중립 자세로 유지한다.

2. 숨을 들이쉰다

발꿈치를 높이 유지하면서 다리가 펴질 때까지 캐리지를 홈에서 멀리 밀어준다.

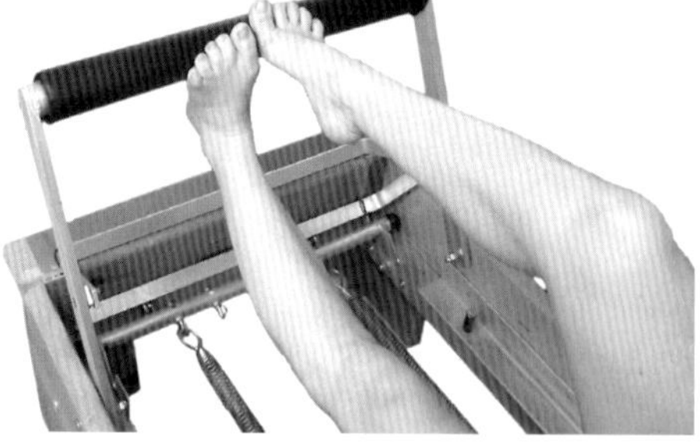

3. 호흡을 계속한다

복근으로 골반을 안정화한다. 한쪽 발꿈치를 풋바 아래로 내리면서 다른 쪽 무릎을 구부려 천장으로 곧장 올리고 발의 볼을 바로 아치를 만들면서 발꿈치를 들어 올린다.

4. 호흡을 계속한다

양 무릎을 펴주면서 양발을 를르베 자세로 부드럽게 되돌린다.

양쪽을 번갈아가며 반복한다.

1. 시작자세 - 8~10회 반복

바로 누운 자세에서 족궁을 풋바의 끝에 둔다. 팔은 이완시켜 양옆으로 놓는다.

시작자세에서 흉곽으로 넓게 숨을 들이쉰다.

2. 숨을 내쉰다

꼬리뼈 컬을 해서 골반을 캐리지 바로 위로 올리며, 복근을 사용하고 둔근을 조여 요추를 굴곡시킨다.

3. 숨을 들이쉰다

복부를 척추 쪽으로 당기고 무릎이 거의 펴질 때까지 캐리지를 밖으로 밀어준다.

4. 숨을 내쉰다

둔근을 조이고 캐리지를 제어하며 다시 홈으로 가져오되, 골반을 공간에서 안정적으로, 수평으로 유지한다.

10회 반복한 다음 홈으로 돌아와 캐리지를 움직이지 않으면서 꼬리뼈 컬로 내려온다.

초급

기구 셋업

스프링: 2 빨강 & 1 파랑

바: 낮게 또는 높게 줄: N/A

라이저: N/A 머리받이: 위로 또는 아래로

기능과 대상 근육

- 슬괵근 및 둔근 강화
- 복근 및 턴 아웃 자세에서 고관절 외회전근 단련
- 골반을 높이 들어 올린 상태에서 족배굴근과 척추기립근 단련

요령 및 주의사항

- 무릎을 풋바 쪽으로 뻗어 골반이 올라갈 수 있는 공간을 만들어준다.
- 숨을 내쉴 때 복근에 힘을 주고 캐리지를 밖으로 밀어준다. 숨을 들이쉴 때 둔근을 조이고 캐리지를 제어하며 홈으로 가져온다.
- 허리와 무릎이 압박을 받는다면 다리를 완전히 밀어내어 펴는 자세는 하지 않는다.
- 흉곽이 천장 쪽으로 튀어나오지 않게 한다. 상부 복근을 동원하여 척추의 과신전을 피한다.
- 턴 아웃 자세에서 허벅지 안쪽에 계속 힘을 줘서 무릎이 벌어지지 않게 한다.
- 숨을 들이쉴 때 흉곽이 위로가 아니라(이는 흉추를 과신전시킨다) 양옆으로 넓게 움직이는 아코디언 호흡을 한다는 것을 기억한다.

변형 동작 및 연계 동작

- **수정 동작**: 스프링 저항을 가볍게 하면 슬괵근의 작용이 증가한다.
- **연계 동작**: 필라테스 두 번째 자세 발 운동, 꼬리뼈 컬, 브리지

상상하기 _ 복근이 골반을 캐리지에서 떼어 당기고 있다.

엘리 _ "이 동작은 침대에서 유용하다."

초/중급

기구 셋업

스프링: 1 노랑 & 1 파랑

바: 높게	줄: N/A
라이저: N/A	머리받이: N/A

필라테스 두 번째 자세에서 발꿈치로: (초급)
굴곡시킨 발의 발꿈치를 풋바의 끝에 두고, 골반을 완전한 브리지로 올려준다(척추를 통해 순차적으로 올려주거나 중립을 유지하면서 골반을 밀어 올려준다). 골반의 높이를 유지하면서 캐리지를 밖으로 밀어주어 다리를 거의 편 다음 캐리지를 제어하며 홈으로 가져온다. 골반을 공간에서 안정적으로 그리고 수평으로 유지한다.

평행 자세에서 족궁으로: (초급)
발은 평행으로 해서 족궁(발아치)을 풋바 위에 두고 발목과 무릎은 붙인다(내전근이 작용하는 것을 느낀다). 골반을 매트에서 아주 조금만 떼어 들어 올린다. 캐리지를 홈에서 3~5인치(7.6~12.7㎝) 밀어준 다음 1~2인치(2.5~5㎝) 범위로 캐리지를 홈 쪽으로 리듬을 타며 가져오되, '안으로' 움직이는 동작을 강조한다.

한쪽 다리 족궁으로: (중급)
양쪽 족궁을 풋바 위에 두고 브리지의 3/4 정도 올라간 자세에서 한쪽 다리를 들어 올려 발꿈치를 천장으로 뻗어준다. 캐리지를 절반 정도 밀어낸 다음 홈으로 가져오면서 다리를 반대쪽 허벅지 높이로 내린다. 동작 내내 골반 수평과 적절한 정렬을 유지한다. 이 동작은 발꿈치를 풋바 위에 두고서도 가능한데, 이는 둔근을 많이 사용하고 슬괵근은 적게 사용한다.

뱀 및 반대로: (초급)
필라테스 첫 번째 자세로 발꿈치를 풋바 위에 두고 캐리지를 움직이지 않으면서 브리지로 올라간다. 무릎이 거의 펴질 때까지 캐리지를 홈에서 밀어준다. 캐리지를 움직이지 않으면서 고관절을 굴곡시켜 골반을 캐리지로 내려 중립 자세로 만든다. 4회 반복한 다음 방향을 반대로 바꾼다: 밖으로 밀어내고, 순차적으로 브리지로 올라가고, 골반을 높게 유지하면서 캐리지를 홈으로 가져오고, 고관절을 굴곡시켜 골반을 중립으로 내린다.

엉덩이 들어올리기 변형 동작 Bottom Lift Variations

두 번째 자세에서 발꿈치로

평행 자세에서 족궁(발아치)으로 - 캐리지를 리듬을 타며 움직이면서 '안으로' 움직이는 동작을 강조

한쪽 다리 족궁으로 1

한쪽 다리 족궁으로 2

뱀 및 반대로

스플릿 시리즈

스플릿 시리즈는 바로 누워 하는 동작들에서 배우고 익힌 개념들을 통합할 수 있는 좋은 방법이다. 단지 그 개념들을 서서 하는 동작들에 반영하는 것이다. 기억한다. 조셉 필라테스는 체조선수였으며, 스플릿은 체조선수들에게 필수이다. 이 동작들은 엉덩이를 스트레칭 시키면서 동일한 근육들을 사용해 캐리지의 움직임을 제어하는 데 초점을 둔다. 이렇게 이루어진 능동적인 스트레칭을 당신은 잊을 수 없을 것이다.

앞 스플릿
4부분 스트레칭
앞 스플릿

옆 스플릿
옆 스플릿
보니 블레어
스피드 스케이팅

뒤 스플릿
뒤 스플릿

중급, 스플릿 시리즈

기구 셋업
스프링: 1 파랑 또는 1 빨강; 가벼울수록 내전근을 단련시키고 무거울수록 외전근을 단련시킨다.
바: 아래로, 발판을 설치한 상태로 머리받이: N/A

기능과 대상 근육
- 선 자세 익히기 / 강화
- 고관절 외전근 및 내전근 강화
- 복근 및 턴 아웃 자세에서 고관절 외회전근 단련

요령 및 주의사항
- 첫 2~3회 할 때에는 정렬을 느껴보기 위해 손을 엉덩이에 대고 한다.
- 발목이 안으로 돌아가지 않게 한다. 족궁이 위로 들린 상태를 유지한다.
- 팔을 옆으로 들어 올릴 때 흉곽 정렬에 유의한다. 흉곽이 추선(plumb line) 뒤로 넘어가지 않게 한다.
- 다리를 닫아줄 때 골반저를 활용한다. 중간의 지퍼를 올려준다고 생각한다.
- 골반은 수평으로 중심을 잡아주고 체중을 양발 사이로 고르게 분배한 상태를 유지한다.
- 체중을 살짝 앞쪽으로 유지한다. 몸을 뒤로 기울이지 않는다.
- 난이도를 높이려면 자세를 더 벌려준다. 캐리지 위에 올린 발을 머리받이에 더 가깝게 둔다.
- 천장관절이 불안정한 사람은 이 동작을 하지 않는다.
- 임산부는 조심하도록 한다! 가동범위를 작게 유지한다.
- **금기사항**: 천장관절 불안정성

변형 동작 및 연계 동작
- **변형 동작**: 턴 아웃 자세로 옆 스플릿을 수행한다.
- **변형 동작**: 꽃 따기: 척추/골반 중립을 유지할 수 있는 한도로 홈에서 멀리 캐리지를 위치시킨 채 등을 편평하게 유지하면서(척추 굴곡 없이) 엉덩이를 구부리고 꽃을 따듯 한쪽 팔을 앞쪽으로 뻗는다. 몸을 구부리거나, 즉 '꽃을 따거나' 선 자세로 돌아오면서 캐리지를 움직이면 안 된다. 동작을 반복하고 반대쪽 손으로 꽃을 딴다. (현대 무용가들을 위한 note: 이 동작은 커닝엄이나 호튼 동작처럼 느껴질 것이다.)
- **상급 변형 동작**: 유연성과 용기가 있다면 발을 어깨받이로 옮겨주고 깊은 스플릿으로 들어간다. 하지만 캐리지를 안정시키기 위해 더 많은 스프링 저항을 사용한다.

상상하기 _캐리지를 홈으로 가져올 때마다 척추가 더 길어지고 있다.

엘리 _ "허벅지 안쪽에서 타오르는 듯함을 느끼지 못한다면 발을 더 멀리 벌리거나 저항을 줄인다."

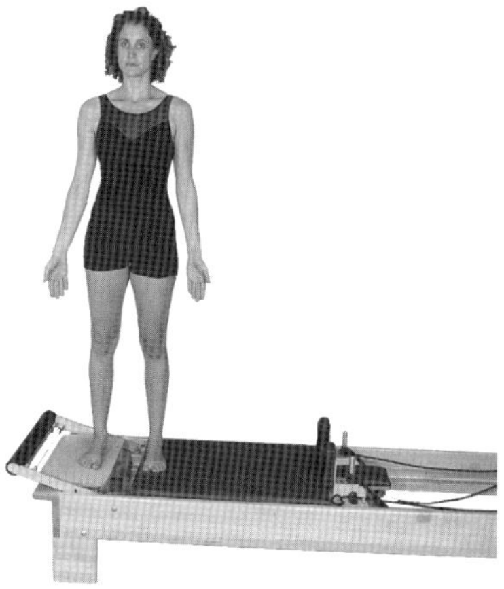

1. 시작자세 - 8~10회 반복
기구 위에 오르되 캐리지를 움직이지 않는다. 평행 또는 턴 아웃 자세로 먼저 한 발을 발판 위로 올린 다음 다른 발을 캐리지 위로 올린다. 척추와 골반은 중립으로 유지하고 손은 엉덩이 위에 두거나 양옆으로 내린다.

2. 숨을 들이쉰다
척추를 길게 늘여주고 팔을 옆으로 어깨 높이로 올리면서 캐리지를 멀리 밀어준다. 척추, 골반 중립을 유지할 수 있는 한도로 홈에서 멀리 캐리지를 옮겨준다.

3. 숨을 내쉰다
팔을 양옆으로 내리면서 다리를 당겨 모아 캐리지를 홈으로 가져온다.

변형 동작: 꽃 따기

상급 변형 동작: 깊은 스플릿 - 더 많은 저항을 사용한다!

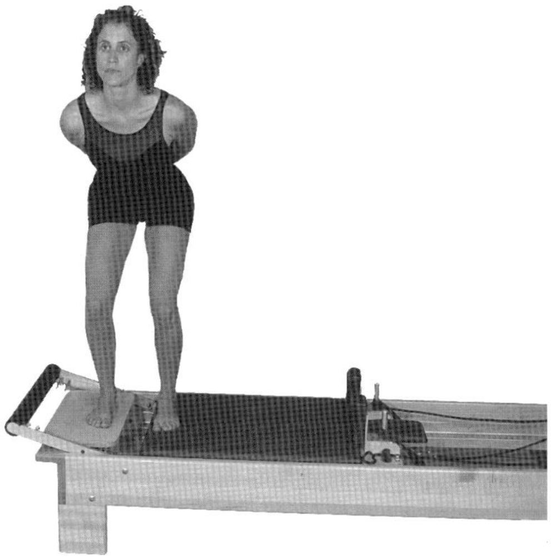

1. 시작자세 - 8회 반복

기구 위에 오르되 캐리지를 움직이지 않는다. 먼저 발판 위로 오른 다음 캐리지 위로 오른다. 다리는 평행으로 하고, 무릎은 구부리고, 몸통은 살짝 앞쪽으로 기울이고, 손은 골반 뒤에서 잡는다(스피드 스케이터처럼). 요추는 중립으로 유지하고 복부는 바닥에서 척추 쪽으로 당겨준다.

시작자세에서 숨을 들이쉰다.

2. 숨을 내쉰다

다리를 어깨너비보다 더 넓게 열어 캐리지를 멀리 밀어주되, 골반은 다리 사이에서 중심을 잡는다.

3. 숨을 들이쉰다

복근의 활용을 심화시키고 다리를 당겨 모아 캐리지를 홈으로 가져오되, 무릎은 구부리고 체중은 발 사이에 고르게 분배한 상태를 유지한다.

부드럽게 안팎으로 움직이는 동작을 반복한다.

기구 셋업

스프링: 1 파랑 또는 1 빨강

바: 아래로, 발판을 설치한 상태로 줄: N/A

라이저: N/A 머리받이: N/A

기능과 대상 근육

- 무릎 재활에 효과적이다.
- 고관절 내전근 및 외전근 강화

요령 및 주의사항

- 슬개골이 앞쪽으로 나오고 족궁이 위로 들린 상태를 유지한다.
- 엄지발가락 중족골이 발판 및 캐리지에 계속 닿아 있도록 한다.
- 등이 신전되고 배꼽이 들린 상태를 유지한다.
- **동작 수행의 장애**: 긴장된 아킬레스건, 긴장된 족저굴근

변형 동작 및 연계 동작

- **변형 동작**: 한 번에 한쪽 다리씩. 보니 블레어 시작자세로 시작한다. 캐리지 위의 다리는 안정적으로 유지하고 발판 위의 다리는 펴주면서 캐리지를 밖으로 밀어준다. 발판 위 다리의 무릎을 구부려 홈으로 돌아오기를 5회 반복한다. 측면을 바꿔 발판 위의 다리는 안정적으로 유지하고 캐리지 위의 다리는 펴주면서 캐리지를 밖으로 밀어준다. 캐리지 위의 다리를 구부려 캐리지를 홈으로 가져온다. 5회 반복한다.

상상하기 _ 몸이 밖과 안으로 움직일 때 무릎은 정면을 비추는 전조등이다.

엘리 _ "스키 선수, 스케이트 선수, 테니스 선수, 그리고 무릎의 외측 안정화가 필요하다면 누구에게나 아주 좋은 운동이다."

중급, 스플릿 시리즈

기구 셋업
스프링: 1 파랑 또는 1 빨강
바: 아래로, 발판을 설치한 상태로 줄: N/A
라이저: N/A 머리받이: N/A

기능과 대상 근육
- 회전 시 흉추를 가동화한다.
- 발목 및 무릎 안정화
- 고관절 외전근 및 내전근 강화

요령 및 주의사항
- 움직임을 물 흐르듯이 끊어지지 않게 한다.
- 동작 내내 머리 높이를 유지한다(몸통이 내려가고 올라가지 않는다).
- 흉곽은 회전하지만 골반은 따라가지 않고 평행으로 유지된다.

상상하기 _ 금메달을 위해 스케이팅을 하고 있다.

엘리 _ "이 운동을 할 때에는 늘 스피드 스케이터라기보다는 영화 재너듀의 엑스트라 같은 느낌이 든다."

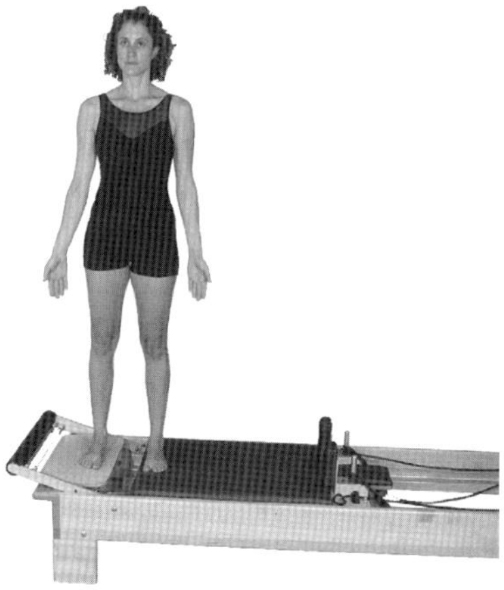

1. 시작자세 - 8~10회 반복
기구 위에 오르되 캐리지를 움직이지 않는다. 먼저 발판 위로 오른 다음 캐리지 위로 오른다. 다리는 평행으로 두고 팔은 양옆으로 이완시킨다. 양발을 캐리지 끝(홈 방향)과 최대한 가깝게 둔다.

2. 숨을 내쉰다
발판 위의 곧게 편 다리로 캐리지를 홈에서 멀리 밀어주고 캐리지 위의 다리는 구부린다. 골반은 캐리지 위의 다리 쪽으로 이동한다.

3. 숨을 들이쉰다
동작을 반대로 바꿔 캐리지 위의 다리를 펴고 발판 위의 다리를 구부린다. 골반은 발판 쪽으로 이동한다.

2~3회 반복한 다음 굽혀진 무릎 쪽으로 척추 회전을 추가하고 팔이 몸통 움직임을 따라가도록 한다. 팔은 제대로 된 스케이터가 하듯이 다리와 반대 방향으로 움직여야 한다.

1. 시작자세 - 3~5회 준비, 그 후 10~15회 반복

리포머의 뒤쪽을 향해 어깨받이를 잡는다. 오른발의 볼은 머리받이에 놓고 무릎은 90도로 구부린다. 왼쪽 발꿈치는 풋바의 끝에 두고 발가락은 풋바 연결 부분에 놓는다. 시작자세에서 뒤로 넓게 숨을 들이쉬고 뒤쪽 발꿈치로 풋바를 누른다.

뒤 스플릿 준비

2. 호흡을 계속한다

복부가 척추 쪽으로 당겨지는 것을 느끼면서 몸통 자세를 유지하며, 뒤쪽 발꿈치로 풋바를 누르고 오른쪽 무릎을 펴되 발꿈치로 캐리지를 누르면서 내측광근이 활용되는 것을 느낀다. 무릎을 과신전하지 않고, 다리를 신전시키면서 슬괵근 활용을 유지하면 된다.

완전한 뒤 스플릿

3. 호흡을 계속한다

무릎을 구부린 자세에서 캐리지와 다리를 안정적으로 유지하면서 몸통은 똑바로 세워주고 팔은 양옆으로 열어준다. 캐리지를 밖으로 밀어주기를 10~15회 반복한다.

상급, 스플릿 시리즈

기구 셋업

스프링: 1 빨강 & 1 파랑 또는 노랑
바: 높게, 코너에 끈적한 패드 사용 줄: N/A
라이저: N/A 머리받이: 위로, 끈적한 패드 사용

기능과 대상 근육

- 고관절 굴근 스트레칭
- 균형감, 제어력 및 골반 정렬 향상
- 상급 무릎 재활 운동
- 복근, 특히 복사근과 다열근을 활용하여 골반이 회전되지 않게 한다.
- 슬괵근, 둔근 및 대퇴사두근, 특히 내측광근 강화

요령 및 주의사항

- 골반은 최대한 평행으로 유지한다. 신전된 다리의 전상장골극(ASIS)을 앞쪽으로 유지하는 데 집중한다.
- 구부린 무릎은 둘째 및 셋째 발가락 위로 위치시킨 궤적을 따라간다.
- 움직이는 다리의 엄지발가락 종족골을 통해 밀어주어 내측광근과 슬괵근을 활용한다.
- 골반은 공간에서 움직이지 않는다. 위아래 움직임이 없다.
- 뒤쪽 발꿈치로 바를 제대로 밀어주어 다리 뒤쪽 전체와 둔근을 활용한다.
- 앞쪽 무릎을 펼 때 튕기지 않는다. 무릎이 완전히 신전될 때까지 캐리지가 계속 움직이고 있어야 한다(이는 무릎의 과신전을 방지한다). 발꿈치로 캐리지를 눌러 슬괵근 활용을 유지한다.
- 요추를 과신전시키지 않는다. 복근을 사용하여 골반을 들어 올린다.
- 골반은 절대 앞쪽 무릎보다 낮아서는 안 된다.
- 상체는 이완된 상태로, 어깨는 귀에서 멀리 유지한다.

변형 동작 및 연계 동작

- **수정 동작**: 교습생의 키가 아주 크거나 고관절 굴근이 매우 긴장되어 있다면 낮은 바를 사용하되, 스프링 저항을 추가한다.
- 균형을 위해 처음에는 막대기를 사용한다.

상상하기 _ 뒤쪽 발꿈치로 풋바를 눌러줌으로써 앞쪽 무릎이 펴지고 있다.

엘리 _ "앞쪽 다리가 캐리지를 움직이고 있을지 몰라도 진짜 움직임은 뒤쪽 다리 둔근에서 온다."

균형을 위해 막대기를 사용한다.

상급, 스플릿 시리즈

기구 셋업
스프링: 1 빨강 & 1 파랑 또는 노랑

바: 높게	줄: N/A
라이저: N/A	머리받이: N/A

기능과 대상 근육
- 균형감 향상
- 스플릿 자세의 응용
- 고관절 굴근 및 슬괵근 스트레칭

요령 및 주의사항
- 스플릿 자세로 스트레칭 할 때 스트레칭을 지지할 수 있는 한도에서만 멀리 신전시킨다.
- 슬괵근 스트레칭을 할 때에는 뒤쪽 엉덩이를 앞으로 당겨 골반을 평행으로 유지하는 것에 집중한다.
- 무릎을 과신전시키지 않는다.
- 엉덩이 한쪽이 들리지 않게 한다. 엉덩이 양쪽을 수평으로 유지한다.
- 다리 스트레칭을 할 때 상체는 이완시킨 상태를 유지한다.

변형 동작 및 연계 동작
- **변형 동작**: 단계 5에서 스트레칭을 심화시키려면 손을 리포머의 양쪽 틀에 가져다 놓는다.
- **연계 동작**: 요근 스트레칭

상상하기 _ 러시아 서커스를 위해 준비하고 있다.

앞 스플릿: 4부분 스트레칭

1. 시작자세 - 측면 당 1회 반복
아라베스크로 시작해 캐리지를 홈에서 멀리 밀어낸다.

이 운동을 하면서 내내 호흡은 계속하며, 호흡을 3~4회 하면서 스트레칭을 유지한다.

파트 1: 엉덩이 굴근 스트레칭

2. 호흡을 계속한다
뒤쪽 다리를 앞으로 가져와 무릎을 구부리고 발볼을 풋바 위에 둔다. 앞쪽 무릎은 90도로 구부리고 뒤쪽 무릎은 펴주며, 뒤쪽 발꿈치는 어깨받이에 대고 발가락은 앞쪽을 향하게 한다. 손은 어깨너비로 벌려 풋바 위에 둔다. 캐리지를 홈에서 멀리 밀어주어 뒤쪽 다리의 고관절 굴근을 스트레칭 시킨다. 발꿈치로 어깨받이를 제대로 밀어주어 둔근과 슬괵근을 활용한다. 앞쪽 무릎은 계속 구부려준다.

파트 2: 슬괵근 스트레칭

3. 호흡을 계속한다
앞쪽 무릎을 펴주면서 캐리지를 홈으로 가져와 앞쪽 다리의 슬괵근을 스트레칭 시키되, 골반을 평행으로 유지하고 앞쪽 무릎에 압박을 가하지 않는다. 캐리지는 홈에 머물러야 한다. 복부를 위로 들어 올려 떠 있는 느낌을 만들며, 다리로 복부가 처지지 않도록 한다.

파트 3: 스플릿

4. 호흡을 계속한다

양쪽 무릎을 펴준 상태를 유지하면서 캐리지를 홈에서 멀리 밀어주고 골반을 다리 사이로 내려 스플릿 자세를 취하되, 엉덩이를 가능한 한 평행으로 유지한다. 복근 사용을 유지하며, 엉덩이로 복부가 처지지 않도록 한다(아래로 많이 처진다면 리포머의 틀을 잡는다).

파트 4: 요근 스트레칭

5. 호흡을 계속한다

앞쪽 무릎이 굽혀지고 캐리지가 홈 쪽으로 움직이기 시작하면서 천천히 뒤쪽 무릎을 캐리지 쪽으로 낮춘다. 몸통을 똑바로 세워주고 하부 둔근을 활용하여 고관절 굴근 스트레칭을 증대시킨다. 캐리지가 홈으로 오고 나면 한쪽 팔을 올리고 뒤로 원을 그려 흉곽을 비틀어주되, 골반은 앞으로 평행하게 유지한다. 원을 그리는 방향을 역으로 한 다음 다리를 바꾼다.

6. 경막 스트레칭

숨을 들이쉬면서 척추를 길게 늘여준 다음 숨을 내쉬고 척추의 길이를 유지하면서 턱을 흉부 쪽으로 내린다. '심부 요근'의 감각이 느껴질 때까지 계속해서 척추를 아래로 둥글게 만들어준다. 요근이 부착된 요추 부분을 실제로 스트레칭 시키는 것처럼 느껴질 것이다(등에서 느끼도록 한다!).

상급, 스플릿 시리즈

기구 셋업

스프링: 1 빨강 & 1 파랑 또는 노랑

바: 높게 / 줄: N/A

라이저: N/A / 머리받이: N/A

기능과 대상 근육

- 균형감 향상
- 대퇴사두근 강화
- 복근, 슬괵근 및 둔근 단련
- 고관절 굴근 및 슬괵근 스트레칭

요령 및 주의사항

- 앞쪽 무릎이 펴질 때 골반을 평행으로 유지한다. 내려가게 하거나 비틀지 않는다.
- 캐리지가 움직이는 동안 몸통은 공간에서 일정한 높이를 유지한다. 위아래로 움직이지 않는다.
- 필요하다면 교습생의 손을 잡아 지지해준다.
- 엉덩이, 무릎과 발목의 정렬을 유지한다.
- 캐리지를 밖으로 밀어내면서 앞쪽 무릎을 과신전시키지 않는다. 무릎이 펴지면서 캐리지는 계속 움직여야 한다.

변형 동작 및 연계 동작

- 교습생을 도와주고 싶다면 막대기를 사용한다. 이는 균형감을 제공하고 '두려움'을 다소 줄여준다
- **연계 동작**: 요근 스트레칭, 앞 스플릿: 4부분 스트레칭

상상하기 _ 머리로 천장을 페인트칠하고 있다. 자신을 수평으로 유지하지 못하면 균형을 잃을 것이다(구부린 다리 변형 동작을 할 때).

엘리 _ "필요에 따라 막대기를 사용한다."

1. 시작자세 - 각 측면으로 4~8회 반복

발볼을 풋바 위에 두고 무릎을 90도로 구부린 채 런지 자세를 취한다. 뒤쪽 다리는 펴주고, 발은 릴르베 자세로 두며, 발꿈치로 어깨받이를 눌러준다. 엉덩이는 평행으로 유지한다. 그런 다음 손을 풋바에서 떼어 몸통을 일체로 똑바로 세워주고 팔을 양옆으로 열어준다(두 번째 자세). 막대기를 사용한다면 교습생이 몸통을 똑바로 세운 후에 막대기를 건네준다.

시작자세에서 숨을 들이쉬면서 척추를 길게 늘여준다.

2. 숨을 내쉰다

복부를 척추 쪽으로 당겨 몸통의 길이를 유지한다. 앞쪽 무릎을 펴주면서 캐리지를 홈에서 멀리 밀어낸다. 위와 아래가 아니라 뒤와 앞으로 눌러준다고 생각한다. 머리의 높이가 낮아져서는 안 된다.

3. 숨을 들이쉰다

앞쪽 무릎을 구부리고 척추를 길게 늘여주면서 시작자세로 돌아온다.

4~8회 반복한다. 캐리지가 홈에 이르면 캐리지를 움직이지 않으면서 앞쪽 다리를 펴서 곧게 편 다리 버전으로 전환한다.

4. 숨을 내쉰다

복부를 척추 쪽으로 당기고 골반을 다리 사이로 내리면서 캐리지를 홈에서 멀리 움직인다. 뒤쪽 다리의 고관절이 점점 더 신전되어 가면서도 전상장골극(ASIS)이 앞쪽으로 향한 상태를 유지한다.

5. 숨을 들이쉰다

캐리지를 제어하며 다시 홈으로 가져오고 척추를 골반에서 길게 늘여주면서 허벅지 안쪽을 서로 당기는 데 집중한다. 이 변형 동작에서는 몸통/머리가 수평으로 유지되지 않는다.

중급

기구 셋업

스프링: 2 빨강 & 1 파랑

바: 높게, 점프보드를 구멍 안에 설치

금속 점프보드 구멍을 느슨하게 하기 위해 리포머의 앞에 있는 손잡이를 느슨하게 풀어준다. 나무 보드를 구멍 안에 넣고 풋바를 밀어 올려 점프보드 뒤의 목판 위로 오게 한다 (이것이 바로 점프보드를 안정되게 설치한 것이다).

마지막으로 앞쪽 손잡이를 조여준다.

머리받이: 위로

기능과 대상 근육

- 발을 통한 분절과 점프로부터 올바른 착지를 익힌다.

요령 및 주의사항

- 생각한다: 구부리고, 펴고, 발가락 다음 발꿈치, 구부리고, 펴고, 발가락 다음 발꿈치.
- 발꿈치가 점프보드에 닿은 상태를 유지할 수 있는 한도에서 멀리 무릎을 구부린다.

변형 동작 및 연계 동작

- **연계 동작**: 콤보 발 운동

상상하기 _ 발레 수업에서 플리에를 하고 있다.

엘리 _ "댄서가 아닌 사람들은 점프할 때 발을 올바르게 사용하는 방법을 배울 필요가 있다!"

점핑 준비 Jumping Prep

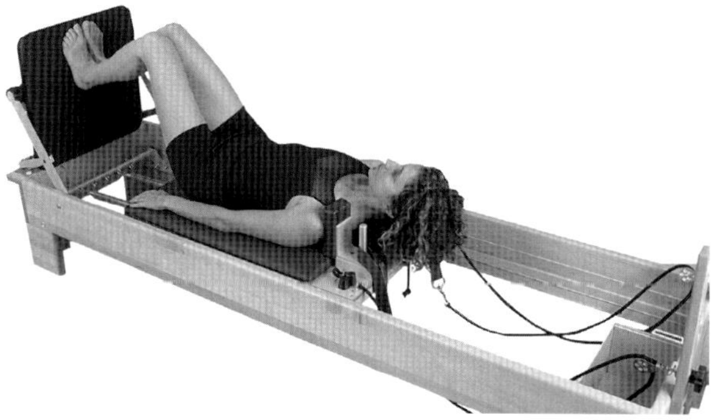

1. 시작자세 - 8회 반복

캐리지 위에 바로 누운 자세에서 다리는 평행으로 모으고, 무릎은 구부리며, 발은 평평하게 대어 점프보드 상단에 둔다.

시작자세에서 숨을 들이쉰다.

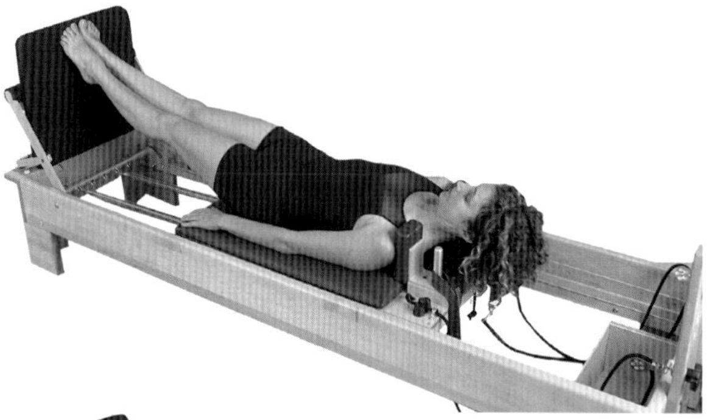

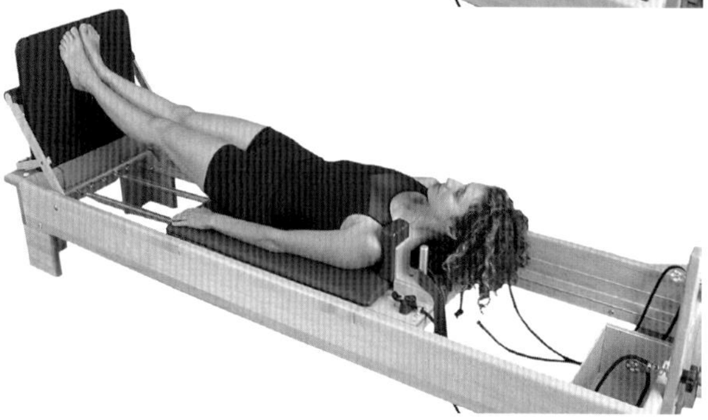

2. 숨을 내쉰다

다리를 펴준 다음 발꿈치를 들어 올리고, 이어서 다시 발꿈치를 내려 발을 평평하게 댄다.

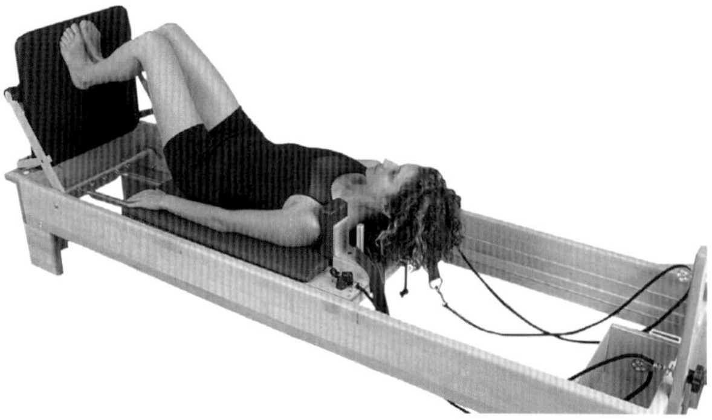

3. 숨을 들이쉰다

다시 시작자세로 무릎을 구부린다.

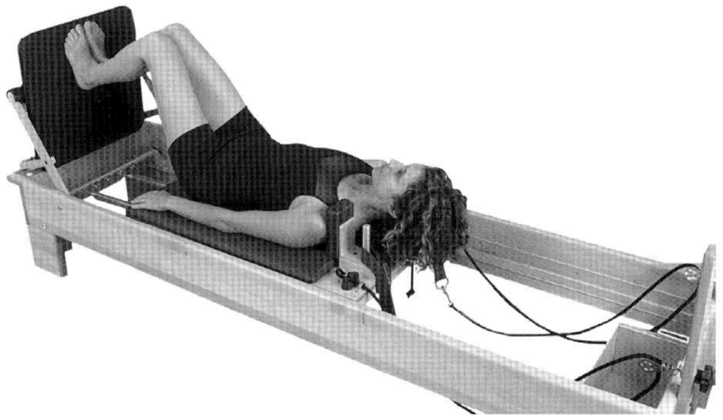

1. 시작자세 - 평행 자세로 8~16회 점프

캐리지 위에 바로 누운 자세에서 다리는 평행으로 모으고, 무릎은 구부리며, 발은 평평하게 대어 점프보드 상단에 둔다.

시작자세에서 숨을 들이쉰다.

2. 숨을 내쉰다

다리를 펴주면서 점프하고 공중에서 발가락을 길게 뻗는다.

3. 숨을 들이쉰다

고양이처럼 착지하면서 아무 소리도 내지 않으며, 발을 통해 분절하고 시작자세로 다시 무릎을 구부려준다. 착지할 때 발꿈치가 점프보드에서 떨어지지 않도록 한다!

변형 동작: 한쪽 다리

중급

기구 셋업

스프링: 2 빨강

바: 높게, 점프보드를 구멍 안에 설치

금속 점프보드 구멍을 느슨하게 하기 위해 리포머의 앞에 있는 손잡이를 느슨하게 풀어준다. 나무 보드를 구멍 안에 넣고 풋바를 밀어 올려 점프보드 뒤의 목판 위로 오게 한다 (이것이 바로 점프보드를 안정되게 설치한 거다). 마지막으로 앞쪽 손잡이를 조여준다.

머리받이: 위로

기능과 대상 근육

- 유산소 운동
- 폭발적인 움직임으로 하지 강화
- 발, 무릎, 발목과 고관절의 상급 단계 재활 운동으로 좋다.
- 발을 통한 분절과 점프로부터 올바른 착지를 익힌다.

요령 및 주의사항

- 발은 공중으로 세워야 한다. 축 늘어진 발이어서는 안 된다!
- 발꿈치가 점프보드에 닿은 상태를 유지할 수 있는 한도에서 멀리 무릎을 구부린다.
- 슬괵근을 최대한 활용하려면 발꿈치로 점프보드를 눌러준다.

변형 동작 및 연계 동작

- **변형 동작**: 턴 아웃 자세로 점핑을 시도하고 다리가 공중에서 살짝 열리도록 해준다.
- **변형 동작**: 한쪽 다리 점핑(평행 또는 턴 아웃 자세로)
- **변형 동작**: 유산소 운동을 위해 점핑 콤보를 시도해본다(평행 또는 턴 아웃 자세로).
  - 양다리로 8회 점프/오른 다리로 8회 점프/왼 다리로 8회 점프
  - 양다리로 4회 점프/오른 다리로 4회 점프/왼 다리로 4회 점프
  - 양다리로 2회 점프/오른 다리로 2회 점프/왼 다리로 2회 점프
  - 양다리로 1회 점프/오른 다리로 1회 점프/왼 다리로 1회 점프/한 번 더 반복한다.
- **연계 동작**: 점핑 준비

상상하기 _ 발레 수업에서 점프하고 있다.

엘리 _ "부상을 당한 교습생들이 춤, 달리기, 또는 기타 어느 충격 활동을 재개하기 전에 이 동작을 하게 하는 것을 두려워하지 말라."

상급 & 최상급 레퍼토리

다음 동작들은 레퍼토리에서 가장 힘든 동작들에 속한다. 이들 모두는 상당한 코어 근력을 요하고 일부 동작들은 상체의 힘을 상당히 필요로 한다. 이들 운동은 자신의 궁극적인 한계까지 밀어부치고자 하는 상급 교습생들에게 적합하다. 무용수, 체조선수, 서커스 공연인 등과 같이 정확성을 요하는 운동선수들에게 아주 좋다. 처음에 동작들이 불가능해 보인다면 힘이 더 강해졌을 때 다시 시도해본다. 불가능했던 동작들을 잊지 말자!

상급 & 최상급 동작

바늘 실 꿰기/별 준비
별
뱀
트위스트
코르크 따개
제어 균형 내리기
후굴

1. 시작자세 - 각 측면으로 1회

리포머의 측면을 향해 서서 시작하고 한쪽 손을 풋바 중앙에 놓는다. 풋바 쪽 발의 안쪽을 가까운 어깨받이에 대고 다른 쪽 발의 바깥쪽을 먼 어깨받이에 댄다. 이렇게 위쪽 다리를 앞으로 그리고 아래쪽 다리를 뒤로 둔 채, 풋바에 대고 있지 않은 팔을 천장으로 높이 뻗는다.

2. 숨을 들이쉰다

어깨 안정성을 잃지 않으면서 캐리지를 홈에서 최대한 멀리 밀어준다.

3. 숨을 내쉰다

복부를 집어넣으면서 몸을 반으로 접어 캐리지를 홈으로 가져온다. 그런 다음 위로 뻗은 팔을 내려 몸이 그리는 아크(arc)를 통과하게 하고 몸 뒤쪽으로 뻗으면서 몸통을 바닥 쪽으로 비틀어 바늘 실 꿰기 자세를 취한다.

4. 숨을 들이쉰다

몸을 펼치면서 캐리지를 밖으로 밀어주고 손을 다시 위로 뻗어주되, 이번에는 가장 먼 지점에서 흉부를 천장 쪽으로 열어 팔이 살짝 뒤로 뻗어질 수 있게 한다.
이때 엉덩이가 평행으로 앞쪽을 향한 상태를 유지한다.
단계 2~3을 4회 반복한 다음 기구에서 내려와 측면을 바꾼다.

상급

기구 셋업

스프링: 1 빨강 & 1 파랑 또는 노랑

바: 높게	줄: N/A
라이저: N/A	머리받이: N/A

기능과 대상 근육

- 코어와 어깨의 안정성 향상
- 광배근, 복근, 고관절 굴근 및 둔근 단련

요령 및 주의사항

- 흉부를 열어줄 때 허리가 아치를 이루지 않도록 한다. 전상장골극(ASIS)이 전조등처럼 앞쪽으로 비치면서 흉골이 천장 쪽으로 돌아가며, 허리에 부담을 주지 않으면서 흉부를 스트레칭 시킨다고 생각한다.
- 홈에서 멀리 밀어줄 때 엉덩이가 캐리지에서 멀리 들린 자세를 유지한다.
- 어깨 안정성에 집중하면서 견갑골이 골반 쪽으로 뻗어지는 것을 느낀다.

* **금기사항:** 손목 및/혹은 어깨 문제, 디스크 기능장애, 골다공증

변형 동작 및 연계 동작

- **연계 동작:** 매트의 상급 인어/측면 플랭크

상상하기 _ 바늘에 실을 꿰고 있다. 이는 바로 당신이다!

엘리 _ "이 동작은 별 자세보다 두려움이 훨씬 덜하고 별 자세를 준비하는 좋은 방법이다."

상급

기구 셋업
스프링: 1 빨강 & 1 파랑 또는 노랑

바: 높게	줄: N/A
라이저: N/A	머리받이: N/A

기능과 대상 근육
- 코어 및 어깨 안정성 향상
- 광배근, 복근, 고관절 굴근 및 둔근 단련

요령 및 주의사항
- 이는 측면 플랭크가 아니라 별 자세이므로 엉덩이가 처지지 않게 하고 엉덩이가 천장 쪽으로 들어올린 상태를 유지한다. 이렇게 하면 지지하는 팔에서 가벼운 느낌이 들 것이다.
- 다리를 뻗어 신전시킬 때 요추를 과신전시키지 않는다. 움직임은 계속 고관절에서 일어나게 한다.
- **금기사항:** 손목 및/혹은 어깨 문제

변형 동작 및 연계 동작
- **연계 동작:** 리포머의 바늘 실 꿰기, 매트의 별, 피지오 볼 위의 측면 발차기

상상하기 _ 캐리지가 안과 밖으로 움직이고 다리가 앞뒤로 움직일 때 위로 뻗은 팔은 움직이지 않는 지지 막대기이다.

엘리 _ "이 동작은 모든 교습생들이 최종 실기시험 때 수행하길 두려워하는 동작의 하나이다. 하지만 그렇게 나쁘지는 않다!"

별

1. 시작자세 - 각 측면으로 1회
리포머의 측면을 향해 서서 한쪽 손을 풋바 중앙에 놓는다. 풋바 쪽 발의 안쪽을 가까운 어깨받이에 댄다. 풋바에 대고 있지 않은 팔은 천장으로 길게 뻗고, 엉덩이는 천장으로 높이 들어 올리며, 위쪽 다리는 천장을 향해 대각선으로 뻗어 올려 별 자세를 취한다. 이 자세를 취하면 캐리지가 홈에서 멀리 움직일 것이다. 이어서 팔을 앞쪽으로 뻗어줘 문틀 팔 자세로 바닥과 평행이 되도록 한다.

시작자세에서 숨을 들이쉰다.

2. 숨을 내쉰다
캐리지가 홈으로 더 가까이 움직일 때 위쪽 다리를 앞쪽으로, 손을 향해 뻗어준다. 위쪽 다리의 발은 굴곡시킨다. 몸통은 길게 그리고 정렬된 자세를 유지한다.

3. 숨을 들이쉰다

위쪽 다리를 뒤로 뻗으면서 캐리지가 홈에서 멀리 움직일 수 있게 하되, 무릎은 곧게 유지하고 발은 길게 뻗는다. 위쪽 팔은 아라베스크에서처럼 계속 움직이지 않고 에너지가 넘치게 한다. 골반은 들어올리고 평행인 상태를 유지한다.

앞뒤로 발차기를 3회 반복한다.

4. 숨을 내쉰다

3번째 아라베스크에서 위쪽 다리가 뒤로 뻗어질 때 무릎을 구부리면서 뒤 '자세'로 들어간다. 팔은 올려 머리 위로 뻗어준다. 뒤쪽 다리를 뒤로 및 바닥으로 내려주면서 캐리지를 제어하며 다시 홈으로 가져와 기구에서 내려온다.

최상급

기구 셋업
스프링: 1 빨강 또는 파랑 & 1 노랑
바: 아래로, 가까운 코너에 끈적끈적한 패드 사용
줄: N/A 라이저: N/A
머리받이: N/A

기능과 대상 근육
- 척추의 순차적 움직임 익히기
- 트위스트 동작을 위한 연계 동작
- 팔, 광배근, 등 신근, 대퇴사두근 및 코어 강화

요령 및 주의사항
- 엉덩이를 어깨와 평행으로 유지한다.
- 체중이 실리지 않는 다리의 무릎은 부드럽게 유지한다.
- 하복부를 들어올려주고, 깊게 집어넣어진 상태를 유지하며, 완전한 등 신전 자세로 있을 때 어깨를 귀에서 멀리 아래로 유지한다.
- **동작 수행의 장애**: 약한 등 상부, 긴장된 슬괵근
- **금기사항:** 손목 및/혹은 어깨 문제, 디스크 기능장애, 골다공증 및 협착증

변형 동작 및 연계 동작
- **수정 동작:** 광배근이 체중을 받쳐줄 정도로 강하지 않은 사람은 멀리 있는 손을 어깨받이 위에 올리는 대신 아래로 내려 캐리지 위에 두도록 한다.
- **연계 동작:** 지구 한 바퀴 동작/위로 스트레칭

상상하기 _ 뱀을 생각하라!

엘리 _ "이 동작은 지구 한 바퀴 동작/위로 스트레칭과 상당히 비슷하지만, 여기에 비대칭 동작을 추가 한 것이다."

뱀 Snake

1. 시작자세 - 3회 반복
리포머의 측면에 서서 한쪽 손은 멀리 있는 어깨받이 위에 두고 손가락은 라이저를 향하게 하며, 반대쪽 손은 캐리지의 바닥 끝에 두고 손가락은 그 끝을 감싸도록 한다. 그런 다음 풋바 쪽 발을 풋바의 코너에 있는 끈적한 패드 위에 올려 리포머에 오르고 중심부로부터 몸을 가볍게 들어 올리면서 반으로 접는다. 캐리지를 움직이지 않으면서 지지하는 다리의 발꿈치를 릴르베로 들어 올리고 다른쪽 발을 지지하는 발 앞으로 교차시켜 앞쪽 다리에 체중이 실리지 않게 한다. 엉덩이를 어깨와 평행으로 유지한다.

시작자세에서 숨을 들이쉰다.

2. 숨을 내쉰다
캐리지를 밖으로 밀어주되, 엉덩이를 어깨와 평행으로 유지해 좌골이 똑바로 아래로 캐리지를 향하게 한다. 골반을 당겨 넣고 둔근을 조이며 복부로부터 들어 올려 척추를 천천히 뱀처럼 굽이치듯 신전시킨다. 다시 말해 척추를 맨아래에서 맨위까지 천천히 물결치듯 신전시킨다: 허리, 등 상부, 목과 머리 순이다.

3. 숨을 들이쉰다
척추를 뱀처럼 굽이치듯 신전시킨 것을 풀어줘 맨아래에서 맨위까지 순차적으로 굴곡시켜 홈으로 돌아온다. 이때 다시 골반을 당겨 넣은 다음 하복부를 집어넣고 허리, 등 상부, 목과 머리 순으로 들어 올린다.

최상급

기구 셋업
스프링: 1 빨강 또는 파랑 & 1 노랑
바: 아래로, 가까운 코너에 끈적끈적한 패드 사용
줄: N/A 라이저: N/A
머리받이: N/A

1. 시작자세 - 3회 반복
리포머의 측면에 서서 한쪽 손은 멀리 있는 어깨받이 위에 두고 손가락은 라이저를 향하게 하며, 반대쪽 손은 캐리지의 바닥 끝에 두고 손가락은 그 끝을 감싸도록 한다. 그런 다음 풋바 쪽 발을 풋바의 코너에 있는 끈적끈적한 패드 위에 올려 리포머에 오르고 중심부로부터 몸을 가볍게 들어 올리면서 반으로 접는다. 캐리지를 움직이지 않으면서 지지하는 다리의 발꿈치를 를르베로 들어 올리고 다른 쪽 발을 지지하는 발 앞으로 교차시켜 발가락만 아래로 가게 해서 앞쪽 다리에 체중이 실리지 않게 한다. 엉덩이를 어깨와 평행으로 유지한다.

시작자세에서 숨을 들이쉰다.

기능과 대상 근육
- 팔, 광배근, 등 신근, 대퇴사두근 및 코어 강화
- 요방형근과 복사근을 깊게 스트레칭 시킨다.

요령 및 주의사항
- 팔을 눌러주면서 광배근을 활용하고 체중을 중력에 대항해 들어 올린다.
- 체중이 실리지 않는 무릎은 부드럽게 유지한다.
- 트위스트 동작 중 지지하는 다리의 발이 를르베 자세에서 풋바에 평평하게 닿는 자세로 갈 수 있게 해주는 것이 아주 중요하다. 이는 골반이 회전할 때 동시에 지지하는 다리가 회전할 수 있게 해주며, 그 과정에서 무릎이 비틀리지 않도록 한다.
- **동작 수행의 장애:** 약한 상체, 특히 광배근
- **금기사항:** 손목 및/혹은 어깨 문제, 디스크 기능장애, 골다공증, 협착증

변형 동작 및 연계 동-작
- **수정 동작:** 광배근이 체중을 받쳐줄 정도로 충분히 강하지 않은 사람은 손을 어깨받이 위에 올리는 대신 캐리지 위에 두도록 한다.
- **연계 동작:** 뱀 자세

상상하기 _ 언젠가 이 동작은 그리 어려워 보이지 않을 것이다.

엘리 _"나는 오래 전에 트위스트 동작을 처음 배웠을 때 터무니없이 어려워 왜 하는지를 몰랐다. 이제는 이 동작을 올바르게 할 수 있을 정도로 광배근의 근력이 생겼으므로, 나는 이를 사상 최고의 요방형근 스트레칭이라고 생각한다."

2. 숨을 내쉰다
뱀 자세에서 하듯이 골반을 당겨 넣는 것으로 주도해 캐리지를 밖으로 밀어준다. 절반 정도 왔을 때 캐리지를 멈춰 엉덩이를 회전시키고 캐리지 쪽으로 내리면서 지지하는 발의 발꿈치를 풋바로 내려 몸을 안착시킨다. 머리를 발가락 방향으로 돌려주면서 마무리한다.

3. 숨을 들이쉰다
골반의 트위스트를 풀어주고 골반을 들어 올려 좌골이 다시금 어깨와 평행이 되도록 한다. 지지하는 발의 발꿈치가 를르베로 들어올리면서 몸을 다시 반으로 접어 홈으로 돌아온다.

최상급

코르크 따개

기구 셋업
스프링: 모두
바: 아래로 | 줄: N/A
라이저: N/A | 머리받이: 아래로

기능과 대상 근육
- 척추 스트레칭 및 분절
- 고관절 굴곡, 허벅지 안쪽 및 복근, 특히 복사근 강화

요령 및 주의사항
- 척추를 굴려 내리면서 꼬리뼈를 몸에서 멀리 길게 뻗어주도록 한다. 엉덩이가 머리 쪽으로 들리지 않도록 한다.
- 팔꿈치는 넓게, 어깨는 등을 따라 아래로 유지하도록 한다.
- **금기사항:** 디스크 기능장애, 골다공증, 목 민감성/부상

변형 동작 및 연계 동작
- **상급 변형 동작:** 코르크 따개 지구 한 바퀴 동작: 다리로 하나의 커다란 원을 그리며, 몸이 내려오고 올라가면서 엉덩이는 공중부양 상태로 유지한다.
- **연계 동작:** 오버헤드, 매트의 코르크 따개

상상하기 _ 트위스트 동작과 함께 오버헤드 동작을 하고 있다.

엘리 _ 코르크 따개 동작은 반직관적인 움직임이다. 엉덩이를 비틀어줄 때 다리의 방향을 보라(다리가 떨어지는 방향은 원의 첫 절반이다). 다리로 사음자리표(높은음자리표) 모양을 그려준다고 생각한다. 원이 아니다!"

1. 시작자세 - 번갈아가며 4회 반복
캐리지 위에 바로 누운 자세에서 끈걸이를 잡고, 팔꿈치는 넓게 두며, 다리는 필라테스 첫 번째 자세로 천장을 향해 높이 곧게 뻗어준다. 복부를 안으로 당기고 등을 캐리지 위에 평평하게 댄 상태를 유지한다.

시작자세에서 숨을 들이쉰다.

2. 숨을 들이쉰다
다리를 위로 그리고 머리 너머로 들어 올린다.

3. 숨을 내쉰다
엉덩이를 오른쪽으로 비틀어주고 척추의 오른쪽을 척추기립근을 따라 분절하여 내리되, 꼬리뼈는 풋바 쪽으로 곧장 뻗어 내려주고 다리는 오른쪽으로 각을 이루며 내려간다.

4. 숨을 들이쉰다
꼬리뼈가 착지하고 나면 다리를 아래, 왼쪽, 그리고 중앙으로 가져와 다리로 원을 그린다.

숨을 내쉬고 방향을 반대로 바꾼다.

최상급

기구 셋업

스프링: 모두

바: 아래로	줄: N/A
라이저: N/A	머리받이: 아래로

기능과 대상 근육

- 둔근, 복근, 흉근 및 삼각근 단련
- 균형감, 제어력, 근력 및 유연성 향상
- 동작이 보기보다 어렵지 않으며, 깊은 인상을 준다.

요령 및 주의사항

- 기구에서 내려올 때 위쪽 다리를 천장 쪽으로 제대로 뻗어준다. 이것이 이 동작의 요령이다!
- 어깨는 넓게 하고, 팔꿈치는 양옆으로 내리며, 체중은 견갑골 사이에서 균형이 잡힌 상태를 유지한다.
- 다리를 리포머 틀에 최대한 가깝게 낮춰준다. 특히 그 다리로 일어서려고 할 때 그렇다.
- 리포머에 다시 오를 때 머리를 머리받이보다 더 낮게 가져간다.
- 어떻게 해야 목에 부담을 주지 않을까? 팔의 힘으로 그리고 당연히 복근과 둔근을 사용해 리포머를 밀어내면 된다.
- 위쪽 및 아래쪽 다리의 서로 반대되는 에너지를 사용하여 몸을 가볍게 유지한다.
- 천장을 향해 뻗은 다리는 아라베스크 다리이고 절대 바닥에 닿아서는 안 된다.
- 동작 수행의 장애: 약한 코어, 유연하지 못한 척추, 균형감 부족, 긴장된 슬괵근
- 금기사항: 목 부상, 디스크 기능장애, 골다공증

변형 동작 및 연계 동작

- **변형 동작**: (크레딧 추가를 위해) 단계 6에서 측면을 바꿔줄 때 엉덩이의 공중부양을 유지한다.
- **연계 동작**: 매트의 어깨 너머로 거꾸로 하는 공중제비, 매트의 제어 균형 동작

상상하기 _ 발목을 붙잡고 하늘 높이 공중부양 시켜 주는 필라테스 여신의 손이 당신을 캐리지에서 들어 올리고 있다.

엘리 _ "제어 균형 내려오기 동작은 정말 재밌다!"

제어 균형 내려오기

1. 시작자세 - 각 측면으로 1회 반복

캐리지 위에 바로 누운 자세에서 고관절을 90도로 굴곡시키고 약간 턴 아웃 시켜 필라테스 'V'를 만든다. 팔꿈치를 넓게 유지한 채 끈걸이를 붙잡고 공중으로 떠올라 어깨 물구나무서기를 하되, 체중은 등 상부로 유지한다. 무릎은 펴고 발가락은 세운다.

2. 숨을 들이쉰다

한쪽 다리를 아래로 내려 발이 리포머의 바깥으로 오게 하면서 위쪽 다리는 천장으로 높이 뻗어, 상반되는 스트레칭으로 다리를 스플릿 자세로 만든다.

3. 숨을 내쉰다

다리를 다시 몸의 라인으로 올린다. 다리를 2회 더 내리고 올린다.

4. 호흡을 계속한다

다리를 내리고, 허리를 구부리며, 발을 리포머 가까이 바닥으로 내려 어깨 너머로 구르기 시작한다. 위쪽 다리는 계속해서 위로 뻗는다. 팔과 복부를 사용해 계속해서 어깨 너머로 구르고(뒤 공중제비처럼) 몸통을 껍질 벗기듯 기구에서 떼어 리포머 옆에 서서 아라베스크 자세로 마무리한다.

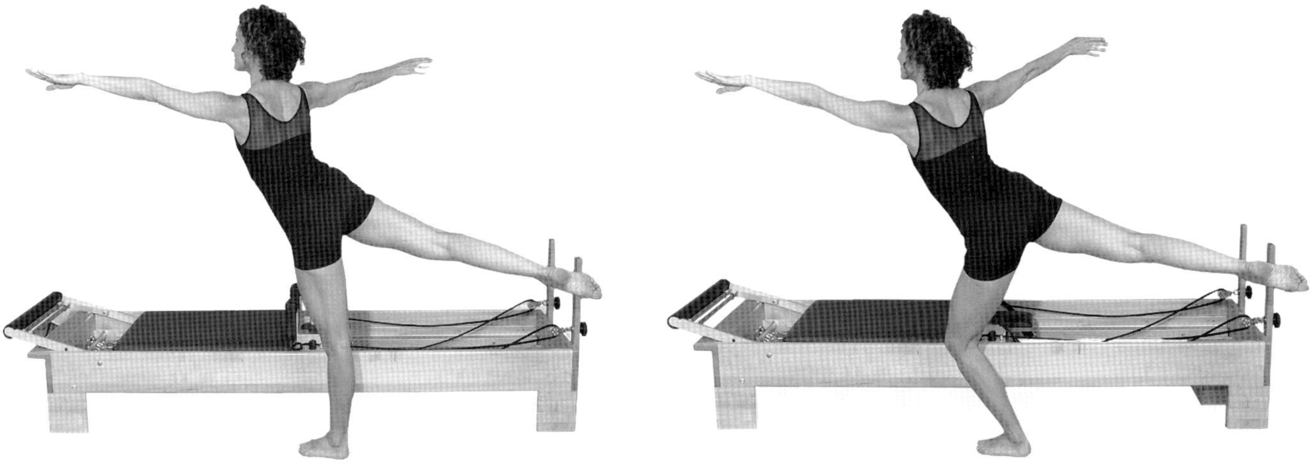

5. 호흡을 계속한다

양팔을 옆으로 열어주고(두 번째 자세) 뒤쪽 다리의 높이 및 아라베스크 자세를 유지하면서 지지하는 다리의 무릎을 구부린다(플리에). 무릎을 펴주면서 발가락 위로 올라온다(를르베). 균형감을 향상시키기 위해 복부가 위로 들린 상태를 유지한다.

6. 호흡을 계속한다

뒤쪽 다리를 곧게 그리고 에너지 넘치게 유지하면서 끈걸이를 잡고 머리를 캐리지 위로 겨누어 다시 리포머 위로 공중제비를 한다. 탄력을 제어하기 위해 복근을 사용하여 유지한다. 머리를 머리받이로 밀어넣고 체중을 등 상부에 실어준다. 목이 아니다! 하중을 가볍게 하기 위해 들린 다리를 천장으로 높이 뜨게 한다.

7. 호흡을 계속한다

어깨 물구나무서기 자세로 다리를 천장으로 높이 뜨게 하고 측면을 교대한다. 어깨 물구나무서기 자세에서 마무리하려면 척추를 통해 순차적으로 롤-다운 하면서 내려온다.

최상급

기구 셋업
스프링: 3 빨강
바: 아래로, 코너에 끈적끈적한 패드 사용　　줄: N/A
라이저: N/A　　머리받이: 위로 또는 아래로

기능과 대상 근육
- 둔근, 허리, 어깨 및 팔 강화
- 복근, 고관절 굴근, 흉부, 광배근 및 흉근 스트레칭

요령 및 주의사항
- 하체를 안정적으로 유지해 리듬 타는 움직임의 받침점이 허리가 아니라 흉부와 어깨에서 나오도록 한다.
- 둔근을 사용하여 허리 압박의 감소를 돕는다.
- **금기사항:** 천장관절 불안정성, 협착증, 어깨 및/혹은 손목 문제

변형 동작 및 연계 동작
연계 동작: 먼저 바닥에서 후굴 자세를 시도해본다.

상상하기 _ 캐리지를 안으로 가져올 때 흉골이 열린다.

엘리 _ "필라테스 X 파일의 또 다른 일부분이다."

후굴　Backbend

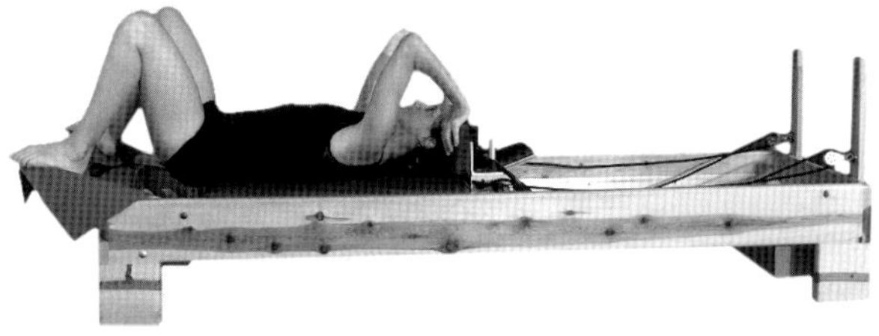

1. 시작자세 - 8번 천천히 펄스 동작과 함께 1회 반복
캐리지 위에 바로 누운 자세에서 머리를 머리받이 위에 둔다. 발은 풋바의 끝에 놓고 약간 외회전시켜 발이 끈적끈적한 패드 위에 안정되어 있다는 느낌이 들도록 한다. 팔을 천장으로 높이 위로 뻗은 다음 구부려 팔꿈치가 곧게 세우고 손바닥은 어깨받이 위로 내려와 손가락이 발가락 쪽으로 향하도록 한다.

시작자세에서 숨을 들이쉰다.

2. 숨을 내쉰다
팔과 발을 눌러주면서 먼저 반-후굴 자세로 오르고 머리 꼭대기를 머리받이 위에 놓는다. 이어서 팔을 끝까지 펴줘 완전한 후굴 자세로 들어간다. 캐리지는 그리 많이 움직이지 않아야 한다.

3. 숨을 들이쉰다
팔로 캐리지를 밖으로 밀어주되, 하체를 안정적으로 유지한다.

4. 숨을 내쉰다
캐리지를 다시 안으로 가져오면서 흉부가 열리도록 한다. 이는 깊은 광배근 스트레칭이므로 스트레칭의 축이 척추가 아니라 겨드랑이에 있다고 생각한다.

팔 동작을 8회 반복한 다음 역순으로 움직여 다시 내려오되, 일단 반-후굴 자세에서 멈춘다.

exercise index

동작 인덱스

초급 시리즈

beginning series

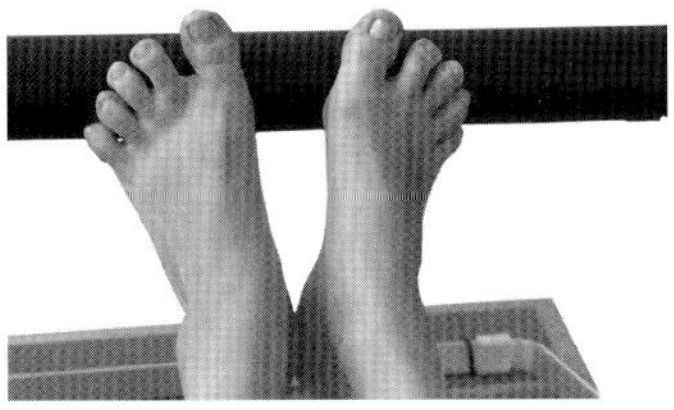
첫 번째 자세/first position

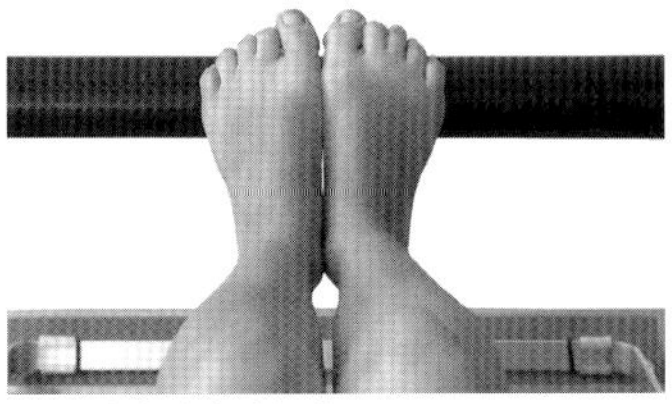
나뭇가지 위의 원숭이/monkey on a branch

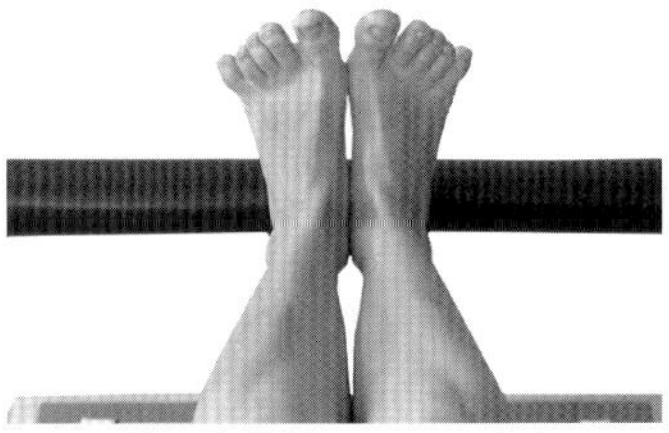
발꿈치 평행/heels in parallel

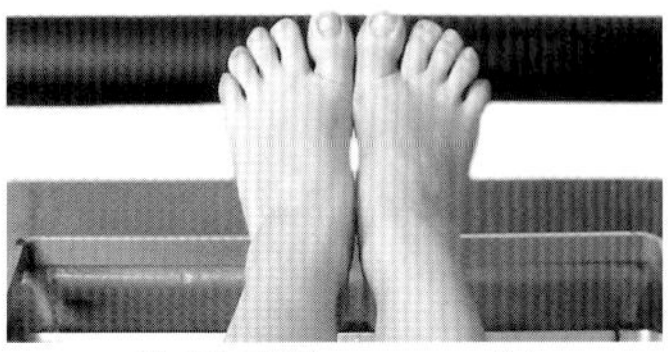
발가락 평행/toes in parallel

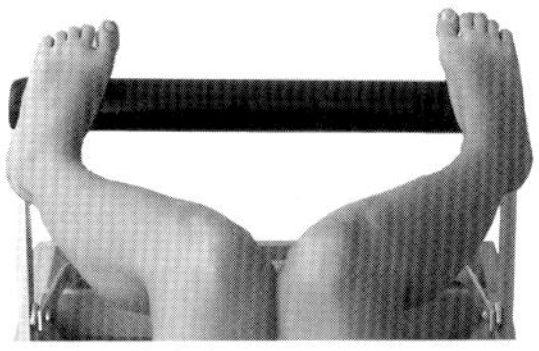
내회전/internal rotation

종아리 올리기/calf raises

잠자는 사람/sleeper

치킨 윙/chicken wings

광배근 당기기/lat pulls

천사/angels

삼두근/triceps

백번 호흡하기/hundred

개구리 신전/frog extensions

나무 포옹하기/hug a tree

앞 노젓기 (수정 동작)/modified front rowing

흉부 확장/chest expansion

라 크로아/la croix

회전/rotator

여왕/the queen

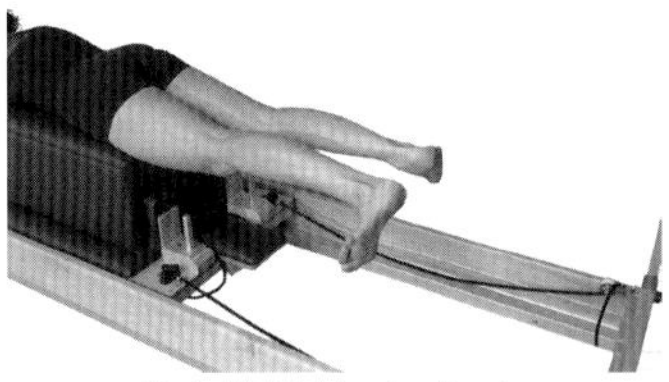
찰리 채플린/charlie chaplin

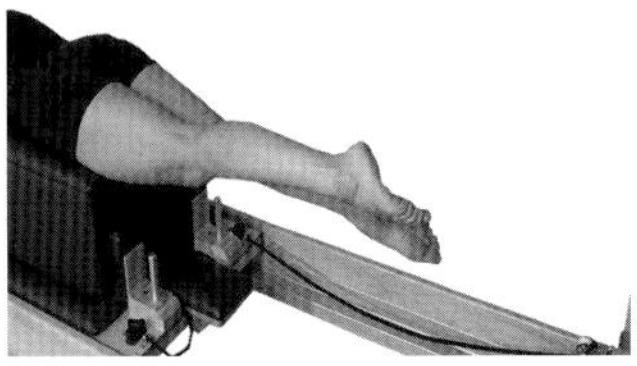
가위/scissors

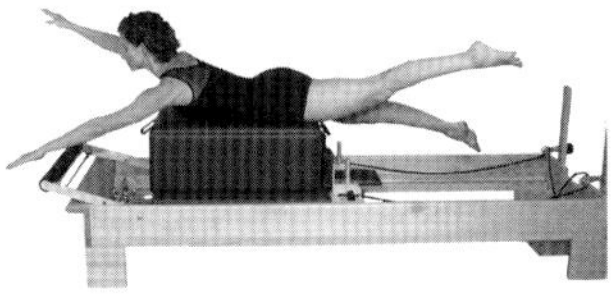
수영/swimming

롤-다운/roll downs

인어/mermaid

초급 시리즈

beginning series continued

코끼리: 편평한 등/elephant: flat back

코끼리: 둥근 등/elephant: round back

앞쪽 굽히기 스트레칭/forward bend stretch

복부 마사지: 둥근 등/stomach massage: round back

복부 마사지: 편평한 등/stomach massage: flat back

요근 스트레칭/psoas stretch

무릎 스트레칭: 편평한 등/knee stretch: flat back

무릎 스트레칭: 둥근 등/knee stretch: round back

반대 방향 무릎 스트레칭 시리즈/reverse knee stretch series

평행으로 다리 당기기/leg pulls in parallel

열고 닫기/open & close

열고 닫기: 턴 아웃 & 턴 인/open & close: turn out & in

직사각형/rectangles

원: 턴 아웃/circles: turn out

타원: 턴 인/ovals: turn in

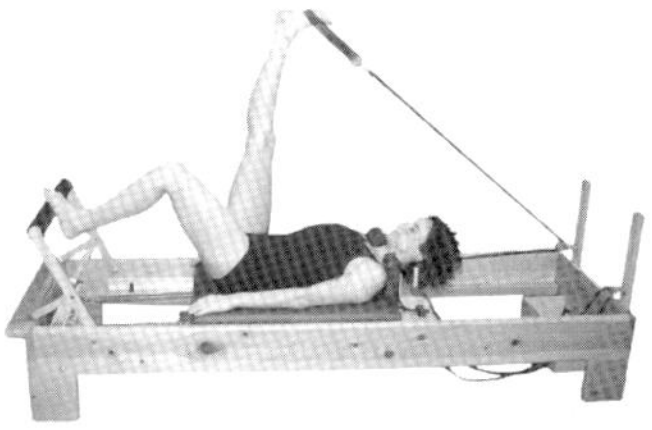
3방향 엉덩이 스트레칭: 슬괵근/3 way hip stretch: hamstrings

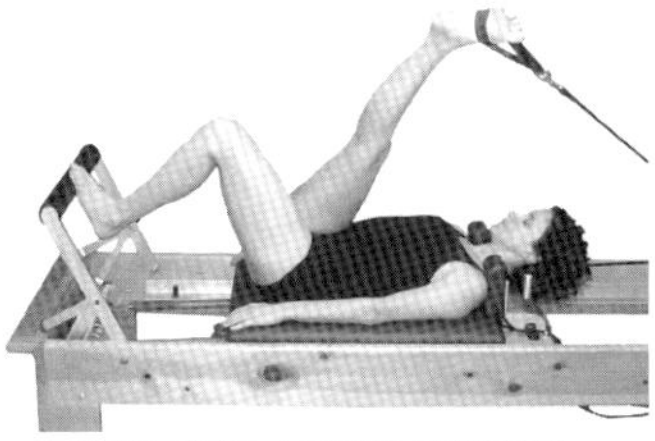
3방향 엉덩이 스트레칭: 장경인대/3 way hip stretch: itb(Iliotibial band)

3방향 엉덩이 스트레칭: 내전근/3 way hip stretch: adductors

둥근 등 롤-다운/round back roll down

체육관의 나이 많은 아저씨/old man at the gym

막대기 들고 트위스트/twist with a stick

위쪽 & 바렐 밖으로/up & over a barrel

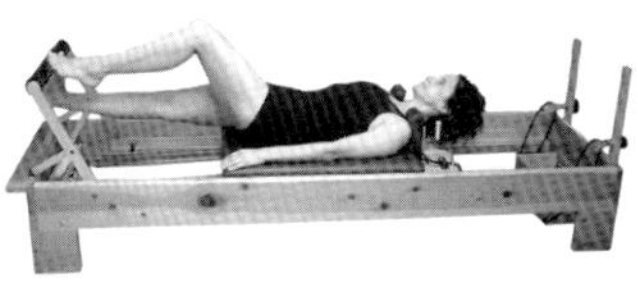
걷기 동작/prancing

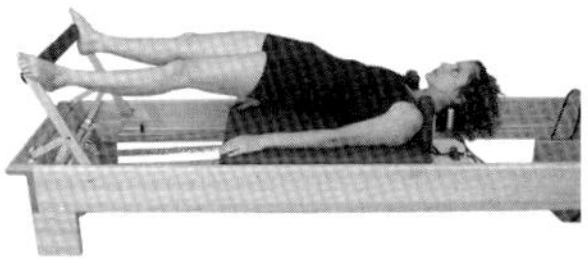
엉덩이 들어올리기/bottom lift

중급 시리즈

Intermediate Series

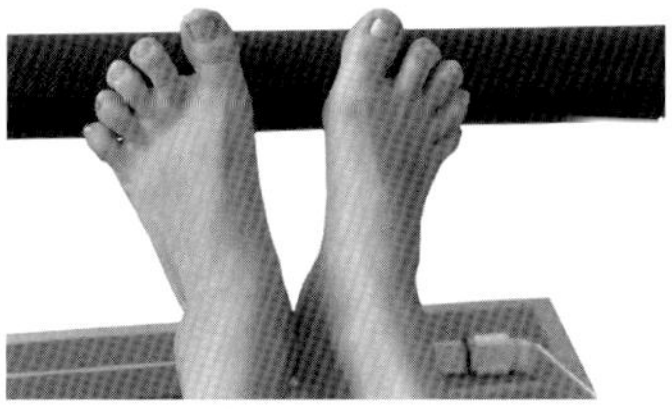
발 운동/footwork

백번 호흡하기/hundred

짧은 척추 스트레칭/short spine stretch

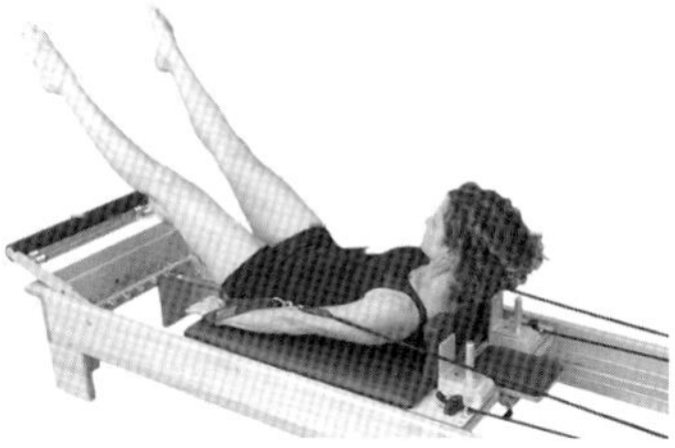
코디네이션/coordination

오버헤드/overhead

나무 포옹하기/hug a tree

경례/salute

앞 노젓기 (수정 동작)/modified front rowing

줄 당기기/pulling ropes

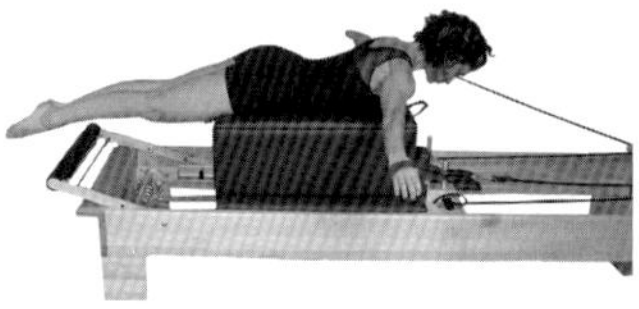
'T' 자세/the 't'

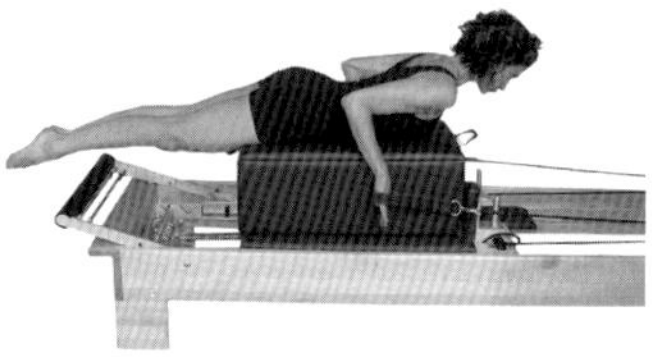
삼두근/triceps

배영/backstroke

티저/teaser

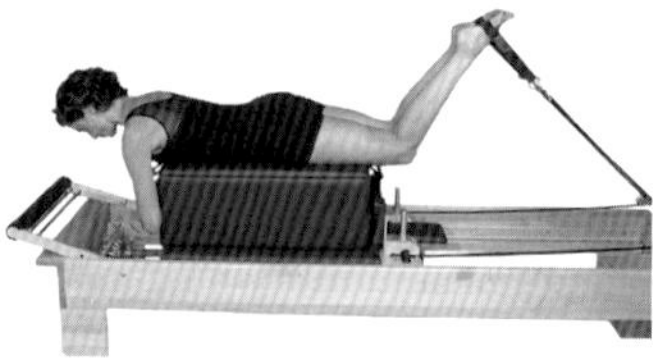
슬괵근/hamstrings

수영/swimming

롤-다운/roll downs

티저(반대 방향)/reverse teaser

인어/mermaid

플랭크/롱 스트레칭/plank/long stretch

'U' 당기기/'u' pull

지구 한 바퀴 동작 /업 스트레칭/around the world/up stretch

코끼리/elephant

앞쪽 굽히기 스트레칭/forward bend stretch

복부 마사지: 둥근 등/stomach massage: round back

중급 시리즈

Intermediate Series

복부 마사지: 편평한 등/stomach massage: flat back

복부 마사지: 뻗기/stomach massage: reaching

복부 마사지: 부케/stomach massage: bouquet

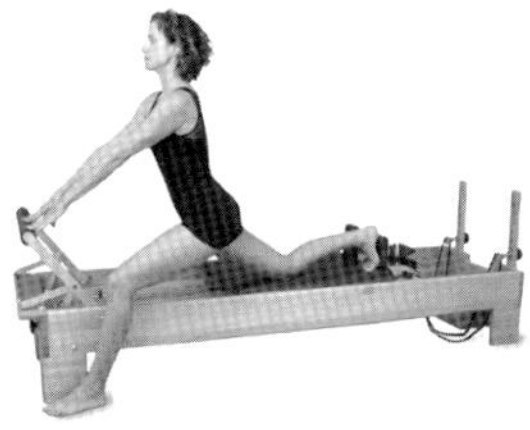

요근 스트레칭/psoas stretch

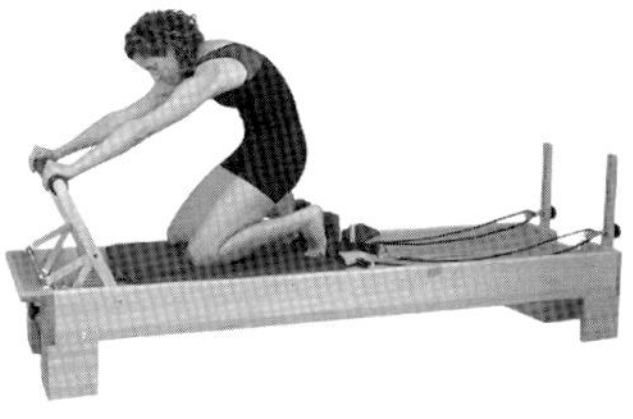

무릎 스트레칭/knee stretches

반대 방향 무릎 스트레칭/reverse knee stretches

흉부 확장/chest expansion

오버헤드/overhead

한쪽 팔 회전/one arm rotator

스와카데/swackadee

측굴(계단 아래 페인트칠)/sidebend (painting under stairs)

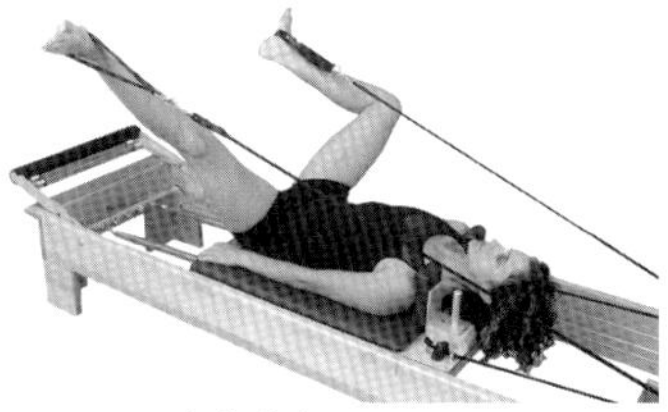

다리 시리즈/leg series

긴 척추 스트레칭/long spine stretch

둥근 등 롤-다운/round back roll down

체육관의 나이 많은 아저씨/old man at the gym

막대기 들고 트위스트/twist with a stick

위쪽 & 바렐 밖으로/up & over a barrel

트위스트 편평한 등/twist flat back

트위스트 둥근 등/twist round back

나무 오르기/climb a tree

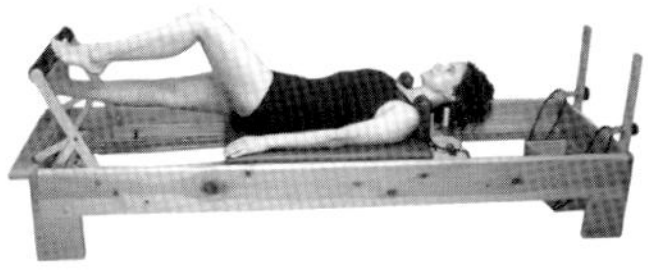

걷기 동작/prancing

엉덩이 들어올리기/bottom lift

옆 스플릿 시리즈/side split series

점핑/jumping

상급 시리즈

advanced series

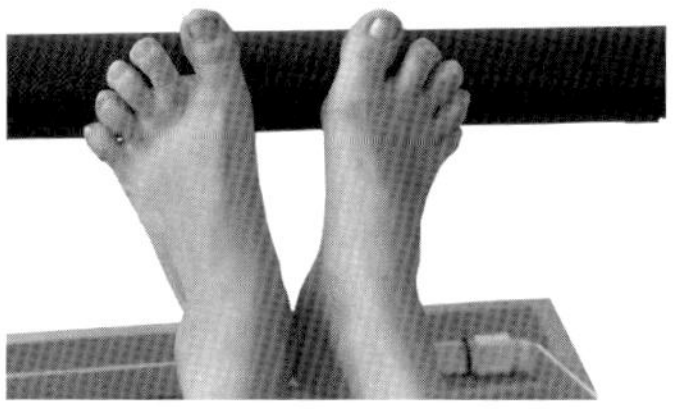

발 운동/footwork

백번 호흡하기/hundred

짧은 척추/short spine

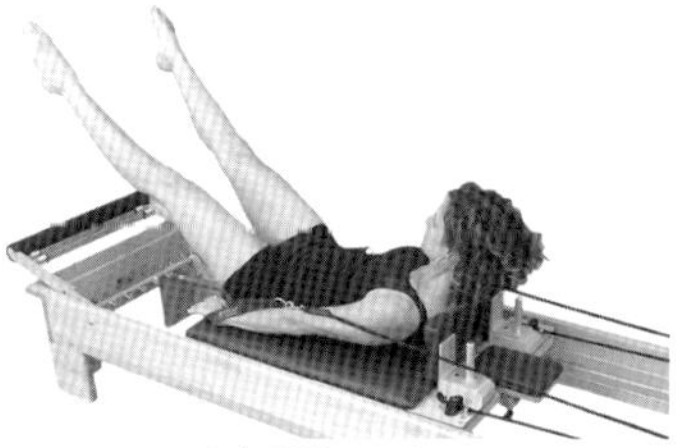

코디네이션/coordination

상급 머리 위로/advanced overhead

앞 노젓기/front rowing

뒤 노젓기: 둥근 등/back rowing: round back

뒤 노젓기: 편평한 등 경첩/back rowing: flat back hinge

줄 당기기/pulling ropes

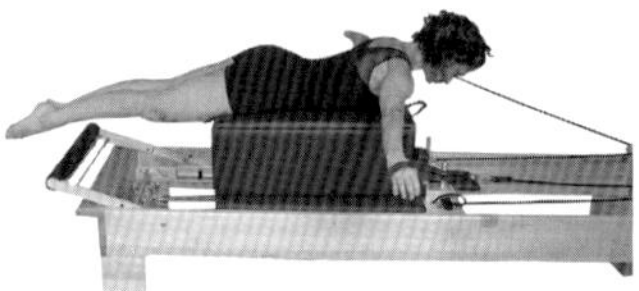

'T' 자세/the 't'

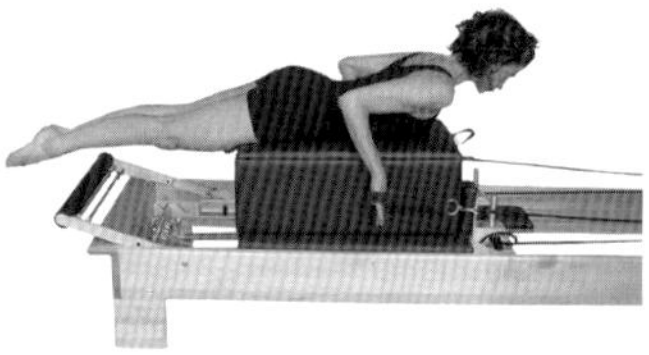

삼두근/triceps

배영/backstroke

티저/teaser

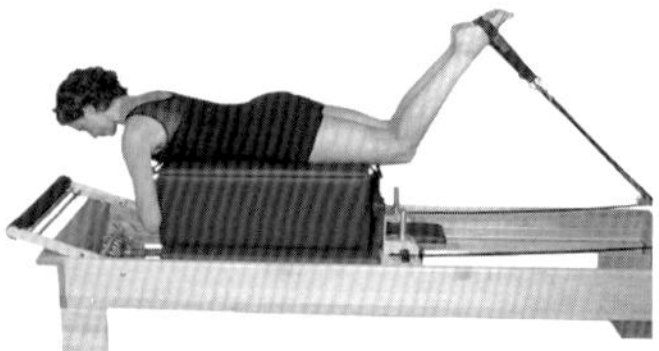

슬괵근/hamstrings

흔드는 백조/rocking swan

메뚜기/grasshopper

롤-다운 시리즈/roll down series

플랭크/롱 스트레칭/plank/long stretch

'U' 당기기/'u' pull

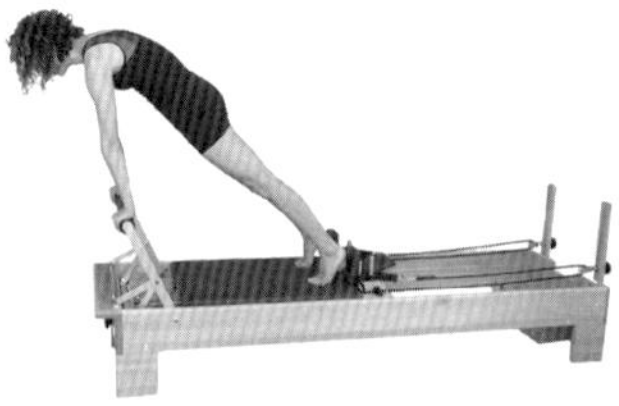

지구 한 바퀴 동작 /업 스트레칭/around the world/up stretch

다운 스트레칭/down stretch

아라베스크/arabesque

긴 등 스트레칭/long back stretch

복부 마사지 시리즈/stomach massage series

상급 시리즈 & 최상급 동작들

advanced series & super advanced exercises

무릎 스트레칭 시리즈/knee stretch series

반대 방향 무릎 스트레칭 시리즈/reverse knee stretch series

무릎으로 선 자세 시리즈/kneeling series

무릎으로 선 자세 측면 팔 시리즈/kneeling side arm series

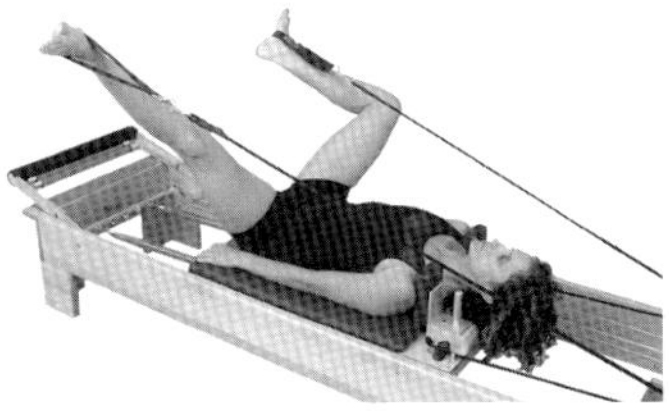
다리 시리즈/leg series

긴 척추/long spine

앞 컨트롤/control front

뒤 컨트롤/control back

숏 박스 시리즈/short box series

반원/semi-circle

건 스트레칭/tendon stretch

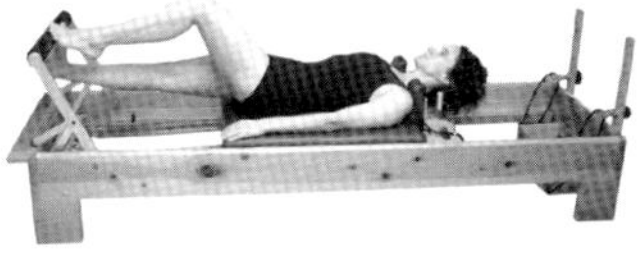
걷기 동작/prancing

엉덩이 들어올리기/bottom lift

옆 스플릿 시리즈/side splits series

뒤 스플릿/back splits

앞 스플릿/front splits

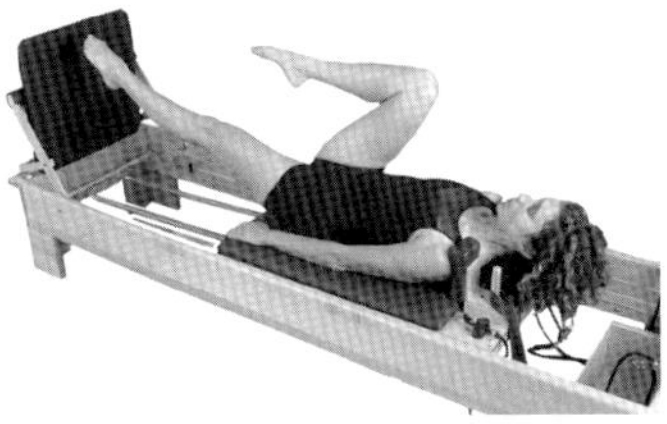
점핑/jumping

최상급/super advanced

바늘 실 꿰기/thread the needle

별/star

뱀/snake

트위스트/twist

코르크 따개/corkscrew

제어 균형 내려오기/control balance dismount

후굴/backbend

한국 엘리 허먼 필라테스 강사 교육

- 교육 내용: 사이트 www.ehpilates.com 및 블로그 참조
- 교육 문의: 전화 02-720-9877

* 타 기관에서의 강사 교재 사용을 금합니다.

엘리 허먼의 저서들

Please Note:

This book has been written and published strictly for informational purposes, and in no way should be used as a substitute for consultation with health care professionals. You should not consider educational material herein to be the practice of medicine or to replace consultation with a physician or other medical practitioner. The author and publisher are providing you with information in this work so that you can have the knowledge and can choose, at your own risk, to act on that knowledge. The author and publisher also urge all readers to be aware of their health status and to consult health care professionals before beginning any health program.